共同注意の発達

情動・認知・関係

大藪 泰

新曜社

はしがき

人の身体には、喜びや悲しみなどを表現しそれに共感する豊かな情動と感覚があり、他者と心の世界を共有しあう仕組みが備わっている。そこでは、自分と相手の心が共鳴し、相互に理解しあう間主観的な世界を創り出す特異な制約が働くのである。人を志向する感覚と、人と共鳴しあう情動は、自他の身体に同型的な心を生み出してくる。この同型的な心の活動が相手の体験世界を自らの感覚と情動を通して理解させる基底層を作り出すのである。おそらくこの基底層の出現によって、人の心は、動作の背後にある他者の精神活動を感知し対象化することを可能にしたのだろう。人のように他者の精神世界を洞察する心をもつ動物は他に存在しないと思われる。

情動は原始的な精神機能である。人の情動も原始的な機能を引き継いでいる。しかし、人の情動は、進化の過程で他者と協調的な関係を構築する固有な仕組みを獲得した可能性がある。近年の乳児研究は、1歳に満たない赤ちゃんが母親と豊かな情動交流を経験し、そこに自他の共有世界を見出してくることを示唆している。それは、乳児の心には、情動という原始的な働きを自ら感知する認識機能が働くことを意味するのだろう。自分の心を他者の心に重ね、同時に、その重ねた世界から距離をとり、対象化して見つめる再帰的な視点が出現するのである。自他の精神世界を対象化するこうした心の機能は、自他の視点が異なること、つまり、他者から見た世界と自分が見た世界とは必ずしも同じではないことに気づかせる。その気づきが自他の心を理解させる「心の理論」の基盤になると推測される。原始的な精神機能だった情動は、人の心の進化の過程で、認識機能と協働する高次な働きを獲得してきたのである。それを「情動知」と命名する。

多くの個体との複雑な関係のなかで有利に生きるために、人には他者と円滑に関わるスキルをもつことが重要だった。そのスキルの発達は「社会化」(socialization) と表現されてきた。しかし、人の社会的活動は、他者とのやりとりがスムーズに運べばよいというものではない。人の社会化には、世代を超えて蓄積してきた文化という意味世界を、他者から学習し、他者と共有しようとする働きが備わるからである。人の社会化とは、こうした「文化化」(enculturation) と称される営みをその根幹にもつ現象なのである。

物に対する注意の共有現象とされてきた「共同注意」(joint attention) には、乳児と他者との関係形成だけではなく、この文化化を強力に推進させる働きが備わっている。なぜなら、人の乳児は、他者と同じ対象物に注意を向けあうとき、対象物と関わる他者の行動の背後にある精神世界に気づき、他者が対象物に付与する意味、つまり文化と出会うことができるからである。

人の乳児の心には、先人たちが蓄積してきた文化を取り込む働きがある。他方、母親の心には乳児の心の活動を支える仕組みが備わっている。こうした母子の心が協働して作り出す文化獲得の場、その原型的形態が共同注意である。文化的知識を十分に獲得した母親と共有する共同注意の場が文化を確実に受け継ぐルートの出発点になるからである。

本書は、2004年に上梓した『共同注意――新生児から2歳6か月までの発達過程』(川島書店) を書き改めたものである。前書の出版から15年が経過した。本書で取り上げた共同注意の発達階層は、前書と同じ「前共同注意」「対面的共同注意」「支持的共同注意」「意図共有的共同注意」「シンボル共有的共同注意」の5階層である。この共同注意の発達階層を変更する理由が見出せなかったからである。しかし、前書で論じた記述で残すべきは残したが、論じきれなかったり触れられなかったりした共同注意の内容や意義については大幅に書き改めたり書き加えたりしている。乳幼児の共同注意は、人の心がもつ本質的な働きの原型を示すきわめて重要な現象である。この共同注意に関心を抱く研究者や臨床家、そして学生の皆さんに対して、本書がわずかでも有益な情報を提供できれば幸いである。

なお、本書で使用する「母親」という用語は、生物学的な母親に限定されるものではない。子どもを育てる者（養育者）という意味で使用する。

共同注意の発達――情動・認知・関係＊目次

第6章　シンボル共有的共同注意（生後15か月頃〜）
——他者と精神世界を共有する心の働き　181

装幀 臼井新太郎
カバー写真 スズキアサコ

序　章　共同注意研究の発端と論点

人と人とが同じ対象に注意を向ける共同注意とは、乳児から老人にいたるまでその生活に欠かせない営みである。どの年代においても、共同注意にゆがみがあれば精神活動に支障をきたし、精神活動が不調になれば共同注意に問題が生じることは容易に想像できる。しかし、共同注意とはいかなる現象なのだろうか。どのように発達するのだろうか。それは乳幼児期に限っても案外知られていない。その理由は、共同注意が人の心の謎に満ちた本質を反映する現象であること、またそれが体系的な議論の対象になり、経験的な実験研究が行われたのは比較的最近のことであるからだろう。

第1節　共同注意研究の始まり

共同注意研究の始まりは、ブルーナー[*1]らが1975年に"*Nature*"誌に発表した"The capacity for joint visual attention in the infant"である（Scaife & Bruner, 1975）。このスケイフとブルーナーの1頁

*1 Bruner, J. S. 1915–2016

に満たない論文では、共同注意を「成人の視線の方向の変化を目で追う乳児の能力」（"the infant's ability to follow changes in adult direction"）と定義して実験が行われた。その実験手順と結果を紹介してみよう。

乳児と実験者は向かいあい約0・5メートル離れて座った。乳児の左側と右側、約1・5メートル離れた場所に目標物が置かれた。目標物は乳児からは見えなかった。実験者は乳児としっかり目を合わせた後、左右の目標物のどちらかに向け、黙って頭と目を一緒にほぼ90度回転させて7秒間注視した。実験者の注視行動は、各乳児とも左右1回ずつ計2回行われ、乳児が1回でも実験者が向いた方向を見れば視覚的共同注意（joint visual attention）が生起したと評価された。その結果、2～4か月児10名のうち3名が実験者の視線を追って頭を回転させた。実験者の視線を追う確率は月齢とともに増加し、11～14か月までには全員が実験者の視線を正しく追うようになった。

この研究の対象児数は少数でかつ月齢群間でバラツキがあり、評価基準も甘いが、生後1年に満たない乳児が他者と同じ方向を見ようとすることを示唆した記念碑的データだった。この結果は、ピアジェ[*2]が物との関わりで見出した乳児の「自己中心性」（Piaget, 1948/1978）が人との間では通用しない可能性を示しており、乳児の社会的認知、つまり自己や他者に対する気づきと、物がもつ意味を他者と共有する能力に対する研究の必要性を促した。共同注意研究はピアジェの認識発達論の批判から始まったのである。

ブルーナーが共同注意の研究を発表したのと同じ年、ベイツら[*3]も乳児の行動を観察し、非意図

＊2 Piaget, J. 1896–1980

＊3 Bates, E. 1947–2003

的コミュニケーションから始まり指示的な言語の使用へと移行する過程で生じる現象を、共同注意を形成させる身振りを使った意図的なコミュニケーションとして描き出した（Bates et al., 1975）。「命令的身振り」（imperative gesture）と「叙述的身振り」（declarative gesture）である。命令的身振りとは、ある物が欲しいときやある物で何かをしてもらいたいときに、他者にそれを要請する行動である。一方、叙述的身振りとは、何かを他者と一緒に見ることを目的にして、その注意を誘導する行動である。いずれの身振りも「指さし」（pointing）が代表的行動である。それは、乳児が人と対象物を交互に見ることから始まり（9か月頃）、発声やうなずき、さらに指さしといった指示行為が登場し、その行為が次第に、簡略化、形式化、誇張化されていく過程である（Bates, 1979）。こうした行動はいずれも第三項（自他以外の対象物）を人と共有しており、共同注意の研究領域と重なっている。

ブルーナーとベイツによる研究発表の数年後、トレヴァーセン[*4]も乳児の行動を観察し、物との関わりと母親との関わりとの間で見られる違いと、その発達的変化の過程を記述した（Trevarthen & Hubley, 1978/1989; Trevarthen, 1979）。母親の身体は乳児の身体表現に情動的に反応し、乳児の身体も母親の情動に共鳴するように応答する。情動交流を基盤にした関係性のなかで、乳児と母親は相互に相手の意図や気持ちといった主観的世界に触れあうのである。このような乳児と母親が相互にわかりあう関係が「間主観性」（intersubjectivity）として論じられた。生後半年頃までに、乳児は物との関わりと人との関わりを異なる体験として蓄積する。トレヴァーセンは、この時期の〈乳児－人〉という二項で展開される関係世界を「第1次間主観性」（primary intersubjectivity）とした。やがて生後9か月を過ぎる頃、乳児は物との関係と人との関係を統合する能力を示し始める。乳児は身近にある対象物への関心と、人に向けるコミュニケーション行動とを組織的に結

＊4　Trevarthen, C. 1931–

びつけ、事物に向ける意図を他者と共有しようとするのである。こうした〈乳児－物－人〉という三項の関係世界が「第2次間主観性」（secondary intersubjectivity）である。この第2次間主観性の基盤には共同注意があることは言うまでもない。トレヴァーセンは第2次間主観性の議論において、共同注意研究で現在もっとも重要なテーマとして論じられている意図性について記したのである。

第2節　3人の先駆者たち──ウェルナー・ヤコブソン・ヴィゴツキー

ブルーナー、ベイツ、トレヴァーセンが共同注意に関わる研究を発表する前から活躍し、共同注意で重視される他者との交流を自らの理論や発達観に組み込んだ研究者としてウェルナー[*5]、ヤコブソン[*6]、ヴィゴツキー[*7]がいた。

1　ウェルナーの原初的共有状況論

ウェルナーはキャプランとの共著『シンボルの形成』[*8]（Werner & Kaplan, 1963/1974）で、子どもと対象物との出会い、他者とのコミュニケーション、さらにシンボルの形成が「原初的共有状況」（primordial sharing situation）から始まると論じた（図序－1）。

子どもの最初の体験世界は、原初的共有状況の図に見られるように、子ども、母親、対象物が明確に分化していない。この初期の母親との交流は、子どもが母親に向けて何かを伝達するので

＊5　Werner, H. 1890–1964

＊6　Jakobson, R. 1896–1982

＊7　Vygotsky, L. S. 1896–1934

＊8　*"Symbol formation"*

はなく、母親との情動－感覚－運動的な経験の共有だとされた。やがて、この未分化な共有世界は、「定向進化の原理」（orthogenetic principle）に従って一体的な状態から分化統合された状態へと発達し、子どもは対象物との経験と母親との経験の違いを理解していく。同時に、子どもは母親とも対象物とも距離をとり始め、対象物に対して相対的自立を保持しつつ見るという「静観的」（contemplative）態度を獲得して、母親と対象物を共有しながら、それを母親に指示できるようになる。「他者〈との〉共有経験」という初期の交流構造が「他者〈への〉コミュニケーション・メッセージ」を発生させる基盤になるのである。

ウェルナーによれば、対象物を他者に対して静観的な態度で指示するコミュニケーション行為は個人的行為として発現するのではない。それは他者と対象物を共有し、それを一緒に眺めたり、触れたり、交換したりする行為、つまり社会的行為を通して出現する。こうした社会的行為から指示行為が現れるのであり、ウェルナーはそこにシンボルや言葉がもつ対象指示機能の基盤があるとした。子どもは社会的交流を経験することによって、シンボルや言葉の対象指示や対象表示の機能に気づき、それらを使って意味世界を共有する地点に到達する。この段階になると、子どもは、物だけでなく、シンボルや言葉に対しても他者と注意を共有しながらコミュニケーションすることが可能になる。少し長くなるが、ウェルナーの記述を引用してみたい。

正常に発達している幼児の場合、対象を〈母と〉〈共有〉するということは、単に対象やシンボルについての学習に役立つ二次的条件といったものでなく、むしろ幼児の生活空間の成立に非常に重要な意義をもつものである。このような生活空間の中でこそ、幼児は安心して、また確信をもって行動できるのである。このような見地からすれば、母－子－対象が最

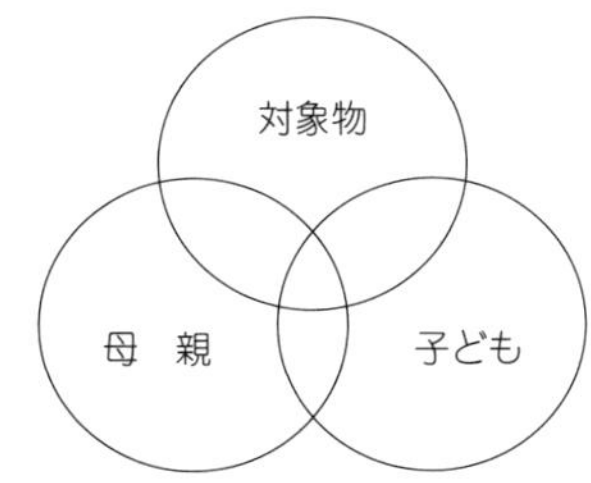

図序－1　原初的共有状況の図式（Werner & Kaplan, 1963/1974）

初ほとんど未分化であるということを否定的に捉えて単なる《分節の欠如》と見なしてはならず、むしろ**不可欠の原初的母体**であると見なすべきである。母－子－対象の諸関係は、この母体に根ざしており、また**この母体から相互の絆を失わずに自己や対象や他者が立ち現われ、相互に次第に分化してゆく**のだと言えるだろう。*9

ウェルナーは、子どものコミュニケーション発達において、初期の対人的交流を重視した。また、その交流場面での乳児の動作が感覚－運動的であると同時に情動的であることを強調した。ウェルナーは、感覚－運動領域の活動に加え、情動を巻き込んだ共感的な関係が、乳児と他者との間に心の出会いや経験の共有感覚を生み出し、それが自己、他者、対象物、シンボルを獲得させる基盤になるとしたのである。

*9 Werner & Kaplan, 1963 柿崎祐一監訳 1974, p.72 太字は引用者による。

2　ヤコブソンの言語的コミュニケーション論

ヤコブソンによれば、送り手と受け手の注意が特定のポイントに集まるとき、コミュニケーション場面で取り上げる事象の共通認識が可能になる（Jakobson, 1980/1984）。話し言葉には、図序－2に示されるような6種類の構造的ならびに機能的側面があるが、構造のどこに注意を向けるかによってコミュニケーション機能に変化が生じる。

ヤコブソンによって抽出された6種類の側面を見てみよう。コミュニケーションにおいて、①送り手自身に注意を向けようとするとき、情動表出（主情的）機能が発揮され、②受け手に焦点を合わせるときには、呼びかけや命令的に働きかける表現が用いられる。③送り手が場面内にある対象物に焦点を合わせるとき指示的機能が現れ、④受け手との接触に焦点を合わせれば、交話的機能、つまり受け手との親交的接触が生じ、⑤メッセージ自体の表現形態に焦点を合わせるとき詩的機能が働く。最後に、⑥送り手の表現を理解しようとするとき、コード（符号）に焦点をあてて解釈するメタ言語的機能が必要になる。

ヤコブソンは、こうした6つの機能のなかで、乳児が最初に獲得する機能を交話的機能だとした。この主張は、母親と乳児との交流では、両者の注意の調整が重要になることを示す研究によって広く承認されている（Adamson, 1996/1999）。子どもと母親とのコミュニケーション場面とは、親交的接触にもとづき、送り手と受け手がその場面を構成する特定の側面に注意を向ける合図をしながら共有する場面である。ヤコブソンの言語理論では、初期のコミュニケーション発達における自他の相互注意あるいは共同注意の重要性が指摘されたのである。

3　ヴィゴツキーの文化 - 歴史的発達論

ヴィゴツキーは、子どもの認知発達に果たす社会、文化、歴史的側面を重視し、高次の精神機能を文化歴史的視点から理論化した。ヴィゴツキーも子どもの外界への能動的な働きかけを重視した。しかし、重視したのは、ピアジェが論じた物の操作的活動ではなく、他者と共に行う活動だった。子どもの活動は、社会システムのなかで意味を獲得し、文化の枠によって方向づけられるからである。子どもの活動は、非常に早期から、生活環境がもつ「プリズム」によって屈折させられる。なぜなら、対象物から子どもへの通路、また子どもから対象物への通路は、いずれも他者の意味世界（文化）を経由する通路に依存するからである。こうした観点から、ヴィゴツキ

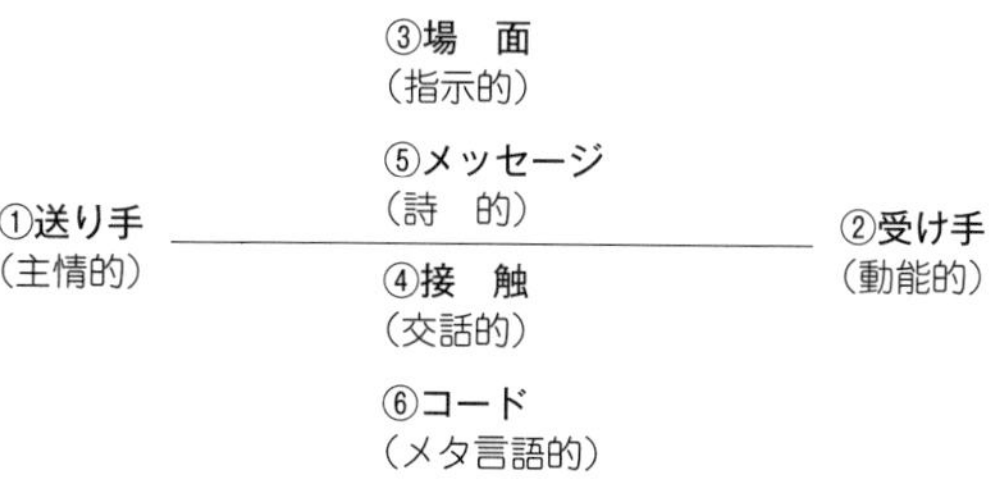

図序 -2　言語的コミュニケーションの構造と機能（Jakobson, 1980/1984）
（太字は構造的側面、カッコ内は機能的側面を示す）

ーは、子どもの文化発達の2段階論を唱えた。それは、以下のような一節として知られている。

子どもの文化的発達におけるすべての機能は、二度、二つの局面に登場する。最初は、社会的局面であり、後に精神的局面に、すなわち、最初は、精神間的カテゴリーとして人々の間に、後に精神内的カテゴリーとして子どもの内部に登場する。*10

子どもは、母親との関係から、社会が蓄積した社会的スキルや文化的な意味世界を理解し、自分の能力として獲得していくことが主張された。たとえば、子どもが何気なく犬に指さしをしたときでさえ、母親は犬を教えようとする子どもの意図を感じ取る。それは子どものしぐさを見て、そこに子どもの気持ちを感知する母親の自然な反応である。そのとき、母親がその犬を見て、何気なく口にする「ワンワン」という言葉には、子どもが焦点化した物に対する母親の気づきと、その対象（犬）を「ワンワン」という音声で指し示そうとする母親の意図が反映されている。子どもは、こうした共同注意場面で、自分が見ている対象物を見て語られる母親の「ワンワン」という音声とともに、その心とも出会うことになるのである。

母親とのこうした共同注意のもとで、子どもには〈犬－指さし－ワンワン〉という結びつきが図化される。そこでは精神間での出会いが意味世界を登場させており、子どもは自分の指さしや「ワンワン」という音声がもつ意味世界に気づき、共有していくことになる。子どもと母親が共有世界をもつとき、子どもの「ワンワン」という音声は言葉がもつコミュニケーション機能を獲得する。こうした精神間で生じる経験をとおして、言葉は個体能力として身につき、子どもは犬を見つけると意味世界の共有をもとめて他者に「ワンワン」と言うようになる。ヴィゴツキーは、

*10 ヴィゴツキー著／柴田義松監訳 2005, p.182 より。

母親が提供する子どもの行動に対する意味づけ行為が、文化的発達を促進させる巧妙な「足場」(scaffolds) になるとしたのである。

第3節　共同注意研究の3つの論点

先に述べたように、共同注意に対する初めての実験研究は、1975年にブルーナーと彼の指導学生によって行われた。また共同注意に関する最初の研究論文集 (Moore & Dunham, 1995/1999) の発刊からは、まだ四半世紀が経過したに過ぎない。そのため、共同注意として何を論ずべきかについてもまだ不明確さが残されている。ここでは、共同注意の〈定義と出現の時期〉、〈マルチモダリティ〉、〈表象〉という視点から、その現状について見ておきたい。

1　定義と出現の時期

共同注意とは何か。その境界を画すために有効に活用できる広く認知された定義は見当たらない。そのため、共同注意が出現する時期も不明確である。いくつか例をあげてみよう。たとえば、共同注意を知覚的現象として非常に狭く定義することも、世界をわかりあって共有する間主観的な関わりと考えることもできる。また、他者と対象物に共同して関わる能力は、原初的な形態として大型の類人猿にあるとする主張もあれば、それが可能にする認知能力は人に特異なものだとする主張もある。さらに、共同注意は生後数か月の間に発達する他者と心の一部を共有する能力にもとづいており、注意を共有しあう能力はそうした共有経験から次第に構築されるとする見解もあれば、共同注意は他者を意図的な主体として理解する時期に突然であるかのように出現するという理論もある（Seemann, 2011）。

2 マルチモダリティ[*11]

一般に、共同注意研究では、他者と事物に注意を配分し共有する場面が取り上げられる。それは通常では、一緒に物を見る現象であるため、「共同注視」と言われることがある。事実、共同注意の研究で検討されてきた感覚は視覚だったと言ってよい。しかし、共同注視という用語では、人の共同注意という現象を十分に論じることはできない。共同注意研究ではほとんど論じられないが、盲児（blind children）や盲ろう児（deafblind children）にも共同注意があり、それは彼らの精神発達に重要な役割を演じている。盲児の共同注意の遅れは、乳児期の終わり頃には自閉的な行動傾向として表現されやすいが、言葉が主たるコミュニケーション手段になると克服される（Bigelow, 2003; James & Stojanovik, 2006）。２歳の視覚障害児を対象に検討した矢藤は、母親が触覚や聴覚刺激を用いた対象物を提示した場面で共同注意エピソードを観察した。その研究では、養育者（母親）が触覚刺激や聴覚刺激を使って対象物を提示しながら、発話によって自分の存在や意図を示すことで、視覚障害児が共同注意をする可能性が見出されている（矢藤、2009）。また、盲ろう児を対象に親との共同注意を検討した研究では、共同注意場面での経験共有に盲ろう児と定型発達児との間で類似したパターンが報告されている（Preisler, 2006）。

人の心の活動にはマルチモーダルな（通様相的あるいは非様相的）特徴がある（大藪、2012 など）

＊11 複数の感覚を結びつけ統合すること。

が、それは共同注意にも該当するだろう。共同注意には、視覚的共同注意だけでなく、聴覚的共同注意（joint auditory attention）や触覚的共同注意（joint tactile attention）が働いている。人の精神発達に果たす共同注意の役割を正しく理解するためにはマルチモーダルな視点からの研究が必要とされる。

3　表象

「表象」（representation）とはそこにない対象、つまり不在対象を〈再（re）現（present）〉することである。人は、この表象を高次な能力として獲得することにより、生活世界を複雑で豊かなものにしてきた。それは、現実の世界がもつ制約から解放された想像世界を創りだすからである（大藪、2018）。

この表象という用語は、多義的であり、意味が曖昧なまま使われやすい。表象は二つに大別される。一つは、対象がなくなっても短時間記憶として残される知覚記憶痕跡や知覚的情報スキーマ（Povinelli, 1995）であり、多くの動物に存在する（Callaghan, 2013）。もう一つは、過去の思い出をあれこれ想起するといったその場にない事物を意図的に結びつける想像表象である（Allen et al., 2008/2014）。それは、事物を、それが生じた場から時間的にも空間的にも切り離し、精神世界で繰り返し利用できる情報に置き換えたものであり、精神内容の意図的な再構成を可能にさせる。人はそれを「シンボル」として表現して他者と共有し、精神世界を豊かなものにしていくのである。

人にはシンボルに注意を向け、他者と表象を共有するという特徴がある。その共同注意の対象とは、シンボルとそのシンボルが指し示す表象対象である。それは従来の共同注意が取り上げてきた事物そのものに視線を向ける「三項関係」ではなく、シンボルと表象対象に注意を向ける「四項関係」（〈乳児－シンボル／表象対象－他者〉）を構成する。そこにこそ人の共同注意の特徴があるように考えられる。

　最後に、共同注意を対象にする学問領域に目を転じてみたい。近年の共同注意研究は発達心理学の領域を大きく超えてきている。それは共同注意の研究を編集した論文集を見れば明らかである。１９９５年にムーアとダンハム（Moore & Dunham）が編集した最初の書籍『ジョイント・アテンション――心の起源とその発達を探る』[*12]（邦訳は１９９９年）以降、２００５年にエイランら（Eilan et al.）の編集による『共同注意：コミュニケーションと他者の心――哲学と心理学における論点』[*13]、２０１１年のシーマン（Seemann）編の『共同注意――心理学、心の哲学、社会神経科学での新たな展開』[*14]、２０１３年にはメトカーフとテラス（Metcalfe & Terrace）編の『意志的主体と共同注意』[*15]、そして２０１６年には、マンディ（Mundy）編の『自閉症と共同注意――発達、神経科学、臨床原理』[*16]と出版されてきている。

　書籍に掲載された論文をひも解けばもとより、これらのタイトルを見ても、哲学領域や脳科学領域との研究連携が進展していることがわかる。共同注意研究は、人の心の働きの起源とその発達の仕組みを解明しようとする研究者にとって魅力に富む学際的な研究領域として発展しつつある。

＊12 *"Joint attention: Its origins and role in development"*

＊13 *"Joint attention: Communication and other minds: issues in philosophy and psychology"*（書名は筆者による訳出。邦訳書はない。以下の3書も同じ）

＊14 *"Joint attention: New developments in psychology, philosophy of mind, and social neuroscience"*

＊15 *"Agency and joint attention"*

＊16 *"Autism and joint attention: Development, neuroscience, and clinical fundamentals"*

第1章　共同注意の種類と機能

はじめに

人と人が出会い、共通の物や出来事に注意を向けあうとき、そこにはさまざまな共同注意が現れる。美しい花を愛でる場面。過ぎし日の思い出を語りあうひと時。一緒に行く旅行の話。体験することができない事象についての議論。表象として思い浮かべた想像世界を自由にあやつり、言葉を使いこなせるようになった人間は、共同注意の対象を、「いま・ここ」という場に置きとどめることなく、時空を無限に超えた世界に登場させることができる。

本書で取り上げる共同注意は、表象能力や言語能力が限定された乳幼児のものである。それゆえ共同注意の対象が無限の時空に広がることはない。乳幼児の共同注意の基本的な形態は、他者と一緒に対象物を見ること、つまり「子ども－物－他者」という三項関係が成り立つことである。こうした共同注意は日常場面で容易に生じる。それゆえ単純な現象と理解されやすい。しかし、乳幼児の共同注意といえどもそれほど理解しやすい現象ではない。乳幼児という時期でさえ、その共同注意は高次な表象の共有をターゲットにして、発達とともに形態や機能が変化し、入り組んだ内容を備えた心の営みに変容していくからである。

他者の心との触れ合いをもたらす共同注意は、人の心の健康な発達を支えるもっとも基本的な活動形態である。それゆえ、共同注意を作り出そうとする行動は、人を志向する心の働きとして誕生時から認められる。未熟に見える一つひとつの乳児の感覚や情動には、次第に高度な構造をもつ共同注意を目指そうとする働きがひそんでいる。乳児は他者との間でどのような共同注意の世界を体験し、その共同注意にはいかなる現象が関与しているのだろうか。さしあたり共同注意の形態とそこに関与する現象の大枠を捉えてみよう。

本章では、乳幼児が体験すると想定される共同注意の種類を整理するが、それは一筋縄ではいかない作業である。しかし、共同注意の世界を理解し、それを体系的に検討するためには、組織的に分類することが有効である。乳幼児期に出現する共同注意を3つの視点から分類し、そこから見えてくる共同注意の形態とその働きを検討してみたい。また、乳幼児を対象にした実験パラダイムと共同注意との関係についても取り上げることにする。

第1節　発達段階による分類

子どもの共同注意の世界は、発達するにつれて構成成分が増え、共同注意の対象が存在する時間領域と空間領域が次第に拡大する。バロン・コーエン（Baron-Cohen, 1995/1997）、熊谷（2004,

2006)、大藪(2000, 2004)は、共同注意を発達段階に分類し、その違いに応じて異なる構成形態と機能を見出してきた。大藪の5発達階層は第2章以降で論じることとし、ここではバロン・コーエンと熊谷の分類段階とその機能を見ることにする。

1　バロン・コーエンの分類

人には他者の心を読む(mind reading)優れた能力がある。心を読むことは、他者の行動を予測し、情報共有や協力関係を促すことになり、課題解決に共同して取り組むことを容易にさせる。進化論的視点に立つバロン・コーエン(Baron-Cohen, 1995/1997など)によれば、人が自然選択によって獲得した心を読むシステムには4つの成分がある。「意図検出器」(Intentionaliry Detector: ID)、「視線検出器」(Eye-Direction Detector: EDD)、「共有注意メカニズム」(Shared-Attention Mechanism: SAM)、「心の理論メカニズム」(Theory-of-Mind Mechanism: ToMM)である(図1-1)。これらは心理的モジュールとされ、階層的な構造を構築しながら、二項表象、三項表象(共同注意)、メタ表象(心の理論)へと他者の心を読む能力を順次発達させていく。

(1) 二項表象の段階(誕生~9か月)

二項表象の段階では、意図検出器(ID)と視線検出器(EDD)が

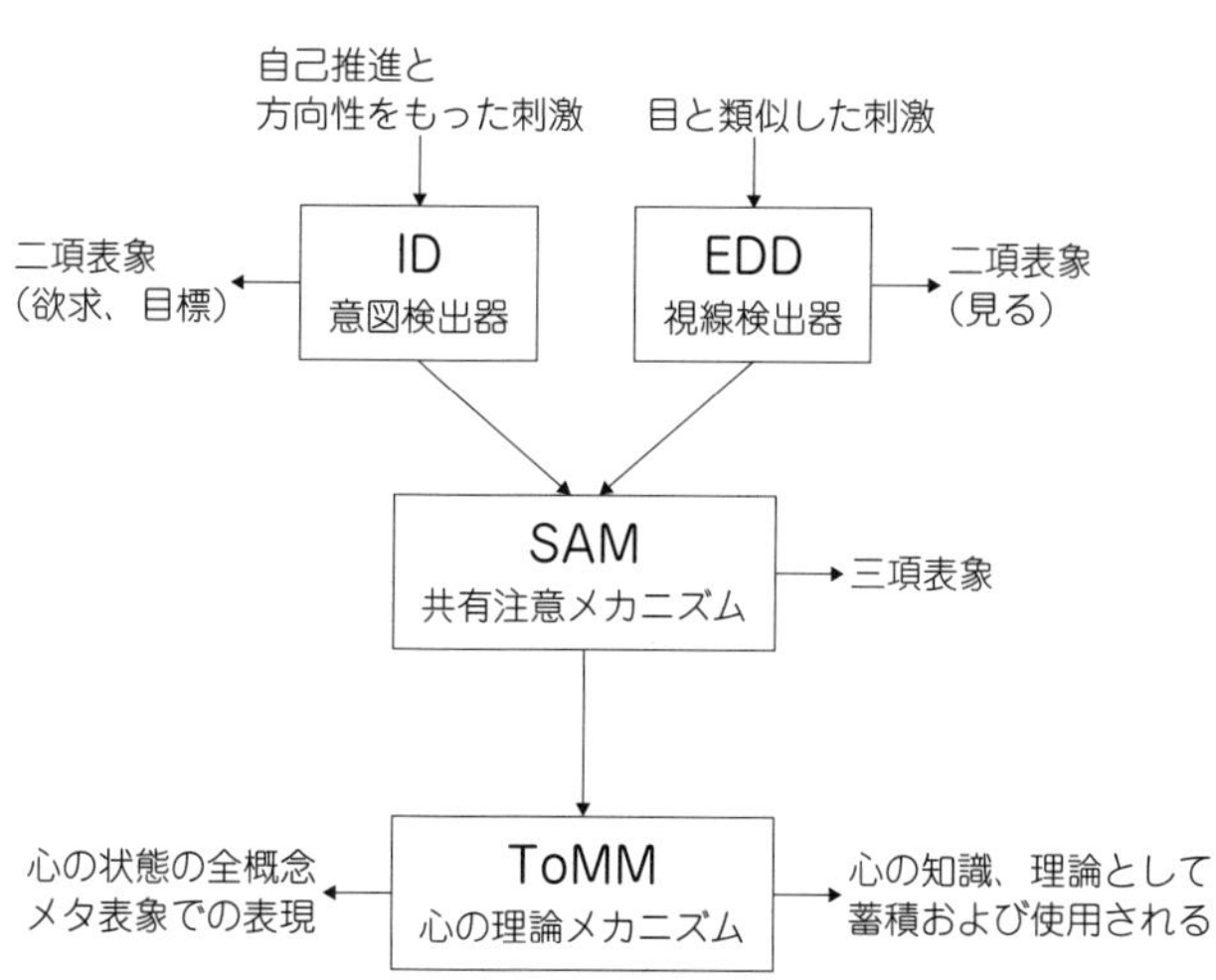

図1-1　バロン・コーエンによる心を読むシステム
(Baron-Cohen, 1995/1997を改変)

働く。その時期は誕生から生後9か月頃までとされた。

意図検出器は、自己推進的に運動する物体に目的や欲求という原始的な意図を読み取る。意図の読み取りは、視覚、触覚、聴覚といった感覚様相（modality）で可能である。この装置は、単なる運動物を目的や欲求をもつ行為者だと誤って解釈しやすい。しかし、誤った解釈は、その後の経験で補正される。進化の視点から見れば、運動物を行為者と見なすことなく放置するより、その目的や意図を点検しておくほうが望ましい。物の動きに潜在する可能性がある攻撃の意図を見逃すより、それを回避する方策を事前にたてておくほうが安全だからである。

視線検出器は、目や目に似た刺激を検出し、見ている方向とその対象を読み取る。視線検出器では視覚だけが働く。外界に目や目らしきものの存在を読み取り、それが自分を見ているか、自分ではないものを見ているかに気づかせる。他者の目に対する気づきは、乳児が自分の目で物を見るという体験によって生み出される。視線検出器は鳥類や爬虫類にもあり、自分に向けられた視線に気づき、攻撃される可能性を予測するために使われている。

意図検出器と視線検出器は、〈行為者と対象〉との関係でも〈行為者と自分〉との関係でも、そこに存在する意図的な関係を理解させる。それゆえ、この表象理解を二項表象という。しかし、これらの装置には、自己と他者が同じ事物に注意を向けあっていることは表象できない。この表象能力がない生活世界は「自閉的」なものになる。自分と相手が同じ事物を見ており、その事物を共有しながら理解しあえると感じる世界がないからである。

（2）三項表象の段階（9〜18か月）

意図検出器と視線検出器の働きが結びついて共有注意メカニズム（ＳＡＭ）が出現する。このメカニズムが働くと、「私とあなたは同じ対象物を見ていることに気づく」ことができる。他者の知覚状態についての二項表象（例：あなたはドアを見る）と、自分の知覚状態についての二項表象（例：私はドアを見る）とが融合されるからである。共有注意メカニズムによって、私とあなたは、同じものを見ている、同じものに触っている、同じものを聞いているといった気づきが可能になる。そこでは、自分と他者との間で気持ちを合わせながら、興味の共有を確立しようとする動因が働いている。共有注意メカニズムを基盤にさまざまな感覚を用いた共同注意行動が現れる。

共有注意メカニズムの形成効率は視覚がもっとも優れている。物に対する他者の視線に気づくことで、自分と他者が同じ物を見ていることを容易に確認できるからである。触覚、聴覚、嗅覚などでも共有注意メカニズムは働くが、視覚モダリティほど容易ではない。

視線検出器と意図検出器が結びつくことで、視線を欲求や目的といった心の働きと関連させて解釈できるようになる。なぜなら、行為者は、自分が欲しているものや、働きかけようとするものに視線を向けやすいからである。共有注意メカニズムを獲得すると、他者の視線の背後にある意図に気づきながらその視線を読むことが可能になる。おおよそ生後9か月から18か月の時期とされる。

（3）メタ表象の段階（18～48か月）

相手の心をさらに読むためには、相手が知っていること、信じていること、思考していることを、自分の心に思い浮かべることが必要になる。このメタ表象を可能にする装置を心の理論メカニズム（ＴｏＭＭ）といい、共有注意メカニズム（ＳＡＭ）がその基盤にある。

他者の認識世界を思い浮かべる心の理論メカニズムの働きによって、たとえば［太郎は、〈私のスマホが机の引き出しの中に入っている〉と信じている］といった表象世界の認識（メタ表象）が可能になる。この場合、もしも私が太郎のいない間にそのスマホをカバンの中に移し替えていれば、太郎の認識は現実と異なり、誤りになる。しかし、太郎がそう思っている限り、それが太郎の現実認識である。心の理論メカニズムは、そうした太郎の心の世界を理解（誤信念の理解）させる。心の理論メカニズムの働きによって、他者の表象世界は独自の世界であることの理解が可能になる。そこには、同じ対象物を見て表象しあう共有注意メカニズムにはない高次な精神機能が働いている。

心の理論メカニズムを獲得することにより、子どもには現実とは異なる世界の表象が生まれ、ふり遊びやごっこ遊びが始まる。自分の認識状態と他者の認識状態の違いを利用して、それはやがて「嘘」や「欺き」といった行動にもなっていく。メタ表象はおおよそ生後18か月から48か月にかけて発達する。

その後、バロン・コーエンは、このモジュール説に情動の働きを加える必要を認め、2つのモジュールをあげた（Baron-Cohen, 2005）。一つは、他者の情動状態に気づきそれを表象する「情動検出器」（The Emotion Detector: TED）であり、もう一つは、知覚された他者の情動に対して適切に応答する機能をもつ「共感システム」（The Empathizing System: TESS）である。

2　熊谷の分類

熊谷（2004, 2006）は、バロン・コーエンのいう三項表象階層（共同注意）とメタ表象階層（心の理論）の間に三項関係にもとづく中間段階を設け、さらにメタ表象階層の世界についてもより広範に言及している。

共同注意と心の理論は三項関係構造を有するが、そこには共通点と差異点がある。共通点は、どちらも自己と他者と事物という三項が存在し、その関係を問題にすることである。しかし、空間的構造、時間的構造、人称関係構造には違いがある。

〈空間的構造〉

共同注意では、自己、他者、事物の三項はいずれも可視領域にある。しかし、心の理論では、他者が可視空間から出ていくといったことが生じ、現前する場からは見ることができない外部領域、つまり〈ここ〉ではない〈あそこ〉が問題になる。

〈時間的構造〉

共同注意の基本型では、事物は目の前で生じるものだけである。しかし、心の理論には過去事象や未来事象が含まれる。それゆえ、時間に関しても、〈いま〉という現前領域ではない〈あのとき〉と〈これから〉という外部領域が問題にされる。

〈人称関係構造〉

共同注意の基本型では、その場にいる自己と他者しかいないが、心の理論では、自己と他者とは異なる意図をもつ行為主体としての第三者が存在する。

熊谷は、こうした3つの構造上の違いを考慮した三項関係の段階を論じた。その要点を三項関係の4段階モデル（図1－2）とともに以下に紹介する。

（1）段階Ⅰ（定型発達児で生後8か月頃から）

三項関係構造をもつ活動が現れる。見せる、手渡す、受け取る、指さすなどの行動を使い、〈私〉と〈あなた〉は目の前の空間内にある対象物を一緒に見ることが可能になる。

この段階では、私とあなたと対象物は可視領域にある。ただし、対象物の永続性能力はあり、視野から消えたり、遮蔽物の下に隠されたりした物（不在対象）を共同注意の対象にできる。しかし、不在対象は遮蔽物の除去によって再出現できる「準可視領域」になければならない。また、〈いま〉と区別された過去や未来の行為のイメージは見られない。対人的な世界では、子どもの相手になる他者は近くにいて交流が直接できる〈あなた〉であり、それ以外の人は登場しない。人は第三項になりうるが、子どもの注意は、物と同じように、存在と運動に向けられ、〈私〉や〈あなた〉のような意図をもつ行為主体としては扱われない。

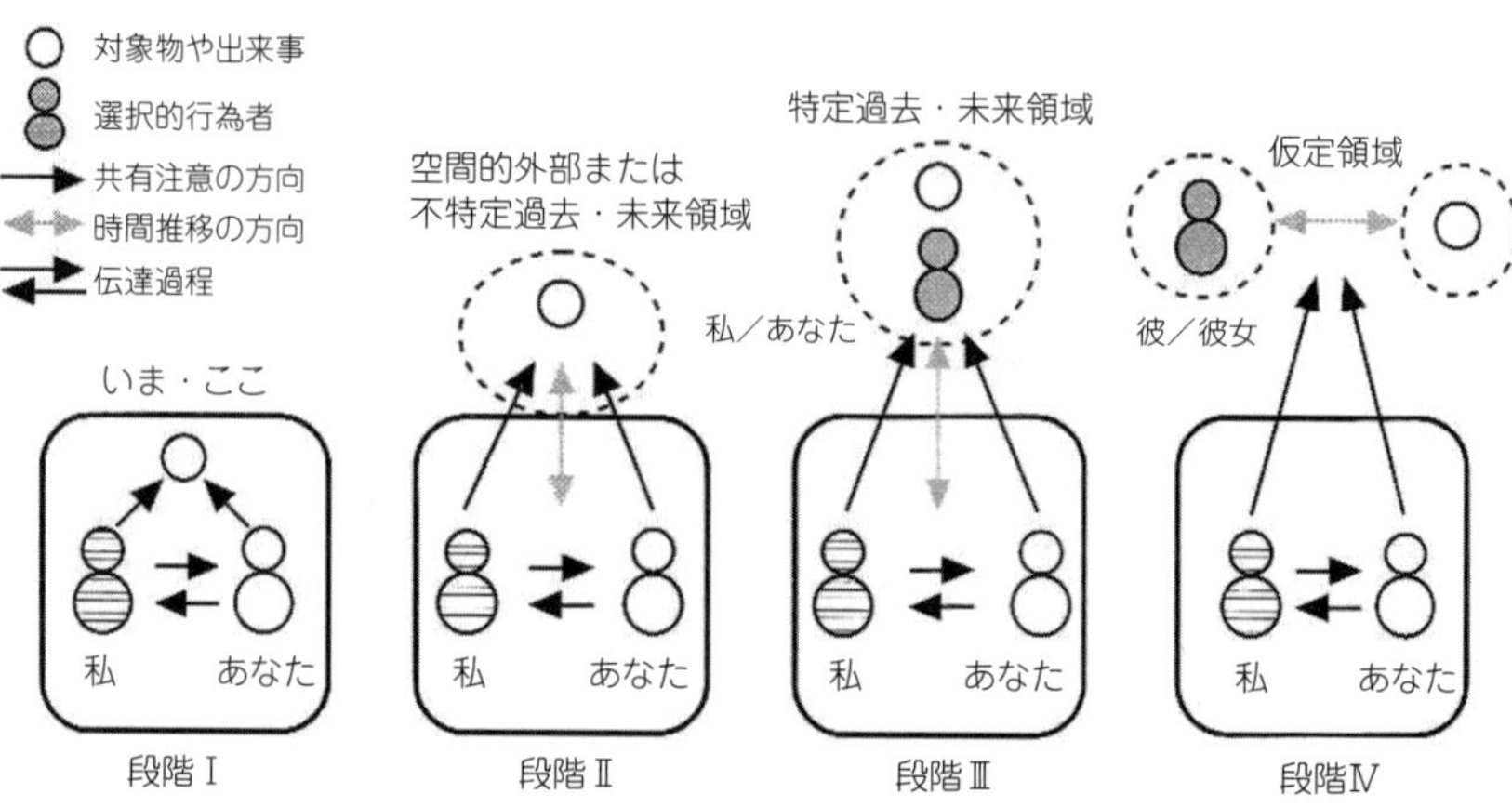

図1-2　三項関係の4段階モデル（熊谷, 2004）

(2) 段階Ⅱ(定型発達児で1歳半頃から)

2歳前後になると、目の前にない事物を表象する言語活動が活発化する。たとえば、「〜イッタ」「〜キタ」「〜アッタ」「〜ナイ」といった発話が頻発する。こうした発話場面を観察すると、「イッタ」物は、なくなったのではなく、今もどこかにあること、また「キタ」物も、どこかから突然現れたのではなく、あった場所と結びついている。「イッタ」と「キタ」は〈いま・ここ〉への出入りを示しており、〈いま・ここ〉の内外の境目が意識された言葉として使われる。「アッタ」も、突然ここに出現したのではなく、他の場所ではない、ここに「アッタ」ということである。「ナイ」もまた、完全になくなってしまったのではなく、ここには「ナイ」けれども、どこかにはあることを想定しているかのように使われる。

この段階では、共同注意の対象となる活動領域は〈いま・ここ〉の外部にまで広がり、言語を用いて〈いま・ここ〉にない事物を表現する。しかし時間や空間の分化がとぼしく、活動の内容も型にはまったことが多く、意識される行為主体は、〈私〉か、私と一緒にその場で共同行為をする〈あなた〉である、といった制約がある。

(3) 段階Ⅲ(定型発達児で3歳頃から)

3歳頃から〈私〉と〈あなた〉の活動内容が区別され始め、異なる経験内容を伝えあうために、「行為者、対象、時、所、理由などを特化した表象手段」を利用し始める。それは言語表現によく反映される。Wh-Question を見ると、それまでの What/Where/Who 以外に、Why/When/How などが加わる。子どもは、こうした疑問詞を使って、〈私〉と〈あなた〉が互いに知らなかった経験内容を伝えあうために、理由や時間、そして出来事の文脈を明らかにしようとする。この段階の子どもが体験する行為主体は、〈いま・ここ〉という場を共有している〈私〉と〈あなた〉であり、〈彼や彼女〉という第三者ではない。

この段階の子どもの〈私〉と〈あなた〉の活動領域は、段階Ⅱより拡大し分化している。〈私〉と〈あなた〉の過去や未来の活動を展望して関連づけ、〈私〉と〈あなた〉の経験が異なることを意識するようになる。

（4）段階Ⅳ（定型発達児で4歳半頃から）

段階Ⅳになると、〈私〉と〈あなた〉がいる〈いま・ここ〉という場面にはいない第三者、つまり〈彼や彼女〉との関係が理解され出す。〈私〉の視点から見た世界と〈彼や彼女〉の視点から見た世界の違いに気づき、その違いを踏まえた物語を構成しながら、共有世界を構築し始める。この最終段階では、〈いま・ここ〉から独立した過去や未来の仮定された領域が活動領域になり、活動主体には〈私〉や〈あなた〉だけではなく第三者も含まれてくる。

第2節　出現形態からの分類

共同注意は、出現の形態によって「事象（event）型」と「状態（state）型」に分類できる（大藪、2009）。事象型共同注意では、乳児が他者の視線方向あるいは同じ事物を見る行動の有無に、状態型共同注意では、乳児と他者との間で持続的に生じる共同注意場面の特徴に着目する。

この出現形態を基準に分類した「追跡的共同注意」（事象型）、「誘導的共同注意」（事象と状態の混在型）、「共同注意的関わり」（状態型）の3類型を順に記述したい。

1　追跡的共同注意

乳児に他者の視線を目で追って共同注意をする[*1]能力を見出したスケイフとブルーナー（Scaife & Bruner, 1975）の報告[*2]後も、共同注意は大人が乳児の視線を追うことで生じるという見方が大勢を占めていた。たとえば、シャファー（Schaffer, 1984）は、多くの研究をレビューし、視覚的共同注意のエピソードの大部分は乳児の視線を母親が追うことによって生じると論じている。

こうした母親が形成させる共同注意ではなく、バターワースは、スケイフとブルーナーの研究方法を踏襲し、共同注意を「誰か他の人が見ているところを見ること」"looking where someone else is looking"（Butterworth & Cochran, 1980; Butterworth & Jarrett, 1991; Butterworth, 1995/1999 など）と定義して、乳児が他者の視線を追って生じる視覚的共同注意、すなわち追跡的共同注意の発達過程を明らかにしようとした。バターワースは一連の実験研究を行い、生後6か月から18か月までの乳児が相手の視線を追って形成させる共同注意には異なるタイプがあり、それらは発生メカニズムも出現時期も違うことを見出した。その異なる3つのタイプを以下に示す。

なお、マンディは、このタイプの共同注意行動を「応答的共同注意」（responding to joint attention: RJA）と呼んでいる（Mundy, 2013 など）。

（1）生態学的メカニズム（6か月〜）

生後6か月以降に出現する。母親の視線の動きを目で追って同じ方向を見るが、対象物が複数

＊1　乳児が他者の視線を目で追う行動は、一般に「視線追従」とされ、「視線追随」と呼ばれることもある。筆者は「視線追跡」と称しており（『共同注意』川島書店、2004 など）、本書でも踏襲する。この視線追跡という表現には、他者との関係を基盤にして自らの生活世界を構成しようとする能動的な心の働きが想定されている（第5章の第3節2を参照）。

＊2　序章第1節を参照。

あると精確に見ることが難しい。母親が注視する対象物を乳児が最初に見た場合には、それを正しく見つめることができる。しかし、別の物を最初に見てしまった場合は、対象物を正しく見る確率はチャンスレベルになる。人の視線の変化は乳児に見るべき方向の情報を提供するが、精確な位置情報を理解することは難しい。また、対象物の属性によっても精確さは影響される。たとえば、共同注意できる対象物は視野内にあるものに限られ、静止した対象物より運動する対象物のほうが共同注意しやすい。

生態学的メカニズムという名称は、共同注意の有効性が対象物に備わる情報によって左右されることに由来する。

（2）幾何学的メカニズム（12か月〜）

生後12か月以降に出現する。視線が最初に出会った物が対象物でなくても、対象物が静止している場合も、精確に見ることが可能になる。母親が頭を動かしているときには母親に注目し、母親の頭の動きが止まると、母親の視線が向かう対象物に向けて素早く頭と眼球を動かす。

幾何学的メカニズムと呼ばれるのは、母親が見る対象物と母親との間に引かれた視線が見えるかのように、対象物を精確に見るからである。母親の視線は見るべき方向と位置の情報を乳児に伝える。しかし対象物が乳児の背後にある場合には共同注意できない。

（3）表象的メカニズム（18か月〜）

生後18か月以降に出現する。視野内にある物によって探索行動が妨害されなければ、事物を思い浮かべる表象能力に支えられ、背後にある対象物を振り返って探索できる。背後の探索は、母親の視線の変化だけでもできるが、頭や視線の動きを利用できるとより精確になる。表象的メカニズムは、すぐには見えない対象物に注意を向けることを可能にさせる表象能力に由来する。表象的メカニズムの出現によって他のメカニズムが消失することはない。３つのメカニズムは相互に影響しあっている。

このバターワースの共同注意のメカニズムは、乳児が他者の視線を目で追う能力を検討したものであり、同じ対象物を見ている他者との関係については不明である。相手の視線を追って対象物を見ても、相手とその対象物を共有しているかどうかわからない。相手と物を共有するためには、一緒に見ているという気づきが必要とされる（浜田、1995）。こうした気づきをボールドウィン（Baldwin, 1995/1999）は「間主観的気づき」（intersubjective awareness）と呼び、他者と対象物を共有する共同注意には不可欠な現象だとしている。

次に見ていく状態型の共同注意研究では、こうした気づきを組み込んだ共同注意の検討が可能になる。

2　誘導的共同注意

子どもは、自分が関心をもった対象物に他者の視線を引き寄せ、一緒に見ようとする。これを誘導的共同注意（大藪、2004）という。マンディ（Mundy, 2013 など）は「始発的共同注意」（initiating joint attention: IJA）と称している。典型的な行動が「指さし」である。指さしは、生後９か月頃から、親指や中指も一緒に伸ばす「手さし」から始まることが多く、やがて人さし指だけが伸びた形態になる（田中・田中、1982）。

（1）命令と叙述の指さし

指さしを大きく分類すると、「命令の指さし」（imperative pointing）と「叙述の指さし」（declarative pointing）に分けられる（Bates et al., 1975）。命令の指さしとは、欲しい物を相手に取ってもらいたいときなどに生じる指さしである。一方、叙述の指さしには、物を獲得するといった道具的な意図はなく、相手と対象物を共有することを目的にしている。命令の指さしも叙述の指さしも他者の注意を自分が注意する物に切り替えようとするが、注意の焦点は、前者は物に、後者は人にある。子どもの叙述の指さしには、対象物とそれがもつ意味を相手と共有しようとする気持ちが強く働いている。

命令の指さしや叙述の指さしは、指さしの有無を問題にする限り、事象型共同注意の典型である。しかし、1歳児の指さし行動を丁寧に観察すると、その指さしは場の状況に応じて変化している。たとえば、指さしを母親に無視された15か月児は、「ウン、ウン」と言いながら指をさし、物に接近して行きまた指さしをする。それから母親のところに歩いて戻り、その顔を見て微笑みながら「ウン・ウン」と言い、振り返ってもう一度指さしをすることがある（大藪、2004）。指さしは、こうした一連の行動として、微細に変化しながら生じている。それゆえ、指さしの有無という視点ではなく、場の中にある一連の行動の流れとして分析するとき、指さしがもつ特徴や意味が一層明らかになる（岸本、2012; Liszkowski et al., 2004; 大藪、2004 など）。ここには、指さしという共同注意行動を一定の持続時間をもつ状態として捉える視点がある。

（2）情報提供の指さし

物を意図的に置いた場面と、物を落としたふりをした場面で、その人が何かを探す仕草をしてみせたとき、12か月児はどんな行動をするのだろうか。トマセロ（Tomasello, 2007）はこの場面を観察し、12か月児は落とされた物に対して指さしを多くしたことを見出した。この指さしは「情報提供の指さし」（informative pointing）と呼ばれ、他者を助ける利他的な動機をもつ（Tomasello, 2008/2013）。[*3] 命令の指さしも叙述の指さしも自分の欲求を満たそうとするが、情報提供の指さしは自分ではなく相手の欲求を満たそうとする振る舞いである。12か月児には相手の状況を踏まえた誘導的な指さしが可能になるようである。

*3　第5章の第4節4を参照。

3　共同注意的関わり

共同注意を一定時間持続する状態として分類し、その発達を検討する研究はベイクマンとアダムソン（Bakeman & Adamson, 1984）の「共同注意的関わり」（joint engagement）研究として始まった。それは、乳児と母親のいずれかが主導的に振る舞って対象物を共有し、その状態が一定時間（3秒以上）持続的に出現するときとされた。

この共同注意的関わりは、支持的状態と協応的状態に分類された。支持的状態では、乳児と母親が同じ対象物に関わっているが、乳児は母親に対して注意を能動的に配分していない。協応的状態では、乳児が視線を対象物と母親との間で交替させ、能動的にその両者に注意を配分している。したがって、このコーディング・スキームでは、バターワースの共同注意の定義で問題とされた相手の注意に対する気づきの有無が評価できる。アダムソンらは、この共同注意カテゴリーを使って、〈乳児－物－母親〉の三項関係の全体を把握しながら、定型発達児や自閉症児などを対象にしてその注意の積極的な配分と能動的な関心を明らかにしてきた（Adamson et al., 2004 など）。

次に、アダムソンらが使用している4種類の共同注意的関わりの要点を紹介する。

〈支持的な共同注意的関わり〉（supported joint engagement）

子どもは他者が関わっている対象物に能動的に関与する。子どもは他者からの働きかけの影響を受けているが、他者に向かって視線を向けず、他者からの働きかけに気づいている証拠は外見上ほとんど見られない。たとえば、母親と子どもが順番にボールを転がしているが、子どもはそのボールの動きだけに注目している場面。

〈協応的な共同注意的関わり〉（coordinated joint engagement）

子どもは他者が関わっている対象物に能動的に関与しており、他者へも積極的な関心を向けている。子どもの他者への関心は、他者へ視線を向けて注意を配分することで了解されることが多い。子どもは他者の関与に明確に気づいている。たとえば、母親が押しているおもちゃのトラックを子どもが押し、母親の顔を見上げてトラックをまた押している場面。

〈シンボルをともなう支持的な共同注意的関わり〉（symbol-infused supported joint engagement）

子どもと他者は言葉やシンボリックな身振りを使って同じ対象物に関与している。他者は子どもが注意を向ける対象物に焦点を当てて話しているが、子どもが他者に向ける注意配分は外見上ほとんど見られない。たとえば、母親と一緒に犬のぬいぐるみで遊んでいる子どもが、そのぬいぐるみだけを見ながら「ワンワン」と言ったり、飛行機のおもちゃだけを見ながら両手を広げたりする場面。

〈シンボルをともなう協応的な共同注意的関わり〉（symbol-infused coordinated joint engagement）

子どもと他者は言葉やシンボリックな身振りを使って同じ対象物に関与している。子どもは他者へ視線を向けて注意を配分し、積極的な関与を示すことが多い。しかし、子どもの言葉によって他者への関与が明確になる場合もある。たとえば、おもちゃを使って母親と遊びながら、「ママの番」と子どもが言う場面。

トマセロらは、このアダムソンのコーディング・スキームを用いて乳児の遊び場面を観察し、「協応的な共同注意的関わり」は生後9か月以降に他の共同注意関連行動（指さし、他者の動作の模倣など）とともに出現することを報告した（Carpenter et al., 1998）。彼らは、この知見にもとづき、乳児が他者の意図に気づきながら一緒に対象物を見る共同注意を出現させるのは生後9か月以降になると主張した。

アダムソンは、生後5～6か月頃から、乳児と母親との間で共同注意活動が始まるとする。その共同注意活動では母親が主導的な役割を演じており、母親が対象物に対する乳児の注意を維持させ共同注意的関わりを持続させようとする。生後6か月頃から、乳児は同じ視野内にある母親と対象物との間で視線を行き来させ始めるが、その後半年ほどは能動的な視線交替活動は弱く「支持的な共同注意的関わり」が優勢だとした（Adamson et al., 2004）。

近年、レゲァスティら(Legerstee et al., 2007)は、母子がおもちゃを使ってやりとりする場面を観察し、3秒間以上持続する「協応的な共同注意的関わり」が5か月児で出現することを見出した。この「協応的な共同注意的関わり」の出現時期とそれが共同注意の発達に果たす役割については議論があり、後の章でさまざまな視点から取り上げていきたい。*4

第3節　感覚様相からの分類

すでに指摘したが、定型発達児を対象にした共同注意研究は、もっぱら視覚刺激を用いた「視覚的共同注意」(joint visual attention)の研究である。他の感覚様相を対象にした共同注意研究はなきに等しい。人間の生活世界は、視覚障害でもない限り、視覚的世界が優勢であり、乳児と母親が注意を向けあう対象として視覚刺激が取り上げられるのは当然なのだろう。

しかし、バロン・コーエン(Baron-Cohen, 1995/1997)が指摘するように、人は視覚刺激以外に、聴覚刺激、触覚刺激、嗅覚刺激からなる対象を共同注意の焦点とすることができる。たとえば、何らかの音を聞いたとき、聞き耳を立て、音源のほうに顔や視線を向け、相手と顔を見合わせて、また音源のほうを見る。そして、その音に一緒に耳を傾け、話題にする。聴覚的共同注意(joint auditory attention)の現象である。しかし、現在のところ聴覚刺激を用いた共同注意研究は、次に述べる大藪の研究などに限られている。聴覚刺激が共同注意研究になじみにくいのは、音刺激が提示されると、子どもは母親の反応を待つまでもなく、聴覚刺激の方向に視線を向けてしまうからである。また、聴覚刺激に対する注意は、視線方向以外に、「聞き耳を立てる」といった曖昧

*4　序章で見たように、スケイフとブルーナー(Scaife & Bruner, 1975)がはじめて着手した共同注意研究では、実験者が向けた視線の方向に乳児が視線を向ける行動が取り上げられた。その乳児の行動は joint visual attention(視覚的共同注意)と呼ばれ、バターワースによってその発生メカニズムと出現時期が検討された(Butterworth & Cochran, 1980 など)。その後、ベイクマンとアダムソン(Bakeman & Adamson, 1984 など)は、共同注意を他者と一緒に一定時間持続して対象物に視線を向ける状態と定義し、定型発達児や自閉症児などで共同注意の比較研究をし始めた。そのため、彼らは、ブルーナーやバターワースが取り上げた共同注意と区別するために、joint attention ではなく joint engagement という用語を使用した。共同注意研究の第一人者であるトマセロらの研究グループが問題にした共同注意は、この joint engagement である。同様に、本書で取り上げる共同注意にも joint engagement がもつ特

な行動の評価が必要になるためでもある。聴覚刺激は、共同注意研究で取り上げられた他者の視線を目で追う実験場面では扱いにくかったのである。

大藪ら（大藪、2000, 2004; Oyabu, 2006; 大藪・福田ほか、2001; 大藪・東谷ほか、2001 など）は、鳥の鳴き声を使って、１・２歳児の聴覚的共同注意を検討してきた。その経験では、聴覚刺激が提示されたときに生じる１・２歳児の音源定位反応は比較的容易に観察でき、他者との共同注意的関わり行動の評価は可能である。実験場面で母親に聞こえないふりをしてもらえば、聴覚刺激に他者の行動を誘導する共同注意（誘導的共同注意）を観察することもできる。その聴覚刺激を用いたデータを視覚刺激のものと比較すれば、聴覚的な共同注意の特徴を知ることができる。大藪は１・２歳児の聴覚的共同注意が視覚的共同注意とは異なる特徴をもつデータを得てきた。後の章[*5]でこの聴覚的共同注意研究の知見を紹介してみたい。

根ヶ山らの研究グループは、乳児へのくすぐり遊び場面を使って母子の相互作用を観察し、そのデータから触覚刺激がもつ働きを分析して、共同注意との関連を考察した（石島・根ヶ山、2013; 根ヶ山、2012 など）。この研究の内容についても後の章[*6]で取り上げることにしたい。

徴が含まれている。そのため本書で記述される「支持的共同注意」はアダムソンの「支持的な共同注意的関わり」と、また「協応的共同注意」は「協応的な共同注意的関わり」と同義に使用される。

＊5
第５章の第５節と第６章の第５節を参照。

＊6
第４章の第３節４を参照。

《コラム――共同注意と研究パラダイム》

共同注意あるいは三項関係は子どもの心の発達の基盤である。そのため、子どもと他者との相互作用を検討しようとすれば、共同注意を研究目的にしないものでも共同注意構造をもつ場面を使用することになりやすい。したがって、こうした研究の結果を共同注意の視点から見れば、子どもの共同注意行動の特徴とその発達を理解するための有効な資料が得られる（大藪、2014）。ここでは、こうした視点に立ち、子どもの共同注意能力の検討に有効な研究を取り上げ、それらを研究パラダイムによって分類し、研究方法の特徴や共同注意との関連を簡潔に記述しておきたい。

◆1　視線追跡パラダイム

視線追跡（視線追従）パラダイムでは、他者が見ている方向あるいは見ている物に子どもが視線を向けるかどうかを測定する。他者の視線を目で追う能力は、共同注意を能動的に形成するために必須であり、子どもの共同注意研究は視線追跡能力を測定する研究から始まった（Scaife & Bruner, 1975）。この視線追跡パラダイムは共同注意研究の原型的パラダイムである。すでに紹介したように、バターワースはこの方法を用いて3種類のメカニズムにもとづく追跡的共同注意の発達段階を提案した。*7

◆2　視線誘導パラダイム

視線誘導パラダイムでは、他者の注意を自分の注意領域に誘導して共同注意を成立させる能力を測定する。視線誘導行動には、他者も自分と同じ注意対象を共有できることへの気づきがある。視線誘導の典型的な行動は指さしである。命令の指さし、叙述の指さし、情報提供の指さしなどに分類でき、それぞれの指さしがもつ意味は異なる。また上述したように、聴覚刺激に対する共同注意能力の測定を可能にさせる（大藪、2004など）。子どもは、他者と、どんな場面で、どんな対象物を、どのように振る舞って共有しようとするのかなど、社会的動機や他者との能動的な

*7
本章の第2節1を参照。

関係構築スキルの検討にも使用できる。*8

◆3　共同注意的関わりパラダイム

共同注意的関わりパラダイムでは、他者と相互作用する子どもを観察し、その子と物や人との関わりを一定時間持続する状態として分類する。アダムソンとベイクマン（Bakeman & Adamson, 1984 など）の共同注意的関わり（joint engagement）がその典型的なカテゴリーである。このパラダイムを使えば、指さしといった行動の有無ではなく、子どもが表現する共同注意の種類とその時間が測定できる。子どもと他者との一定時間内での関わりを分類し、それをトータルに分析できるため、母子間で生じる関係活動の時間的特徴を共同注意の視点から比較することができる。それは、指さしといった行動の有無とは異なる視点から共同注意と精神発達との関係の検討を可能にさせる（Adamson et al., 2004）。*9

◆4　障壁パラダイム

障壁パラダイムは視線追跡パラダイムの変形である。このパラダイムでは、実験者からは物が見えるが、子どもからは障壁が邪魔をして見えない。実験者が物に視線を向けたとき、子どもが障壁の後ろへ探しに行くような行動をすれば、障壁の背後には何かが存在すると推測したと考えられる。

子どもの探索行動の有無によって、他者の視線に備わる意図に気づき、視線の先には物があると予想できるかどうかがわかる。それは、〈いま・ここ〉に現前しない領域にある物を他者と共同注意する能力である。この現前しない領域とは、障壁を除去すれば存在する。つまり現前する

*8　本章の第2節2を参照。

*9　本章の第2節3を参照。

世界に隣接する「準可視領域」（熊谷，2004，2006）である。[*10] 子どもはどのような人の視線に促されて探索をするのだろうか。たとえば，子どもとの信頼関係に違いがある人を使えば，相手に対する信頼性の違いと共同注意との関係が検討できる（Chow et al., 2008）。[*11]

◆5　馴化－脱馴化パラダイム

馴化－脱馴化法は乳児を対象にした研究法の代表的なものである。たとえば，乳児に同じ刺激を繰り返し見せると，見慣れて，見ようとしなくなる（馴化）。この時点で，新しい刺激を提示する。乳児が刺激を新しいものだと気づけば，見る時間が再び長くなる（脱馴化）。この注意の回復が生じる刺激条件を評価すれば，刺激を区別する能力や，脱馴化の背後にある心理的メカニズムを推論できる。共同注意の研究へ馴化－脱馴化パラダイムを適用したものには「乳児未知事態」と「実験者未知事態」がある。

乳児未知事態では，カーテンなどの位置によって，実験者から対象物は見えるが，乳児には見ることができない場面が用いられる。この場面を使った実験に，実験者が対象物に対して異なる行動（例：手伸ばし，語りかけ）をしてみせ，乳児に馴化させた実験がある（Legerstee, 2005/2014など）。

実験者未知事態では，つい立て板が邪魔をして，実験者は右側と左側に置かれた物のどちらかを見ることができないが，乳児からはどちらの物も見ることができる場面が用いられる。たとえば，実験者が物に手を伸ばしてつかむ動作をしてみせ，乳児に馴化させた実験がある（Luo & Baillargeon, 2007）。

これらの実験の方法と結果は，後述するが，どちらのタイプの実験からも，乳児は早期から他

＊10　本章の第1節2を参照。

＊11　Chowらの実験は第5章の第3節2（1）を参照。

者の行動の背後に潜在する意図の理解が可能であることを示唆するデータが得られている。[*12]

◆6　偶発行動パラダイム

偶発行動パラダイムでは、見かけは同じ行動を、実験者が意図的に振る舞う場合と、偶発的に振る舞う場合に分けて子どもに見せる。たとえば、すでに紹介したように、[*13] トマセロ（Tomasello, 2007など）は、実験者が物を意図的に置く素振りをしてから何かを探す仕草をしてみせた場面と、実験者が物を偶然落とした素振りをしてから何かを探す仕草をしてみせた場面を子どもに見せている。別の実験では、実験者は子どもが面白がるようなことを引き起こす動作をしてみせるが、一方の条件ではその動作をしながら「やった！」（"There!"）と言って意図性を示すが、他方の条件では「しまった！」（"Woops!"）と偶然してしまったように発声する（Carpenter et al., 1998）。

1つ目の実験では子どもの指さし行動が、2つ目の実験では模倣行動が分析のターゲットになる。どちらの実験でも、同じ行動が異なる場面で行われているが、こうした場面の違いは子どもの行動に影響するのだろうか。その反応の違いを分析すれば、子どもが他者の行動の意味を行動から理解しようとするのか、あるいは行動の背後にある意図から推測しようとするのか検討できる。[*14]

◆7　模倣行動パラダイム

子どもが、物を使った他者の動作を見て模倣するとき、それは共同注意場面になる。この模倣行動パラダイムでは、模倣の対象となる例示行動の種類や例示の仕方を変えることができる。そうした例示の違いが子どもの模倣行動にどう影響するか、その要因分析は模倣行動の背後にある

＊12　第4章の第2節3と、第5章の第3節2（2）を参照。

＊13　本章の第2節2（2）を参照。

＊14　第5章の第6節1（2）を参照。

心の世界を探求するためには貴重である。

たとえば、合理的模倣の実験がある（Gergely et al., 2002）。この実験では、ブランケットで肩から手まで覆われて手が使えない状態の実験者がタッチライトに額で触れ明かりを点けてみせる場面（Hands-occupied 条件）と、肩をブランケットで覆ったが手は出ていて使える実験者が同じ行動をしてみせる場面（Hands-free 条件）が使われる。どちらの条件でも同じような頻度で模倣すれば、乳児は例示者の額押し行動の形態を模倣していることになる。しかし、2つの条件間で模倣行動の頻度に違いがあれば、乳児は額押し行動の形態以外の要因に影響された可能性がある。この実験結果については後述する。[*15]

◆8　対象物不在パラダイム

対象物不在パラダイムでは、子どもと実験者がいる場には存在しない対象物に対する共同注意を検討する。時間では「過去領域」や「未来領域」、空間では「外部領域」に存在する対象物、つまり〈いま・ここ〉ではない〈あそこ〉にある物が共同注意の対象になる。

〈いま・ここ〉にはない対象、つまり不在対象（absent object）はシンボルを使えば対象化できる。シンボルとそのシンボルが示す表象対象が共同注意の対象になる。母親が「過去」や「未来」に関する話を子どもとすれば、子どもがその話に登場する〈いま・ここ〉にはない不在対象を母親と共同注意する場面が観察できる。また、共同注意をしている視覚刺激や聴覚刺激がなくなる場面を用意すれば、不在になった物を子どもが他者と共有しようとする行動を観察できる。[*16]

*15　第6章の第2節を参照。

*16　第6章の第6節を参照。

◆９　実験者不在パラダイム

実験者不在パラダイムでは、子どもと実験者が物を共同注意しながら関わる場面で、実験者が一時的に不在になる事態を設定する。この不在事態を設けることで、子どもと実験者が共同注意した物と、子どもだけが見た物に分けることができる。

子どもは、人は見たことがある物を知っているが、見たことがない物は知らないことがいつわかるようになるのだろうか。自分が知っている世界と他者が知っている世界とは、同じこともあれば、異なることもあることに気づけるようになるのはいつなのか。この問いは、自分の経験した世界と他者の経験した世界の違いに気づき、それを表象世界で理解する能力を問題にしている。それは「心の理論」の課題の原初型であり、その能力の獲得時期を問題にする問いである。トマセロとハバール（Tomasello & Haberl, 2003）、大藪（2015b）などは、心の理論を検討する誤信念課題で用いる言葉ではなく、乳児が実行可能な物の手渡し行動を用いてこのパラダイムを検討している。[＊17]

＊17　第６章の第１節を参照。

おわりに

本章では、乳幼児の共同注意を、発達段階、出現形態、感覚様相という３つの視点から論じた。また、乳幼児の社会的認知能力を検討する研究パラダイムと共同注意との関係についてもコラムとして紹介した。そこから、共同注意という活動には乳幼児がもつ有能な精神活動が反映されていることが知られるだろう。

筆者は、乳幼児の共同注意の構成形態と共有対象が発達期によって異なることに注目し、以下の5つの発達階層に分類して論じてきた（大藪、2000, 2004など）。カッコ内の月齢は該当する共同注意階層が出現するおおよその目安を示している。

・前共同注意（誕生後～）
・対面的共同注意（生後2か月頃～）
・支持的共同注意（生後6か月頃～）
・意図共有的共同注意（生後9か月頃～）
・シンボル共有的共同注意（生後15か月頃～）

次章から、これら5種類の共同注意の階層に新たな知見を組み込み、再構成しながら各階層を詳細に論じていくことにする。なお、この階層論が前提にする特徴について触れておきたい。

第1の特徴は、共同注意の出現時期にある。上述したバロン・コーエンや熊谷、そしてトマセロ（Tomasello, 2008/2013など）は、共同注意の出現をおおむね生後9か月頃からとする（熊谷は生後8か月）。しかし、筆者はかねてから、共同注意を生後9か月以前から論じており、ここでも誕生直後の乳児の活動から取り上げることにする。なお近年になり、レゲァスティ（Legerstee, 2005/2014; 2013など）やマンディ（Mundy, 2013など）らも、共同注意を生後9か月以前から論じている。

第2の特徴は、共同注意を分類する指標である。筆者は共同注意を論じるに際し、視線の方向以外に意図やシンボルの存在を問題にしてきた。そこには、バターワース（Butterworth, 1995/1999）の「表象的メカニズム」、トマセロ（Tomasello, 1995/1999など）の「自他の意図性を理解した共同注意」、アダムソン（Adamson et al., 1999など）の「シンボルをともなう共同注意」といった共同注意の考え方が反映されている。

第3の特徴は、筆者の共同注意階層は子どもの発達の時間経過に対応するが、先行する共同注意階層が後続するものの出現によって消え去ることを意味してはいない。先行する共同注意階層は、新たな共同注意を生み出す基盤であると同時に、その後の階層でも活動を存続させていくと想定される。こうした発達期の考え方は、スターン（Stern, 1985/1989）の「新生自己感」「中核自己感」「主観的自己感」「言語自己感」という自己領域の発達観に負うところが大きい。スターンの自己感の発生の考え方と同様、各共同注意階層は先に記した出現月齢前後に目に見える活動を開始させ、その後、さらに経験を積み重ねて内容を充実させながら発達していくものである。

第2章　前共同注意（誕生後～）
――共同注意の基盤をつくる

はじめに

新生児[*1]は生まれるとすぐ「産声」をあげ、母親との関係作りを開始させる。人間の赤ちゃんの産声は、肺呼吸への移行時に生じる生理的現象であり、力を込めて生み出される人に特有な音響である。新生児には産声で母親を操作しようとする意図はない。しかし、産声は母親の注意を引きつけ、養育行動を強く誘い出してくる。新生児に備わる産声は母親へ向けた出会いの合図である。新生児の身体には、母親との関係を早くから親密にさせる情動的な仕組みが備わっている。

新生児は、母親との親密な関係のなかで、人がもつ多様な情報を受け取ろうとする。赤ちゃんは未熟だが無能ではない。その感覚器官は、人に備わる行動や形態がもつ特徴に鋭敏に反応し注意を向けようとする。新生児は、人の顔や目、その表情や語りかけに気づき、母親と能動的に出会い、その人に固有な情報を獲得していく（大藪, 1992, 2004）。人の乳児の脳は、誕生直後から

*1 新生児期は誕生から生後28日までである。

母親と共感的な結びつきを可能にさせる。それは人間が進化の過程で発達させてきた「社会脳」（social brain）の原初的な働きだろう。

出産直後の母親の関心もわが子に向かい、行動に敏感に応答する。新生児の未熟でまとまりのない行動に鋭敏に反応し、行動に意味づけをして、寄り添うように振る舞う。そうした母親の振る舞いは、新生児の注意力を高め、行動にまとまりをもたらす。新生児と母親は、親密で共感的な交流をとおして、心と心を繰り返し重ね合わせながら関係を深めていく。

こうした新生児と母親のやりとりは、共同注意という関係活動の基盤となる萌芽的現象である。しかし、その関係は融合的であり、共同注意対象の存在は希薄である（Adamson, 1996/1999）。この時期の関わりを「前共同注意」という（大藪、2004など）。

第1節　新生児の身体表現活動

新生児には、微笑、眉あげ、しかめ顔といった表情や、手の開閉、手と口や顔の接触、上肢や下肢の屈伸といった個別の運動（大藪、1978）と、複数の行動現象のそれぞれが一定の特性を示しながら持続する「行動状態」（behavioral states）がある（Wolff, 1987）。

1　新生児の行動状態

新生児の行動は変化しやすく一貫性がないと考えられやすい。しかし、新生児には、規則的な呼吸や開眼といった複数の行動現象が一定時間安定して生じる行動状態が存在する。この行動状態の発見により（Wolff, 1959）、新生児には鋭敏な感覚能力があることが見出された。有能な感覚能力が発揮される行動状態のもとで、新生児を繰り返し観察できるようになったからである（Prechtl & O'Brien, 1982）。

母親との関係構築には、発声や手足の運動といった個別の行動より、行動状態のほうが有効に働く。行動状態は、目の開閉、呼吸の規則性、身体運動や発声の有無といったいくつかの行動特性によって分類できる。一般に、静睡眠（ノンレム睡眠：NREM-sleep）、動睡眠（レム睡眠：REM-sleep）、まどろみ（drowsiness）、静覚醒（alert inactivity）、動覚醒（active awake）、泣き（crying）などに分類される（Wolff, 1987）。

新生児の行動状態の分類としてよく知られるものを表２−１に示した（Prechtl & O'Brien, 1982）。「ステート1」は静睡眠、「ステート2」は動睡眠、「ステート3」は静覚醒、「ステート4」は動覚醒、「ステート5」は泣きに相当する。「＋」は当該の行動がある場合、「−」はない場合、「0」はある場合もない場合もあることを示している。

2　誕生直後の新生児

産声の直後には、輝くような目で外界を見つめる行動状態が出現する。大藪と田口（1985）は、正常な出産で誕生した健康な満期産児16名を分娩室と新生児室で３時間連続して観察し、産声の直後に、目覚めた状態（awake）とまどろみ（drowsy）からなる「高覚醒期」（high arousal period）が持続的に出現することを見出した。高覚醒期の持続時間の平均は80・9分だった。その典型的な

表 2-1　行動状態の分類指標（Prechtl & O'Brien, 1982 を改変）

	眼の開き	規則呼吸	粗大運動	発声
ステート１（静睡眠）	−	＋	−	−
ステート２（動睡眠）	−	−	0	−
ステート３（静覚醒）	＋	＋	−	−
ステート４（動覚醒）	＋	−	＋	−
ステート５（泣き）	0	−	＋	＋

事例を図２－１に示す。

産声と高覚醒期は、母性的感受性が高揚した出産直後の母親（Klaus & Kennell, 1976/1979）をターゲットにする。産声は母親に接近を促し、高覚醒期に見られる開眼はその接近を維持させる。出産直後の母親では、わが子が目を開くのを待ち、目を開くと語りかけが多くなることが見出されている（Macfarlane, 1977/1982など）。誕生直後の新生児の行動状態は、母親との関係構築に向けてすでに役割を演じている。

出産直後の母子接触は、その後の良好なアタッチメント（愛着）関係の形成に不可欠ではない。アタッチメントの発達も含め、子どもの発達は柔軟で、「レジリエンス」（回復力）を備えており、極度に劣悪な場合を除き、単一の要因によって決定されることはない。サルやチンパンジーなどの類人猿には観察されない産声とその直後の高覚醒期は、人の乳児が母親との結びつきを重視したことを示す原初的形態なのだろう。

３　新生児の泣き

乳児の泣き声は母親の注意を引きつけ対応を促す。泣き声には、「あたかも静まりかえった池に小石を投げ入れたときに生じた波紋のように、場の空気を支配する」（麻生、1992）強さがある。この強力な力動性は泣きという情動がもつ基本的な働きである。

泣きは母親に相反する影響をあたえる。一つは、母子の結びつきを促進させる方向に働く。母親から養育行動を誘い出す泣きには適応的なコミュニケーション機能があり、乳児との間に良好な関係を作り出す。しかし、母親に強い否定的な情動を喚起し、母子関係をそこなう泣きもある。

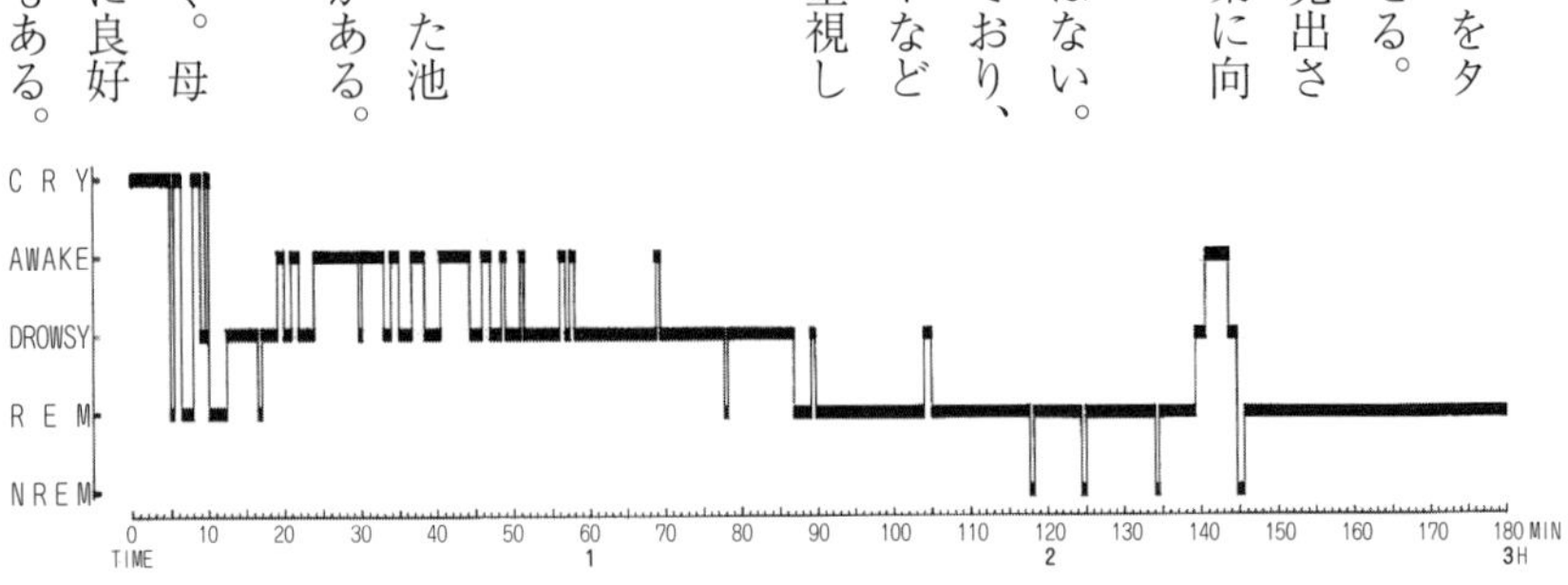

図 2-1　誕生直後３時間の行動状態の推移（大藪・田口, 1985）

なだめにくい泣き、泣きに対する耐性が低い母親、適切な育児支援がないといった条件が重なると、母親は乳児の不快な情動に強く影響され、養育行動の放棄や無視（ネグレクト）、ときには虐待という悲惨な事態に陥る可能性がある（大藪、1985, 1992）。

（1）泣きの自己統御

新生児は、生まれて数日の間に、泣いた直後に覚醒することが多くなる（図2-2）。生後0日は分娩の影響が強く残り生理的に未調整な時期、生後2日は分娩の影響が薄らぎ生理的な調整が始まる時期、生後5日は生理的状態が安定化する時期である（Brazelton, 1973/1979）。新生児は、生後5日の間に、生理的状態の安定化と並行して泣きを自分でなだめ、外界の情報を取り込むのに適した覚醒状態に移行する。これを泣きの「自己統御」という（大藪、1985）。

この自己統御能力は、泣きが呼び寄せた母親による「なだめ行動」をより効果的にさせる。泣きの自己統御能力には「他者統御」の有効性を高める効果がある。また、母親の働きかけによって容易に泣きやみ、その直後に覚醒すれば、母親は新生児とのコミュニケーションに入りやすくなる。生理的調整のように見える泣きの自己統御能力は、人との関係の視点から見ると、母親との関係構築に役立つ働きをしている。それは母親の子育てへの有能感や自信を育てるという意味でも重要である。

（2）泣きの他者統御

新生児の泣きに出会った母親は、泣きの理由を考え、適切に対応しようとする。泣き

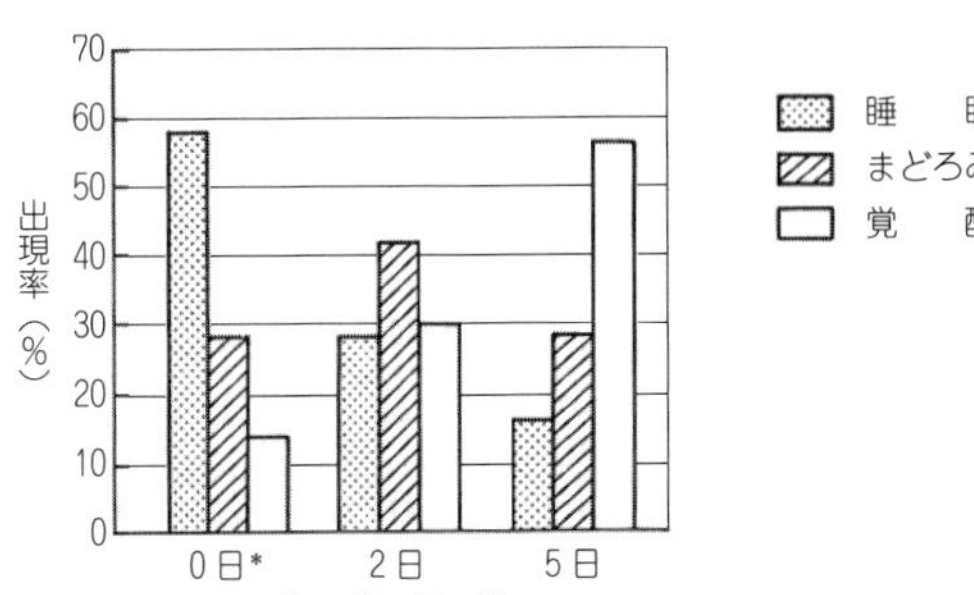

図2-2　新生児の泣き直後の行動状態（大藪ほか, 1982）
＊生後3時間から24時間

をなだめるのに有効な刺激にはリズムがある。授乳は泣きをなだめる有効な手段であるが、その理由は空腹感の軽減だけではなく、乳首をリズミカルに吸う行動自体にもある。母親はこうしたリズムを養育行動に利用する。泣いている赤ちゃんを抱き上げた母親は、知らず知らずのうちに身体をリズミカルに揺する。このリズミカルに揺する刺激も泣きを制止するのに有効である（Korner & Thoman, 1970 など）。

こうした関わりを重ねながら、母親は新生児の振る舞いに意味と理由を見出していく。新生児は意図して泣くわけではない。しかし、母親は母性的感受性が高いため、わが子の心に共鳴し、泣き声に意味を読み取ろうとする。母親は、間主観的な意味づけや解釈にもとづいて、語りかけたり抱き上げたりしながら関与し、新生児の振る舞いや情動を共有していくのである。

乳児は、自分の振る舞いに共鳴するように関わる母親と出会い、機嫌のよい状態を繰り返し経験する。こうした経験から、乳児は自らの泣きがもつ意味、つまりそれが母親を呼び寄せ、快い気分にしてくれる手段であることに気づき、意図的に使用し始める。新生児のコミュニケーション行為は、その行為に意味と理由をふんだんに付与する母親によって生み出され、発達の軌道に乗せられるのである（大藪、2004 など）。

4　新生児の微笑

微笑（smile）とは、唇の端が上がって、鼻のわきにしわができた形が続くもの、笑い（laugh）はこの微笑に発声をともなうものである（川上ほか、2012）。誕生直後から、新生児には動睡眠（レム睡眠）やまどろみで微笑が観察される。微笑を引き起こす外界刺激がなく出現する「自発的微笑」（図2－3）と、音刺激によって生じやすい「誘発的微笑」である。

まどろみは、覚醒から睡眠に移行するときと、睡眠から覚醒へ移行するときに生じる。自発的微笑は、覚醒から睡眠に移行するまどろみで生じやすい。ウォルフ（Wolff, 1987）によれば、自発的微笑の90％以上がまどろみながら瞼を閉じた直後（2秒以内）に生じる。この明確な時間関係から、開眼時にはさまざまな感覚刺激が「自発的運動放出」（spontaneous motor discharge）を抑制するが、閉眼によってその抑制機能を失うと微笑などの自発的な運動が放出されると推測される。ウォルフは、この現象を「運動解発現象」（motor release phenomena）と呼んだ。自発的微笑の出現は、一般に生まれて数か月の間に減少するが、1年を過ぎても出現することがある（川上ほか、2012）。

誘発的微笑は母親が穏やかに語りかける高い音声を聞いて出現しやすい（Eisenberg, 1976）。純音やクリック音といった機械音では効果がない。また、新生児の顔への穏やかな接触では、出現頻度が低く、自発的微笑との区別が困難である。新生児には、母親が語りかけるハイピッチな音声によって微笑が誘発されやすい仕組みが備えられている。誘発的微笑は生後2か月を過ぎると出現しなくなる。生後2か月頃の特徴は後述するが[＊2]、微笑の生起メカニズムにも変化が生じる時期である。

5　新生児の目覚め

新生児は、目を開いていても視線が合いにくく、外界との関わりがないように感じられやすい。それゆえ目は見えないと考えられてきた。し

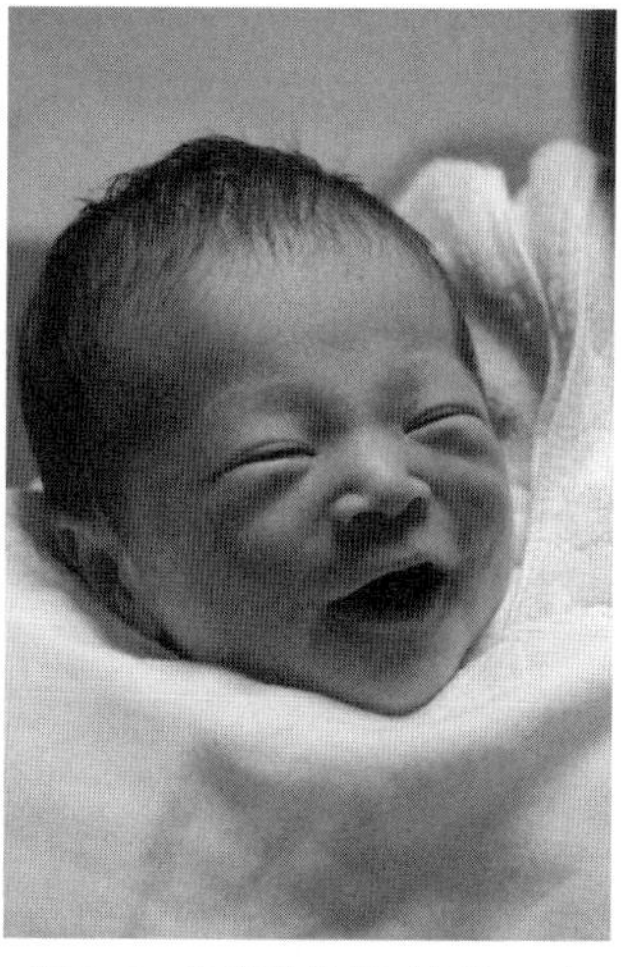

図2-3　自発的微笑（生後6日）
撮影：吉川　歩

＊2　第3章の第1節2を参照。

かし、覚醒状態では視覚をはじめとした感覚が鋭敏に働いている。それは母親との関係構築に重要な状態である。ここでは、母子の結びつきの起源を覚醒状態の発現とその推移という視点から見ておきたい。

サンダー（Sander, 1977）は、生後3週児の母子の相互作用を観察し、覚醒状態の発現機序を論じた。新生児の覚醒状態は、日齢の経過にともない次第に安定し、持続時間が長くなる。それは目覚めの状態を維持する新生児の個体能力の発達に見える。しかし覚醒状態は新生児だけで維持されるのではない。目覚めは、新生児の身体がもつ生理的リズムと母親からの働きかけが生み出した力動的関係の表現である。

図2－4をご覧いただきたい。中央の太い波線が行動状態の推移である。波線の下に乳児の要因、上に母親（養育者）の要因がある。中央に位置する覚醒の相対的状態を見ると、乳児側には覚醒方向を示す上向きの矢印と睡眠方向を示す下向きの矢印が混在している。しかし、母親側では上向きの矢印（乳児を覚醒させる働きかけ）が続き、覚醒から睡眠への移行期になって下向きの矢印（乳児を睡眠させる働きかけ）が出現する。

乳児側に上下方向の矢印が混在するように、新生児は自分だけでは覚醒状態を維持しにくい。覚醒状態を持続的に出現させるた

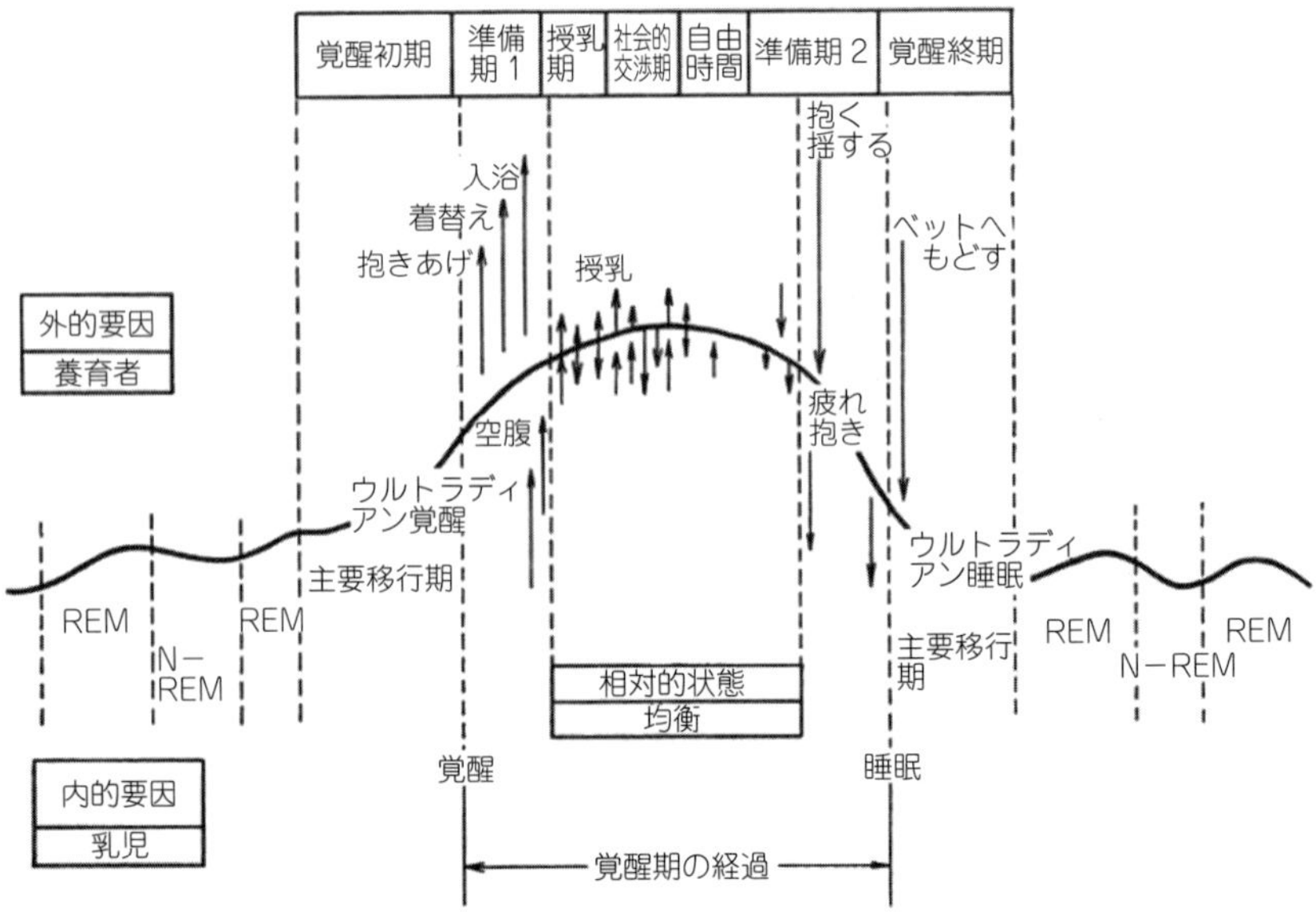

図2-4　覚醒状態と養育行動（Sander, 1977 を改変）

めには、母親からのサポートが必要になる。新生児の覚醒状態は、自らの生理的リズムと母親からの養育行動との関係に由来する。それゆえ、母親からの有効な働きかけが不足すると、新生児は睡眠に移行しやすくなる。覚醒状態は母親との関係から生み出される平衡状態であり、その関係が覚醒を維持する能力を新生児に発達させていく。この覚醒状態をもたらす母親とのやりとり場面で、目覚めを維持した新生児の感覚は鋭敏に働き、母親との共感的な出会いを体験するのである。

6　覚醒状態の分化

新生児の覚醒状態には、静覚醒と動覚醒の2種類があることはすでに指摘した。静覚醒は身体運動が比較的不活発であるが、外界の刺激を敏感に感じ取り、注意を向けることができる。他方、動覚醒では身体運動は活発だが、刺激に対する感覚は鈍くなる。新生児の前半期では、口唇運動以外の身体運動と注意活動を同時に働かせるのは難しい（Wolff, 1987）。

静覚醒は、生後2～3週頃、2種類に分化し始める（図2-5）。外界への敏活な注意活動を保持したまま手足も活発に動かせる状態が発生する。この行動状態を「覚醒敏活活動期」（alert activity）という。覚醒敏活活動期の出現率は、生後7週頃になると、注意が敏活で身体運動が不活発な「覚醒敏活不活動期」（alert inactivity）より高くなり、動覚醒（覚醒活動期）の出現はほとんどなくなる。

覚醒敏活活動期の増加とともに、発声活動も増え、母親の顔をしっかり見つめて微笑し

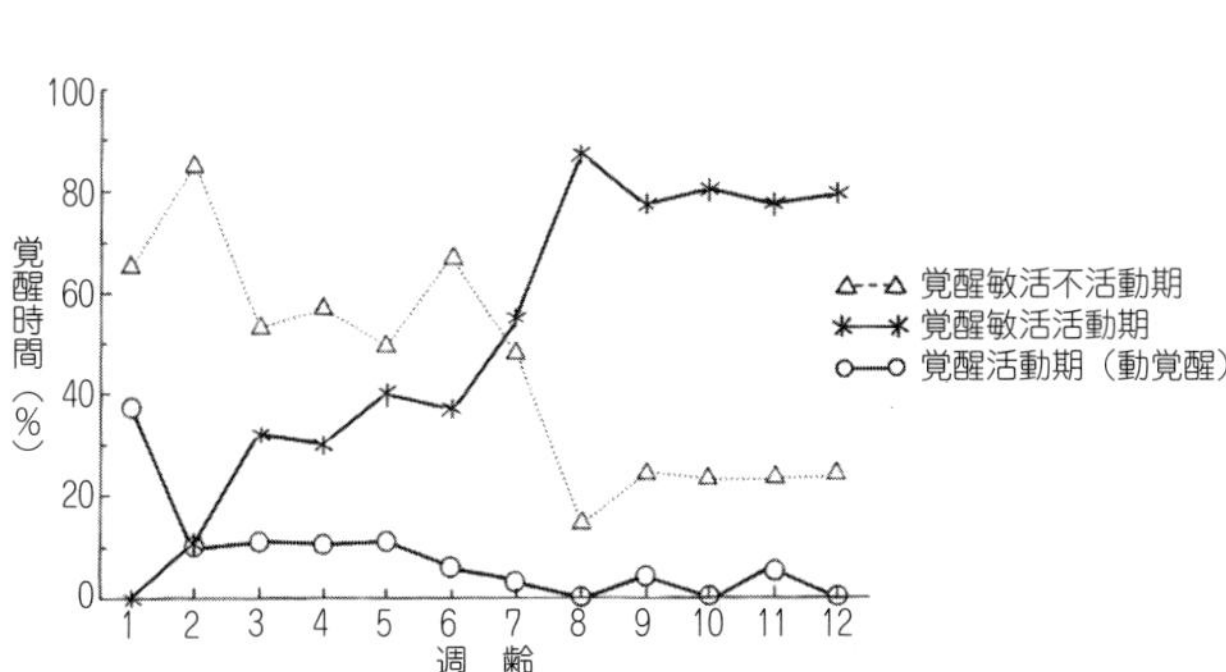

図2-5　3種類の覚醒状態の出現率（Wolff, 1987）

始める（社会的微笑）[*3]。母親の顔を見つめ、可愛らしく微笑みながら穏やかに声を出す振る舞いは、母親をますます乳児に引きつける。乳児はしっかり目覚めた状態で手足を動かし、情動を豊かに表現しながら母親との出会いを活発化させていく。

第2節　新生児の知覚活動

新生児の知覚活動は静覚醒期にもっとも鋭敏になる。その知覚活動がもつ特徴は人の刺激に注意を向けやすいことである。この現象は特定の刺激に注意や反応を向けさせる種に固有な認知行動とされ、乳児がもつ「社会的前適応」（social pre-adaptation）と呼ばれることがある（Schaffer, 1984など）。新生児に見られるこの「人志向性」（大藪、1992, 2004など）について、聴覚、視覚、マルチモダリティの視点から見ておきたい[*4]。

1　聴覚

新生児は胎内で聞いていた母親の声を記憶し、それを他児の母親の声より好むことが知られている（DeCasper & Fifer, 1980）。また、妊娠中に母親が物語の一節を6週間読み聞かせると、妊娠中になじんだ物語を他の物語より好むという実験結果もある（DeCasper & Spence, 1986）。

新生児は人が語る言葉に注意を向けやすい。ヴォロマノスとワーカー（Vouloumanos & Werker, 2007）は、人が実際に話した言葉と、この言葉と音響構造の特性を一致させた人工音を選好させ

＊3
第3章の第1節2を参照。

＊4
人志向性を人指向性とせず志向という用語を使うのは、人へ向かう感覚が、原初的ではあれ、情動と一緒になって人の心を了解しようとする働きにつながると想定されるからである。第3章の第3節を参照。

る実験を行い、新生児が人の話し言葉を選好することを見出した。また、近赤外線分光法（NIRS: Near Infrared Spectroscopy）を用いた牧・山本（2003）は、通常の会話音、通常の会話音を逆回しにした音、何も聞かせないときを比較し、通常の会話音を聞いたときにだけ、新生児の言語野・聴覚野に相当する脳部位が顕著に活動することを報告している。

新生児には、話し言葉に含まれる音声の聞き分けもできる。エイマスら（Eimas et al., 1971）は、子音［b］と［p］に母音を組み合わせた［ba］と［pa］を合成し、人口乳首を一定以上の強さと速さで吸うとどちらかの音が聞こえる装置を使って馴化－脱馴化実験を行い、新生児は成人が聞き分けるのと同じ音声開始時間（口唇の開放から声帯が振動するまでの時間）で［b］と［p］とを聞き分けることを明らかにした。言語音を成人と同じカテゴリーで知覚する現象は、他の子音や母音でも見出されている（Kuhl, 1979など）。

このように新生児には人の話し言葉に鋭敏に反応し、それを好む傾向がある。とりわけ母親が乳児に語りかける母親語（motherese）[*5]の特徴であるハイピッチで尻上がりになる音調に敏感で（Cooper & Aslin, 1990）、そうした音声は新生児から微笑を引き出しやすい（Wolff, 1987）。人の音声は快の情動表現を促すのであり、それは新生児がもつ人志向性の表れである。

2　視覚

新生児は、図柄、曲線、輪郭、コントラスト、運動に注意を向けやすい（大藪、1992; Legerstee, 2005/2014など）。人の顔にはこうした特性が備わっている。顔は曲線でできており、横に並んだ2つの眼球は光沢もあり魅力に富んでいる。また明確な輪郭やコントラストを備え、そこには多

＊5　育児語（caretaker speech）や親語（parentese）とも言われる。

彩で絶え間のない表情運動が現れる。こうした要素が顔らしく配置されると選好されやすくなる。しかし、人の顔の選好については議論がある。

モートンとジョンソン（Morton & Johnson, 1991）は、コンスペック[*6]と呼ばれる生得的な顔検出装置の存在を主張した。皮質下に基盤があるこの装置は、両目と口に相当する大まかな刺激配置を検出する。その機能は、新生児を人の顔に向かわせることであり、個別の顔がもつ特有な情報を認識するわけではない[*7]。

しかし、この考えには異論もある。たとえば、ネルソン（Nelson, 2001）は、新生児には人以外の種の顔の個体差まで識別する生得的な知覚能力があるが、その能力は人の顔の個体差だけを識別するように次第に特化していくと主張している。また、新生児は大人が美しいと評価した顔を選好しやすいという報告もある。その選好は正立顔で見られ、倒立顔（上下を逆さにした顔）では見られない（Slater et al., 2010）。これは、新生児が個別の顔の比較を可能にする表象基準を生得的にもつ可能性を示唆しており、コンスペックの考えとは矛盾する。

運動が加わると、人の顔への注意能力は向上する。生後1時間以内の新生児でさえ、平面の図式的な顔刺激を動かした場合と、顔の構成要素をでたらめに配置した図を動かした場合を比較すると、顔刺激のほうを追視することが多い（Slater, 1989）。母親の顔には、うなずきや首振りといった運動、目や口を中心にした多彩な表情運動が出現する。新生児は、こうした顔の運動を利用して、母親の顔の内部特徴を検出している可能性がある。それは、次の「3　マルチモダリティ」で取り上げる新生児模倣からも推測できる。新生児模倣では、相手が動かしてみせる口などの内部形態の運動を模倣するからである。

＊6　CONSPEC: conspecifics（同種のもの）の省略形。

＊7　新生児期以降に発達し顔の識別能力を増大させる仕組みをコンラーン（CONLEARN）という。

3　マルチモダリティ

物は、目で見ても、目を閉じて手で触れても、同じ形をしていることがわかる。目で見れば、どんな肌触りか想像できる。黄色い声といった不思議な表現もある。こうした表現は、人の感覚世界が異なる感覚情報の融合体であることを示唆している。一般に「共感覚」と言われる現象である。

かつてピアジェ（Piaget, 1948/1978）は、乳児期初期の感覚は個々に独立しており、異なる感覚が結びつくためには身体の感覚－運動的活動が必要だと論じた。この考えによれば、見た感覚と触れた感覚が結びつくためには、見た物に手で触れるという経験がなければならない。しかし、近年の乳児研究は、新生児の知覚世界が個々バラバラの感覚の寄せ集めではないことを明らかにしてきた。新生児には、個別の感覚能力があると同時に、個々の感覚情報を融合させる能力もある。「非様相知覚」（amodal perception）、「感覚間知覚」（intersensory perception）、「通様相的転移」（cross-modal transfer）、マルチモダリティ（multimodality）などと表現される生得的な能力である（大藪、2012など）。

（1）触覚と視覚

メルツォフとボートン（Meltzoff & Borton, 1979）は、新生児に2種類のおしゃぶり（突起つきのものと滑らかなもの）のどちらかを暗い部屋で十分にくわえさせた。その後、明るい部屋で両方のおしゃぶりを並べて見せ、口でくわえたほうのおしゃぶりを見る時間が長いことを見出した。

また、新生児を対象に、手による触覚経験が視覚選好に影響することを見出した研究もある（Streri & Gantaz, 2004）。こうした結果は、触覚情報が視覚情報と等価なものとして認識される可能性を示唆している。

（2）視覚と自己受容感覚

メルツォフとムーア（Meltzoff & Moore, 1977）は、成人の身振り〈口唇の突き出し、開口、舌出し、手指の運動〉を見せ、新生児が模倣することを見出した。同一身体部位の運動形態の違い（口唇の突き出しと開口）、同一の運動形態をとる異なった身体部位（口唇の突き出しと舌出し）を区別した模倣が見出されている。この「新生児模倣」（neonatal imitation）（図２－６）の存在については議論があったが（Lewkowicz & Kraebel, 2004）、近年、チンパンジーやアカゲザルの新生児でもその存在が確認されている（明和、2014）。また人の新生児では、相手の舌出しを思い出して実行する延滞模倣や舌を出す方向を次第に正しくする模倣修正を示すデータも得られている（Meltzoff & Moore, 1994, 1997）。

メルツォフは、新生児模倣を、他者の身体運動から受け取る視覚情報と自分の身体運動から感じ取る固有受容感覚情報を照合する「能動的感覚様相間マッピング」（AIM: active intermodal mapping）の働きとして説明した（Meltzoff & Moore, 1997 など）。その理論では、特定の感覚様相（視覚や聴覚など）に限定されない超感覚様相的（supramodal）な表象システムが、異なる感覚間での情報伝達と共有を可能にさせる。他者の行為を見る（視覚）と、その情報は超感覚様相的な表象情報として蓄積され、

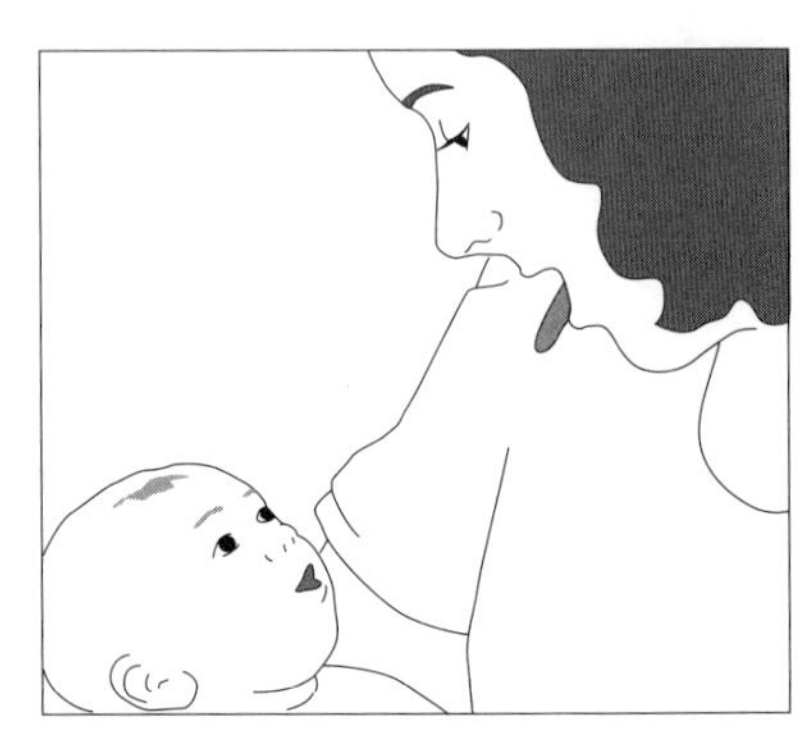

図 2-6　生後６日児の舌出し模倣（Bower, 1979/1982, p.384 より）
右：母親の舌出し　左：新生児の舌出し模倣

他の感覚での認識や使用が可能になる。それゆえ、他者の舌出しといった行動を見ると（視覚情報）、身体運動感覚情報（自己受容感覚情報）と照合させてその動作を再現できるのである。上述した触覚と視覚、聴覚と自己受容感覚で紹介した現象もこのＡＩＭモデルで説明が可能である。

メルツォフ（Meltzoff, 2007 など）は、他者の行為の視覚情報と自分が実行した行為から生じる自己受容感覚情報を照合する表象メカニズムの働きによって、新生児は自他の行為の等価性に気づき、他者を自分に似たものと感じると主張した（like-me 仮説）。このメルツォフの理論は、ミラーニューロンの発見者であるリゾラッティら（Rizzolatti et al., 2002）が主張する模倣の「共鳴メカニズム」（resonance mechanism）論と重なりあう部分がある。しかし、メルツォフは、人の新生児模倣をミラーニューロンだけで説明することはできないとする。新生児には、今見ている動作ではなく、記憶表象を使った模倣や、自分の動作の能動的な修正ができるからである（Meltzoff & Williamson, 2010）。

近年の脳研究は、模倣とミラーニューロンとの間に密接な関連を見出してきており（明和、2014）、新生児模倣の基底にもミラーニューロンが存在する可能性がある。また、人のミラーニューロンシステムは、情動系の神経回路と結びつき、情動的共感をともなうことも知られてきた（明和、2014）。新生児は人の行動に似た動きを物が行っても模倣しないことが報告されているが（Legerstee, 1991）、人の模倣は情動を共有できる対象を志向しやすいものなのだろう。リゾラッティの共同研究者であるガリーゼ（Gallese, 2009）は、ミラーニューロンという他者と共通した基盤を有する機能的機構が、動作、意図、感情、情動の意味を他者と共有する仲立ちをし、それが他者と自己を同一視し結びつくための土台になると論じている。

第3節　新生児と母親とのコミュニケーション

新生児の身体表現活動や知覚活動には、母親との交流を効果的にする仕組みがあることを見てきた。新生児の感覚は母親を強く志向している。しかし新生児は、感覚だけで母親と出会い、母親を理解しようとするのではない。人の新生児は、情動を共鳴させて心と心を重ね合わせ、共有世界を作り出しながら理解を深めようとする。同時に、この共有世界は、母親の共感的な応答によっても支えられている。母親の適切な応答が重要な役割を演じている。なぜなら、このコミュニケーション通路を切り拓き、維持するための有効な手段は、新生児より母親のほうに多く備わるからである。本節では、新生児期の母子のコミュニケーションを母親の側から見てみたい。

1　母親の調律行動

人の生活の基盤はリズムである。呼吸、心拍、吸乳、睡眠と覚醒、それらの活動にはリズム構造がある。母親は、新生児が生得的にもつリズム構造に自らの行動を合わせながら、新生児の行動を自分のリズム構造に巻き込んでいく。こうして新生児の生活リズムは変容し社会化される。

新生児の泣き、目覚め、眠りという行動状態は、一日に何度も繰り返し生じる多相的な特徴をもち、そこにはウルトラディアン・リズム（数十分から数時間のリズム）構造がある。母親がこのリズム構造に自らの行動をうまく同調させると、新生児のリズムは母親のリズム構造に巻き込まれながら変容し始め、やがて人間社会がもつリズムパターンに同化されていく。たとえば、母親は、新生児の目覚めを待って微笑み、語りかけ、抱き上げるといった関わりをする。規則的に行われる授乳、おむつ替え、入浴のような場合でも、新生児の状態を見て適切な時期に行おうとする（図２－４を参照）。サンダー（Sander, 1977）は、このように振る舞う母親を「時を贈る人」（time giver）と称した。新生児は、母親が提供する調律的な時間枠を共有しながら、短時日のうちに、母親との間で調和した睡眠－覚醒パターンを形成していく（Sander, 1977）。

新生児の目覚めに気づくと、母親には特有な行動パターンが生じる。母親は新生児が受け取りやすい形態にして情報を提供しようとする。それは直観的な振る舞いであり（Papoušek & Papoušek, 1987）、その典型が母親の語りかけである。母親は大人同士の会話では使わない韻律的パターンを使用する。新生児への語りかけは、ハイピッチで、ピッチの変化が大きく、休止が長く、発語が短く、繰り返しが多くなる（Fernald, 1991 など）。母親は、こうした語りかけに合わせて、眉をあげ口を大きく開けて顔の表情を誇張してみせ、顔全体を前後に揺らしたり、リズミカルに乳児に手で触ったりすることも知られている（Adamson, 1996/1999）。さらに、スターン（Stern, 1985/1989）が論じたように、赤ちゃんとのやりとりに変化を添えるかのように、乳児の行動の強さ、タイミング、形態から意図的にずらした応答である微小調律（tuning）をすることもある（意図的誤調律：purposeful misatrunement）。授乳が始まれば、新生児の内因的な吸乳リズムに合わせるように振る舞い、新生児が吸乳を休止すると乳房や哺乳瓶を揺するが、吸乳を再開すると静止させるといったやりとりが作り出される。そうした場面での母子の身体の動きには「順番構造」があり、両者の間ではすでにコミュニケーションが始まっている（Kaye, 1982）。

このように、母親は新生児のさまざまなリズム構造に自らの行動を調律させて、新生児との間に共有関係を作り出していく。トレヴァーセン（Trevarthen & Delafield-Butt, 2013など）は、こうした母子相互作用で見られる身体運動や情動、またコミュニケーションの時間的な力動的次元を「音楽性」（musicality）と呼び、新生児は母親の振る舞いがもつさまざまな時間的輪郭を共有していくと論じている。

2　母親の読み取りと寄り添い

母親と新生児の出会いの場面で見られるもう一つの重要な現象は、母親が新生児の行動に気分や気持ちを読み取り、それに寄り添うように振る舞うことである。母親のこの「読み取り」と「寄り添い」もまた新生児の気分に同調的であるため、新生児は自然にその振る舞いになじんでいく。新生児は気持ちが満たされ、母親との間でポジティブな情動を体験し、それを共有しあう場が登場する。

(1)　原初的な対話構造

こうした母子のコミュニケーション場面を活き活きと描き出した鯨岡（1997）の記述を紹介する。

N子（生後28日）のエピソード――泣きから対面へ

そろそろ授乳の時間になったのか、眠りから目覚めたN子（0カ月28日）は、「ン、ン、エー、…ン、ン、…」とぐずり泣きを始めた。－〈中略〉－母親はN子のむずかりに気づいてはいるが、上の子どもの相手をしてやっているところなので、すぐには対応しない。しかしなおもN子がぐずると母親は立ち上がってベビーベッドの傍らにいく。N子はその時には体に力を入れて真っ赤になって「ン、エー、エー」と強く泣いている。母親は「そんなに泣かんでも……」と言いながらN子の背中の下に手を入れると、とたんにN子は泣きやむ。母親が「あー、重いなー」と言いながらN子を抱き上げ、自分の体にもたせかけるようにすると、N子は再び泣き出す。母親はその泣き声にかぶせるように「おー、よしよし」となだめながら、N子と対面する形に抱き直すと、泣き声が変化して、「ア、ア」と甘えたような声になる。そして、まるで母親の顔を捜すような様子をみせ、そこで母親と目が合うと「ン、ン、ン」と甘えるような、訴えるような調子の声を出す。母親は「そんなに甘えたような声出さんで」といいながらあやす。N子は大きく口を開けて母親をじっと見ているような感じがあり、まるで全身で母親を捉えようと言わんばかりである。母親もそのN子の様子に満足そうで、「おうおう」と答えてやる。*8

このありふれた瞬時に流れ去る母子の交流エピソードには、初期のコミュニケーションがもつ特徴がよく現われている。そこには原初的ではあるが、対話構造をもつやりとりがある。

このエピソードの発端はN子の泣き声だった。それは具体的な何かを誰かに訴えるものではない。内的な状態が身体的な表現となって現れたものに過ぎないのだろう。しかし、母親には、その泣き声が何かの要求のように聞こえた。そこから始まる対話構造には、N子の側にも母親との気持ちの通じ合いを感じさせるような振る舞いがある（鯨岡、1997）。つまり、①母親が抱き上げようと背中に手を回すと－〈泣きやみ〉、②なだめながら対面するように抱き直すと－〈泣き声

*8　鯨岡、1997, pp.214-215より。

が変化して甘えるようなトーンになって、目を合わせ〉、③言葉かけをしながらあやすと－〈母親をじっと見つめ体全体で反応する〉のである。

鯨岡が言うように、そこには母親による場面の読みがあり、それは新生児の情動の動きにもとづくと同時に、それまでのN子との関わり経験にも根ざしている。そこには、この母子に特有なやりとりのフォーマットが形成されている。それゆえ、N子も母親の行動を予期するかのように対応の仕方を変えられるのであり、まるで歯車がかみあうようなやりとりが見られている。

(2) 母親による「意味創生」

もう一例、母親と乳児の原初的な対話構造（増山、1991）を紹介しておきたい。

母　親：「こんにちは、笑って」（やさしく赤ん坊の体をつつく）
赤ん坊：（あくびをする）
母　親：「眠いのね、今日は早く起きすぎたのね」
赤ん坊：（手を開く）
母　親：（赤ん坊の手に触り）「何見ているのかな、何が見えるのかな」
赤ん坊：（母親の指をつかむ）
母　親：「あら、そうしたかったの。じゃ、なかよしね。さあ、わらって。」[*9]

母親は、乳児の何気ない振る舞いに意図を感じ取り、意味づけをしながら会話的交替を実践している。あたかも乳児の行動の一つひとつが、意図をもった問いかけであるかのように順序よく

＊9
増山、1991, p.137 より。

進行する。そこには、乳児の行動の背後にある意図を感じ取り、常に意味づけをしないではいられない母親がいる。

このやりとりは、母親が乳児の行動に意味を勝手に見出そうとし、思い込みにもとづいた一方的な対話に過ぎないと言えるだろう。しかし、乳児の行動が対人的な交流場面で意味を獲得するためには、母親による「意味創生」の作業が不可欠である。母親はわが子の顔や声の表情、手や足の動きを単なる情動や運動として受け止めるのではなく、自らがそうした情動や運動に成り込むことで、子どもの心の世界を理解しようとする（増山，1991）。こうして、乳児の行動や欲求は初めて母子の間で現実化される。そのとき、この母子の間に意味世界が創出され、それが共有されることになるのである。

（3）「意味共有」の原型的世界

こうした母親の心理的機制は、精神分析の研究者によっても深く論じられてきた。たとえば、ウィニコット（Winnicott, 1965）は、出産直後の母親は乳児を自分の一部のように世話をすると述べ、その状態を「母親の原初的没入」（primary maternal preoccupation）と呼んだ。またバーグマン（Bergman, 2000）は、母親には「乳児の世話をするのに役立つ退行」（regression in the service of the baby）の時期があり、自分と乳児がどのように理解しあうのか、そしてその理解をどうしたら伝えられるのかに母親の関心が向かうと論じた。高橋（1988）によれば、ビオン（Bion, W. R.）は、母親のこうした状態を「想像」（reverie）と呼んだ。「想像」とは、母親が乳児の微妙な反応からその気持ちを読み取る想像能力をさしており、それは「乳児の原始的な感情を受け入れ消化して、無害あるいは有益な質に変えて乳児に返すために必要な母親の能力」（高橋，1988）である。Ｎ子のエピソードでいえば、「そんなに甘えたような声出さんで」と言いながらあやす場面がそれに該当する。

こうした母親の対応を、新生児が内部から表現するものを映し返す「社会的鏡」（social mirror）と言うことがある（Rochat, 2001/2004）。新生児と出会った母親が、新生児の振る舞いに情動的に共鳴し、そこに潜在する意味を否応なく感じ取り、同型的な表現として映し返すからである。母子の行動は、相互に同型的で分節化された行動としてまとまり、行動が結びついていく。増山（1991）は、こうした連関ができる過程こそ、乳児が自らの行動に意味を見出す世界であると述べる。母親が乳児の生理的表出に過ぎない行動を情動的に意味づけ、それを反映し返すことで、乳児は自分自身の行動の意味と出会えるからである。そこには、人の共同注意のもっとも重要な特徴である意味共有の原型的世界のほのかだが確かな兆しがある。

おわりに

社会脳をもつ新生児の人志向性と母親の調律行動や寄り添いは、情動の共鳴を基盤にして、母子の間に相互同調的な行動と情動の共同調整を生み出してくる。相互に同調し共鳴しあうことにより、母と子は関与しあう身体を共有し、その結び目でお互いの振る舞いや気持ちを感じあう原初的な経験を重ねていく。それは相手と自分が切り分けられない対話者として経験しあう萌芽的な関係世界である。こうした融合的な場を基盤にして、相互の振る舞いにはそのペア特有のタイミングと表現をもったフォーマットが形成されていく。そこには人の新生児と母親に特有な共有関係があり、その共有場にはさまざまな事物を登場させる開放系としての働きが豊かに潜在している。

開放系としての母子の共有場で生じる個別の行為は、コミュニケーションメッセージをもつ道具的な存在であり、その場に変化を引き起こすメカニズムを生み出しながら、さらに有効なシステムを創発させていく（Overron, 2010 など）。前共同注意という開放系は、より高次な秩序をもつ構造と機能を自律的に作り出す自己組織化システムである。それは明確な三項関係構造をもつ共同注意へと方向づけられた自律的システムであり、そこへ向かうルートは個々の母子の行動特性に応じた独自で固有なルートでありうる。

前共同注意期が終わりを迎える生後２か月頃、乳児には社会的微笑が活発に出現し、母親に向ける視線にも力強さが増す。それを契機に、相互の振る舞いや情動を感じあうという新たな母子の交流形態が始まる。乳児と母親との間に結ばれたコミュニケーション通路は、こうした交流を繰り返し経験することによって次第に強固になり、母子の共有関係の場により高次な関係システムが創発されてくるのである。

第3章　対面的共同注意（生後2か月頃〜）
——二項関係にひそむ三項関係

はじめに

生後2か月頃、乳児の行動は劇的に変化する。母子が豊かに情動を表現し、親密に交流する状態が持続的に出現し始める。情動と認知の働きが向上し、組織的に結びつくからである。かつて、エムデとロビンソン（Emde & Robinson, 1979）は、この劇的な変化を成熟要因の影響が強い「生物行動的移行」（biobehavioral shift）と呼んだ。またスターン（Stern, 1985/1989）は、誕生時に匹敵するような境界期だと指摘した。さらに時代が下って、ロシャ（Rochat, 2001/2004）が「2か月革命」（two-month revolution）と命名し、乳児が自他の区別に気づき始める時期だとした。

この時期から生後6か月頃までの乳児と人や物との関わりは、〈乳児－他者〉〈乳児－物〉という「二項関係」であるとされ、〈乳児－物－他者〉という「三項関係」、つまり共同注意の視点から論じられることは少ない（Tomasello, 1999/2006 など）。しかし、母親との間で、持続的に見つめあいながら微笑し親密に音声を交換しあう場面には、共同注意の原初的形態が出現する。乳児は、誕生直後から、母親と対面しながら視線を合わせ、経験を共有しあおうとする。ブルーナーは、そこで生じる視線の出会いを「単純な二者間の目と目の共同注意」（simple dyadic eye-to-eye joint attention）と呼んだ（Bruner, 1995, 1999）。ここで言う「目と目の共同注意」とは、二人の目がお互いに目という物を見ることでも、視線が機械的に出会うことでもない。そこには、母と子を結ぶコミュニケーション通路が開かれており、メッセージを交換しあう主体が存在するからである（Adamson, 1996/1999; 大藪、2000, 2004）。

乳児と母親との間で形成される注意の出会いの場に対象物が組み込まれてくる。すでに指摘したように、乳児と母親との二項関係は閉鎖系ではなく、第三項を組み入れてくる開放系としての力動特性を備えている。そこには三項関係への展開を胚胎する原初的な共同注意が存在しており、「対面的共同注意」と称してきた（大藪、2000, 2004 など）。近年、この二項関係を共同注意の視点から論じることができる観察データが得られており（Amano et al., 2004; 川田、2014; 常田、2007 など）、二項関係期の活動と共同注意との関連性の検討が求められている。

対面的共同注意がもつ三項関係とは何か。二項関係と称される母子の相互作用にひそむ三項関係とその機能について検討してみたい。

第1節　情動の発達

母親との対面的なやりとりが持続し始める頃、乳児の情動には質的な変化が生じる。それは乳児の行動がもつ意図を読み取りやすくさせ、母親は乳児が体験する意味世界の理解に自信を深めていく。また乳児も、自己に気づき始め、母親との情動共有を豊かに経験していく。こうした情動によるコミュニケーション通路や情動の共有現象が共同注意を生み出す基盤である。

1　泣きの組織化

乳児の泣きは生後2か月頃に変革期を迎える。ブラゼルトン（Brazelton, 1985）とバー（Barr, 1990）は、乳児の泣きの量（時間と頻度）が誕生後次第に増加し、生後1か月を過ぎる頃ピークになり、その後次第に低下していくことを見出した（図3－1）。この曲線は、西欧の乳児だけでなく、アフリカのボツワナ北西部に住む狩猟採集民クンサン族の乳児にも見られ、異なる育児文化に共通する「正常な泣き曲線」（Barr, 1990）だと推測される。

ブラゼルトンは、この泣きの量の変化を生後数週間で脳の働きが大きく向上することによるものとし、次のように説明する。乳児の覚醒時間は脳の発達とともに長くなり、外界に対する注意力が鋭敏になる。また微笑や発声を活発化させながら母親との交流時間を増やし、外界から多くの情報を取り込んでくる。しかし、この時期の脳は未熟であり、情報を素早く処理する能力に欠ける。脳は過剰な負担を強いられるのである。そのため脳に疲労が蓄積し機能低下が生じる。こうして脳のコントロールが低下し多くの泣きが生じるのである。泣きには、疲労から柔軟性や抑制力を失った脳をリセットし、安定化させる働きがある。事実、乳児はひとしきり泣くと機嫌がよくなり、応答性も改善される。この時期の泣きの増加はこうした生理的な働きに起因するのである（Brazelton, 1985）。

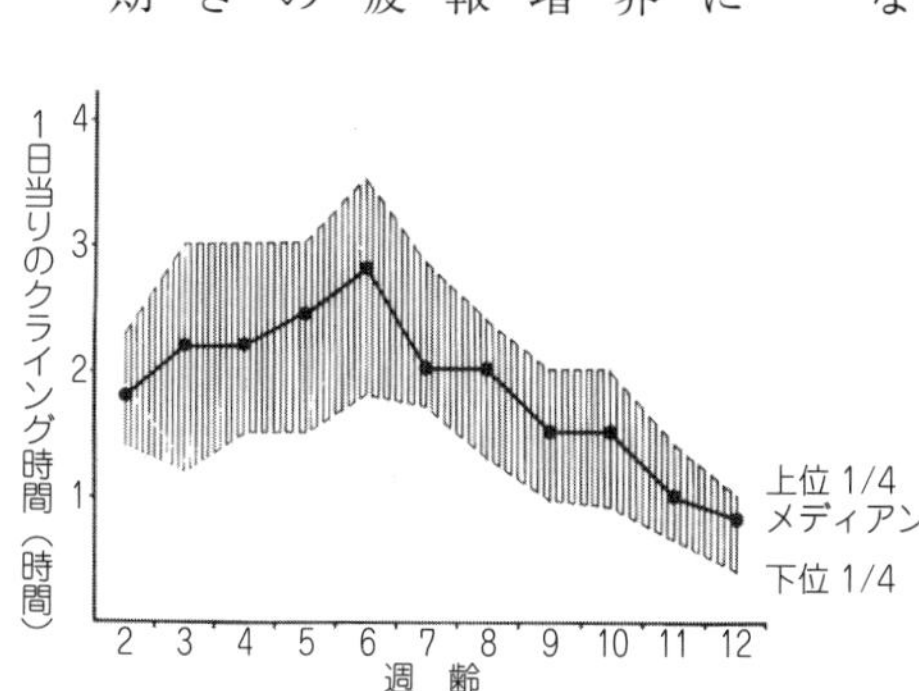

図3-1　泣きの量（時間）の変化（Brazelton, 1985）

脳の成熟が進み情報処理能力が向上すると、泣きが減少する時期を迎える。この時期から、意図的な泣きが現れてくる。乳児は泣きを道具的シグナルにして母親を操作するようになるが（Thompson, 1998）、それは泣きとその効果との関連に気づく能力を獲得したことを意味する。

泣きは人を目標にした行動としての効果をもつ。周囲に人がいなければ、泣き声は無意味な物音に過ぎない。乳児がいくら泣き叫んでも、物の世界に変化は生じない。泣き声が空疎に響きわたるだけである。しかし、泣き声が母親に届くとき、それは母親の心身に浸透し、意味が間主観的に感じ取られる。乳児に泣きを引き起こした世界の変容が、母親の世界を変容させ、母子間で体験世界を共有する働きが生じる。こうした情動共鳴を基盤にして、情動体験の共有、身体運動のリズムの共有、身体の形態の共有、その場の共有といったもっとも原始的な相互理解が始まる。それは人が世界を共有する原光景と言えるものだろう（浜田、1995）。

乳児の泣きが人との間でもつ意味は泣き自体には存在しない。泣きの意味は母親が乳児のもとへ駆けつけたときに生じる。母親を呼び寄せ、養育行動を引き出すという意味である。母親の養育行動に繰り返し出会い、自他の行動を感じ取る能力の出現とともに（Rochat, 2001/2004）、乳児は泣きが自他に対してもつ意味を理解し始める。泣きが発生させた出来事と、その出来事を生み出した自分の泣きに気づいたとき、乳児は泣きの意味を理解し、やがて意図的な利用が可能になる。泣きが自分の身体と融合した「地」から、自分が対象化できる「図」へと浮かび上がり、道具的なシグナルとして働きだす。それは「精神間から精神内へ」という社会的スキルの発達である。

2　微笑と笑いの組織化

新生児期に出現した自発的微笑や誘発的微笑は減少し、生後2か月以降、社会的微笑が出現し始める（Wolff, 1987）。覚醒した乳児が人とのやりとりで見せる社会的微笑は、相手との関係に応じて使いわけられ、コミュニケーション手段としての機能を高次化させる。やがて声をともなう笑いが出現する。

自発的微笑はチンパンジーやニホンザルでも見られ、チンパンジーでは社会的微笑も観察される（友永ほか編、2003）。しかし、微笑や笑いに複雑な意味を付与し、たくみに利用して社会的な関係作りをするのは人だけである。快感情の表現としての微笑を、悲しみ、挑戦、軽蔑、怒りなどを表現する手段にできるのは人だけだろう。微笑みながら、涙をこらえ、悲しみを隠してみせる動物は他にいるだろうか。他者と距離をとり、他者との共有世界を豊かにする、この二つを両立させようとした人の心は、自他の関係を円滑にするために社会的な場面で微笑や笑いという情動表現を複雑に演出する必要に迫られたのだろう（松沢、2005）。

社会的微笑を発生させるもっとも有効な刺激は、生後2か月の中頃までは人の声（とりわけ母親の声）である。その後、人の顔が有効になる（Wolff, 1987）。人との対面的な交流を好むこの時期の乳児は、人が乳児の目を見て、調律的に振る舞いながら語りかけると繰り返し微笑むようになる。乳児が微笑めば、母親はその笑顔を間主観的に意味づけ、乳児が表現した親和的情動として受け取る。それは自ずと母親の心にも喜びの情動を呼び起こし、それを乳児に反映し返すように振る舞う。こうして快の情動が母親と乳児との間で共有され、原初的な共同注意対象としてのメッセージの交換が情動領域で始まる。

乳児の微笑と泣きは母親との結びつきをもたらす情動行動である。その情動共有の場で、乳児は自分の内側で生じた情動を母親からの共感的な応答として映し返される（社会的鏡）。その体験の基盤には、自分のなかで発生した情動を、外にいる母親との関係のなかで知覚し、その知覚した情動をもう一度自分自身のなかで感じ取るという再帰的な心の働きがある。人の乳児に備わる情動表現の豊かさ、その情動を反映し返す母親との情動交流に見られる親密性、そして情動世界を繰り返し再帰的に体験する心の認知的な働きによって、乳児は自分の泣きや微笑の意味に気づき、その意味を母親と共有していくのである。

第2節　覚醒状態の発達

生後2週頃には覚醒敏活活動期が出現し、その後急激に出現率が増えていく。この覚醒状態では、感覚の働きと運動の働きが両立する。乳児は身体を動かしながら、外界に注意を払う能力を発達させていく。*1 覚醒した乳児が行う身体運動は目的に向かう意図性を獲得し、環境内の事物を自発的に選択して能動的に働きかけようとし始める。こうした調整的な動作が芽生え、動作が相互に結びつきだすと、覚醒状態は移ろいやすい短時間のエピソードから、自己均衡化し内的な安定性を保持した覚醒状態へと切り替わっていく（Wolff, 1987）。

覚醒敏活活動期では視線のコントロールがたくみになる。生後2～3か月頃から、接近したり

*1 第2章の第1節6を参照。

遠ざかったりする物に対する両目の輻輳開散機能が向上し、中心窩に視覚像をスムーズに結べるようになる（Aslin, 1977）。同じ頃、周囲にある物を見る周辺視の範囲が急速に広がる（Tronick, 1972）。また、青や赤、黄色といった基本色を区別できるようになる（Vauclair, 2004/2012）。

外界の刺激に対する反応が鋭敏になり、コントロールされた身体運動も活発化する。乳児は物を見つめながら、それに手を伸ばし始める。伸ばした自分の手に気づき、一心に見つめる行動（ハンド・リガード：hand regard　図3-2）も観察される。生後4〜5か月頃には、物に狙いを定めるように手を伸ばし、スムーズに把握することが可能になる。

発声活動も活発化する。生後2か月頃より、クークーと喉を穏やかに鳴らす発声（cooing：喉音）が力強くなり、母親の話しかけや働きかけによって引き出されやすくなる。母親は、この喉音も間主観的に意味づけ、親和的情動の表現として受け取りやすい。この発声行動は特定の場面との結びつきをもたず、生得的で循環反応的な傾向が強い。しかし、母親による相補的な応答と意味づけが、乳児に発声行動がコミュニケーションで果たす有効性を理解させる。乳児は母親と対面し、コミュニケーション手段として発声行動を利用し始める。

生後4か月頃になると、聴覚や視覚といった感覚活動と音声模倣といった運動活動との協応関係が観察される。たとえば、母親から話しかけられるとき、乳児は音声だけを聞いているのではない。口の動きを見ながら音声を聞いている。話し言葉の音声知覚は、発声行動がもつ聴覚特性と視覚特性の両者から影響される（マルチモダリティ[＊2]）。そ

＊2　第2章の第2節3を参照。

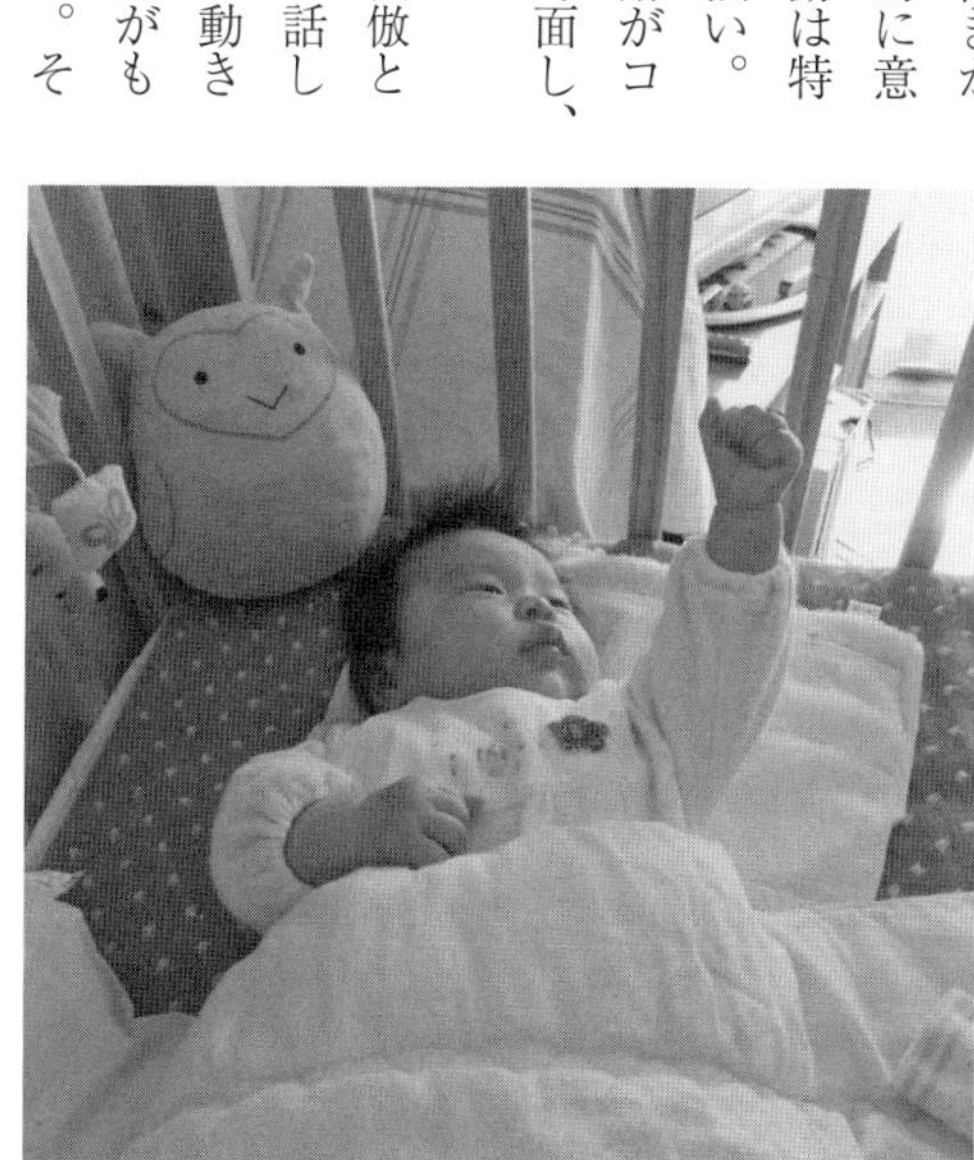

図3-2　ハンド・リガード（生後3か月）
撮影：吉川　歩

れゆえ、ある音声の聴覚情報を別の音声の視覚情報（口の動き）と一緒に提示すると、その音声とは異なる第3の音声を知覚する可能性がある。たとえば、［ga］と口を動かす映像と［ba］という音声を同時に視聴すると［da］と聞こえる。「マガーク効果」と言われる現象である（McGurk & McDonald, 1976）。

レゲァスティ（Legerstee, 1990）は、［a］と［u］という母音を3～4か月児に聞かせた。半数の乳児には母音と同じ口の動きを表現した大人が提示され、もう半数には別の口の動きを表現した大人が提示された。すると乳児は、提示された視覚情報と聴覚情報が一致した場合にだけその母音を真似て発声した。この結果は、乳児が音声と口の運動のどちらにも注意を払っており、それらが一致しない場合には不協和を感じることを示唆している。

生後2か月以降、乳児はこうした感覚運動能力や、先に見た情動能力を駆使しながら、周囲の事物との間で有効な関係を構築し、それらの理解を深めていく。

第3節　情動知——情動性と静観性

乳児は母親と顔を向かいあわせ、情動を豊かに共有しあいながら活発に相互作用を始める。乳児と母親が一体化し、ダンスを踊るようなやりとりが生じる。母親が微笑めば、乳児にも微笑みが生じ、乳児が声を出せば、母親もまた乳児にやさしく語りかける。乳児と母親で同じような情動が重なりあう情動調律的な現象である。

自他が融合したような世界で、乳児は自分の情動に気づき、「自分のような」（like-me）母親の情動にも気づいていく。母親の情動に対する気づきは乳児自身の情動体験にもとづく。異なる身体にある他者の情動の理解は、自分の情動体験によらざるを得ない。自分の情動体験に気づき、それと同等の情動表現を母親に見出すとき、乳児は他者の心の世界を理解する入り口に立つのである。

情動は他者を共感させ、共鳴現象を引き起こす。共鳴現象は情動が相手から「鏡映化」(mirroring) される場面である。乳児が表現する情動が、母親の表情や身体表現となって反映し返されてくる。それは、乳児が自分の情動を母親の身体上で再体験することである。乳児は母親の応答を見て、そこに自分を感じ取っている。

鏡映化には自他の違いを気づかせる働きもある。鏡映される反応は、乳児の行動と似ているが同じではない。異なる身体をもつ母親の応答は、乳児の行動とは時間的にも形態的にも、また強さでも異なっている。乳児は母親との出会いを重ねながら、こうした違いに気づいていく。自分とは異なる他者と適切な関係を築くためには、自他を混同することなく、独立性を確保することが必要になるからである。乳児は母親に備わる「自分ではない」(different-from-me) 特徴に鋭敏に気づこうとする（大藪、2015a）。

こうして乳児は、自他の心の世界を重ねあわせる情動の働きと、その世界を切り分ける認知の働きを使って人の心を理解しようとする。人の心がもつ不思議な有能性は、この「情動性」と「静観性」を獲得したことにある。情動性は、自分の境界をなくして他者と共鳴しあい、相手との距離を失うような現象であり、静観性は、他者との距離を可能な限りとり、相手を冷静に観察しようとする現象である。そのため正反対の心の働きに見える。しかし、その働きは同じ方向を向いている。情動は相手と共鳴しあうことで、静観は相手の本質を見つめることで、相手との距離を無限に縮め、世界を共有しあおうとする心の働きだからである。この人の心に特有な働きを筆者は「情動知」と呼んできた（大藪，2013, 2015a）。

第４節　随伴性と相補性

乳児と母親との円滑な相互交流には特徴がある。その特徴を「随伴性」（contingency）と「相補性」（reciprocity）という概念で整理してみたい。随伴性とは、乳児の行動の直後に出来事が生じ、その出来事に乳児が気づけるときを指す。一方、相補性は、随伴性が問題にする時間特性に加え、その出来事が乳児の行動の背後にある情動とも調和するような関係がある場合を指す（大藪，1997, 2004 など）。

次に、この随伴性と相補性を使用して、乳児の生活世界を「自己の世界」「物の世界」「人の世界」に分類し、その特徴を見ておきたい。これらは共同注意を構成する基本要因である。

１　自己の世界――自己随伴性と自己感

乳児の自己感が獲得されるのはいつか。自己感の発生問題は、自己の多面性と多層性ゆえに立脚する観点によって異なる。たとえば、ピアジェ（Piaget, 1948/1978）は、乳児の心の状態を自他未分化（adualistic）とし、１歳の誕生日を迎えるまでは自己と外界を区別できないとした。マーラーら（Mahler et al., 1975/1981）も母子の共生状態（symbiotic state）を想定し、自己と外界が渾然一体であると見なした。

他方、スターン（Stern, 1985/1989）は、体験の主観的組織化を自己の出現とし、自己を「新生自己感」として誕生時より存在すると見なした。この自己感は社会的出来事に選択的に応答し、自他を混同することはない。生後2〜6か月にはまとまりがある身体的単位としての「中核自己感」、生後7〜9か月では他者の身体内にある精神状態に気づく「主観的自己感」、そして生後15〜18か月には他者との意味共有を可能にさせる「言語自己感」が形成される。

ナイサー（Neisser, 1995）も、身体自己の気づきが身体活動の自己受容感覚に由来するとしたギブソン（Gibson, 1993など）の考えに立ち、知覚情報を基盤とする前言語的な「生態学的自己」と「対人的自己」の存在を主張した。生態学的自己とは物と能動的に関わろうとする身体的な主体であり、対人的自己とは人との間で情動的なコミュニケーションをする主体である。言語の獲得後に、言葉による反省的な認識の働きにもとづき「概念的自己」「時間拡大自己」「私的自己」が順次出現する。

（1）自己刺激行動と循環反応

新生児期を過ぎると、乳児は身体活動を能動的に繰り返すようになる。ピアジェ（Piaget, 1948/1978）はこれを1次的循環反応と呼んだ。[*3] この活動には、身体運動に由来する自己受容感覚が生じる。また手が自分の身体に触れれば、触った感覚と触られた感覚が発生する。それは物との間では生じない体験である。この関係を「自己随伴性」という（大藪、2004）。

指しゃぶりは代表的な自己随伴的行動である。乳児が自分の指を口で吸うとき、その指には吸い方に対応した感覚が生じる。強く吸えば、強く吸った感覚と強く吸われた感覚が、弱く吸えば、

＊3
自分の活動自体に関心をもち繰り返される反応を1次的循環反応という。

弱く吸った感覚と弱く吸われた感覚が発生する。手で頭を触れば、その手の動きに応じた感覚が手と頭で感じられる。この安定した構造をもつ自己随伴性はもっとも単純で了解されやすく、自己鎮静的な快い体験として報酬にもなりやすい（Watson, 1972など）。こうした自分の身体でしか生じない活動を繰り返すことにより、乳児は自分の身体と事物との違いに気づいていくのだろう。

重度の精神遅滞児に見られる自己刺激的な常同行動も、この自己随伴的な行動である。しかし、その体験内容は定型発達児とは異なる。定型発達の乳児の自己随伴的活動は物や人との関わりに大きく開かれている。たとえば、身体を使った活動中に他者が関わってくれれば、注意を容易に人や人がもつ物に向け直すことができる。それは「開放的な自己随伴性」である。しかし、重度の精神遅滞児は物や人との間にある扉を閉ざしやすい。相対的に「閉鎖的な自己随伴性」傾向になりやすい。それゆえ、重度の精神遅滞児の教育では、自己刺激的で常同的な行動世界から、物や人と関係する世界に誘導し、それらとの関係を育むことが必要になる（大藪、2004）。

ロシャもこの自己随伴性を「二重接触」（double touch）経験として取り上げ、新生児には身体的な自己感があることを示唆した。たとえば、生後1か月頃の乳児を対象に、おしゃぶり、実験者の指先、実験者が動かす乳児の指先のいずれかで口周辺を刺激し、追いかけ反射（rooting reflex）の出現が乳児自身の指先で少ないことを見出した（Rochat & Morgan, 1995）。また、生後24時間以内の新生児を対象に、自分の手が自然に口元に触った場合と物が触った場合を比較し、後者のほうで追いかけ反射の出現率が高いことを報告した（Rochat & Hespos, 1997）。さらに、新生児は自分の手を吸おうとして口に接近させると、手の接触を予期するように口を開くことも観察されている（Rochat, 2001/2004）。こうした結果は、新生児が自分の身体同士の接触で生じる身体感覚とそれ以外の刺激で生じる身体感覚とを区別できることを示唆している。

二重接触体験では能動と受動の体験が同じ身体で同時に生じる。受動体験を引き起こす能動体験は、受動された感覚を起点にした再帰的ループ（recursive loop）の働きにより、乳児にその体験を気づかせる働きをする可能性がある。この再帰的ループは、本章の第２節「覚醒状態の発達」で紹介したハンド・リガード（図３-２）でも該当するだろう。そこでは、能動体験は手の動きであり、受動体験はその手を見る視覚体験になり、自己内で生じた異なる感覚間での体験である（マルチモダリティ）[*4]。乳児は、手の運動による固有受容感覚と目の視覚体験を結びつけるように、ハンド・リガードを繰り返すのである。

人の乳児は、能動と受動の身体感覚に鋭敏に気づく認識能力を駆使できるがゆえに、循環反応を繰り返すのだろう。乳児の心は、こうした再帰的な活動が生み出す力動的な作用を経験することで、自らの身体を外界から区別し、身体的自己に対する気づきをより深めていくのだと考えられる。

*4　第２章の第２節３を参照。

（2）自分の身体運動に対する視覚選好反応

乳児が身体的自己に気づいている証拠はあるのだろうか。ロシャ（Rochat, 2001/2004）は、３〜５か月児に白黒の横縞が入った靴下をはかせ[*5]、脚の動きを乳児の頭部方向と足先方向から同時にビデオ撮影したライブ動画をディスプレイ上で見せた（図３-３）。すると乳児は足先方向から撮影した映像のほうを長く見た。ライブ映像であり、身体の動きに時間的な違いはないので、注視時間の差は脚の動きの方向が異なるためだと考えられる。頭部方向からの映像は、自分の脚が右に動けば映像の脚も右に動いて見えるが、足先方向からの映像では左に動いて見えるのである。

５か月児に対して、自分の脚が動いているライブ映像と、そのライブ映像と同じ服を着て過去

*5　白黒の横縞が入った靴下は、乳児が足を動かすとベッドをこする音がするものだった。この音が乳児にテレビのスクリーンを見ながら足を動かすことを促した。

に撮影された自分の脚や他児の脚の運動映像をディスプレイに並べて見せたバーリックら（Bahrick & Watson, 1985）の研究でも、乳児はライブ映像ではない映像のほうを長く見たことが報告されている。

これらの研究は、乳児が脚の動きから感じ取った自己受容感覚情報と、映像を見て受け取った視覚情報を比較照合することを教えている（マルチモダリティ能力）。それは、乳児が自己と外界を区別し、それらの関連性を感じ取ることを示唆する。乳児は自己受容感覚と視覚を比較し、違和感を覚えた視覚情報に注意を向けたのである。ナイサー（Neisser, 1991）は、こうした映像選択を可能にする自己を「生態学的自己」（ecological self）と呼んでいる。

2　物の世界――物随伴性と静観対象

物との交流は感覚－運動的な活動によって行われる。情動の関与は人との交流より圧倒的に少ない。情動の表現が物を動かすことはない。物に変化を引き起こすためには、自分で近づくか、誰かに持ってきてもらい、直接身体で触れなければならない。物の応答には身体による接触が必要になる。身体接触によって物が変化し、その変化に主体が気づくとき「物随伴性」が生じる（大藪、2004）。物随伴性は自己随伴性より反応が不規則で多様であるが、その範囲は物理的に制約されている。

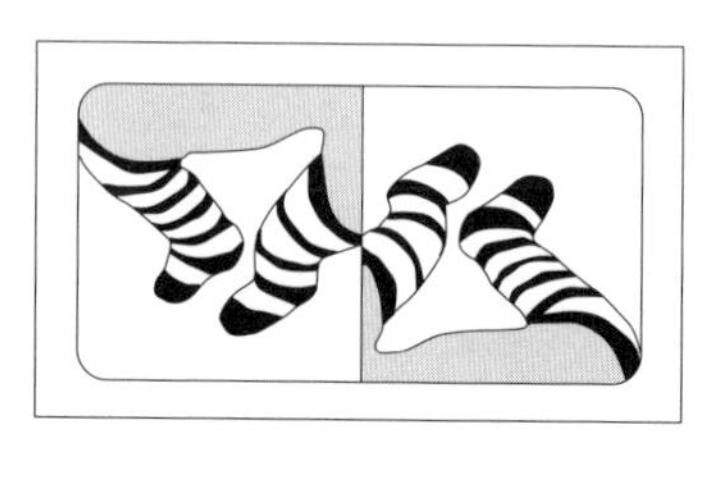

図 3-3　脚の動きの視覚選好実験（Rochat, 2001/2004, p.47 を修正）
右の図は乳児が見ているテレビスクリーン
左側：足先の方向からの映像
右側：頭の上の方向からの映像

（1）乳房とガラガラのちがいに気づく

乳児は新生児反射を使って物との出会いを想定していたように行動する。ピアジェ（Piaget, 1948/1978）は、それを反射的なシェマによる知的活動として描き出した。乳首を口に含むと出現する吸啜反射（sucking reflex）は、吸い方を自動的に調節しながら乳汁を口内に吸い込む。この繰り返しから、乳児は「吸啜反射－乳房－乳汁」という感覚－運動のシェマ[*6]を作り出す。やがて乳児は、このシェマに乳房以外の物を同化しなければならない事態に出会う。たとえば、母親から差し出された哺乳瓶の乳首は容易に同化できる。しかしガラガラの場合は、いくら吸っても乳汁は出ない。乳房のシェマには同化できないのである。乳児はこうした出会いを繰り返しながら、乳房とガラガラとの違いに気づいていく。乳房を口にするときと、ガラガラを口にするときとでは、口の動きが異なってくる（調節）。乳房は吸うが、ガラガラはなめたり噛んだりするようになる。こうした振る舞いの違いは、乳児が身体のレベルで乳房とガラガラとを区別する知識を獲得したことを示している。知の原点は対象物の違いがわかることだからである。

ウェルナーはこうした初期の行動が対象とする物を「行動物」（things-of-action）と呼んだ（Werner & Kaplan, 1963/1974）。行動物とは、手や口による実践的活動の対象として、身体接触による直接的な欲求充足のために瞬時に働きかけられる物である。乳児と物、主体と客体は未分化で融合しており、物に対して自動的に反応が誘発される。しかし、先の「1　自己の世界」で論じたように、この時期の乳児はすでに自己と物の世界とを切り分けており、物がもつ特徴を理解する知的な活動を開始させている。

＊6　シェマとは、経験を理解する心的構造で、感覚・運動シェマから表象シェマへと発達する。

(2)「行動物」から「静観対象」へ

やがて、乳児には、手に持たされた物をすぐには口に入れず、それを見つめるという行動が増える。差し出されたガラガラをジッと見て、それから手を伸ばしてくる。やがて、目の前に吊るされたメリーおもちゃを見て、手を伸ばして触り、その動きを見つめるというように、複数の行動が協応してくる。こうした乳児の行動を支えるもの、それは、物に対して自立した態度であり、静観的に向きあう心の働きである。生後4~5か月頃、乳児が働きかける物は「行動物」から、知的な関心を向ける対象という「静観対象」（objects-of-contemplation）へと変化し、対象物の性質を知ろうとする振る舞いが顕在化する（Werner & Kaplan, 1963/1974）。

生後4~5か月頃は手の操作性が急激に発達する時期である。ピアジェ（Piaget, 1948/1978）は、この手の操作性の向上に注目し、乳児の活動が自己刺激的な1次的循環反応から、物の操作を繰り返す2次的循環反応[*7]へと移行することを見出した。2次的循環反応は「物随伴性」を利用した行動である。乳児は、自分の動作によって引き起こされた物の変化に興味をもち、その動作を繰り返すからである。この反応には、運動と物の変化への気づきだけではなく、自らの操作に対する再帰的な静観的視線が加わる。こうして自己と物に対する知的な理解がさらに向上していく。

この時期の乳児の物の世界の理解は、ピアジェが論じた以上に進んでいることが知られている（Vauclair, 2004/2012 など）。たとえば、ベイラージョンらは、乳児の注視時間を反応測度とした一連の研究から、4~5か月児が「対象の永続性[*8]」の概念をもつこと、物は別の物を支えることができること、といった理解ができることを見出した（Baillargeon, 1987; Needham & Baillargeon, 1993 など）。この知見は、物の世界に対する乳児の理解が、ピアジェの観察やその理論から予想される時期より数か月間早く生じることを示している。ただし、この時期問題は、取り上げる表象レ

*7
自分の活動が引き起こす物の変化に関心をもち繰り返される反応を2次的循環反応という。

*8
隠されて見えなくなった対象物も存在し続けることを理解する能力。

ベルの違いによると考えられる。ピアジェが問題にするのは、不在対象と意図的な結びつきを作り出す想像表象（延滞模倣による出来事の再現など）であり、ベイラージョンのそれは対象が不在になった後に残される知覚表象（数秒間の記憶痕跡）なのである（大藪、2018）。

物を繰り返し操作するという2次的循環反応にも、人との関わりを妨害する働きはない。それは「開放的な物随伴性」であり、乳児は人にも心を開きながら、物を「自我に密着した」（ego-bound）行動物から、「自我から距離をおいた」（ego-distant）静観対象へと変化させていく（Werner & Kaplan, 1963/1974）。乳児の自我が物と距離を取るようになると、特定の物以外へも注意の配分が可能になり、一緒に見ている他者の視線に気づく余地が生まれる。物が静観対象になることで、対面的な共同注意はさらに高次な共同注意への展開を可能にさせるのである。

3　他者の世界——相補性と他者感

人は物のように手で触らなくても反応する。母親は、乳児が表情を変え、身体を動かし、発声をし、泣き声をあげるだけで応答する。顔の表情や姿勢の変化、つまり情動的変化あるいは自己遡及的活動（Wallon, 1983）によって、身体がもつ境界を越えた関係を結ぶのが「人随伴性」の特徴である（大藪、2004）。物との間には決して成立しない情動的交流が人随伴性を支えている。こうした関係性は、同じ感動のなかに溶けあう体験、響きあい、響存、共鳴、うたう関係などと表現されてきた。人随伴性と物随伴性との第1の違いである。

物との第2の違い、それは随伴的応答がもつ多彩さと複雑さである。物の応答性は物理的性質によって限定される。起き上がりこぼしは、触り方を変えれば、揺れる方向やその振幅、音の大きさが変化する。壁に接していれば、押しても動かない。それゆえ、物の変化は自己随伴的な変化より複雑である。しかし人が見せる随伴的応答の多様さと比べれば、物の変化は制約されている。

第3の違いは随伴的応答に見られる意図性の有無である。人の応答は主体的な応答である。乳児に応答するかしないか、どのように応答をするかは母親次第である。乳児の行動に誘発されて現れる母親の養育行動にも情動が自然に表現され、乳児の様子をうかがいながら、その気持ちに寄り添うように振る舞おうとする。それは、乳児の心の世界を想定するような振る舞いである。こうした対応は物にはできない。

このように、人が乳児との間で相互にやりとりする随伴的関係には、自己随伴性や物随伴性とは異なる特徴がある。人に特有な随伴的関係を「相補性」と呼ぶ（大藪、2004）。

（1）相補性に対する乳児の反応

随伴性を検出する生得的能力が生活世界の理解を促進させることを強調するワトソンらは、乳児には完全な随伴関係がもっとも容易に理解できると主張した（Watson, 1985; Gergely & Watson, 1999 など）。完全な随伴性（perfect contingency）は自分の身体にその起源がある。生後3か月の間に、乳児はこの自己随伴的なフィードバックによって身体的自己感を形成していく。やがて完全ではない随伴性（imperfect contingency）をもつ母親の情動的応答が、乳児を社会的な関係世界に向かわせる。この随伴性理論によれば、生後3か月頃、乳児は他者の情動に気づき、他者との相互作用を経験しながら自分自身の情動にも気づいていく。

他方で、乳児の感覚には、誕生直後より、人がもつ刺激特性に注意を向ける人志向性がある。*9

*9 第2章の第2節を参照。

人とのコミュニケーションでも誕生直後から特別な感受性を発揮し、母親と情動を共有しながら相互作用をすることを示す知見も多い（Stern, 1985/1989; Tronick, 2003 など）。たとえば、レゲァスティら（Legerstee et al., 1987）は、生後3週から53週までの縦断的研究で、乳児は人との間でコミュニケーションが生じることを生後5週目までには期待することを見出した。この研究では、乳児を、①人が乳児の眼球運動に随伴的に応答しながらコミュニケーションする場面、②人形が乳児の眼球運動に随伴的に応答しながら相互作用する場面、③人が何もしないで対面する場面、④人形が動かずに対面する場面、で観察した。その結果、人が乳児に対面しながら何もしないと、生後5週の乳児は苛立ち、泣き出すことが見出された。人形が動かなくてもこうした反応は生じない。それゆえ、新生児期を過ぎる頃になると、乳児は対面した人にはコミュニケーションを期待するようになるのである。

レディもまた、乳児の精神発達におよぼす情動の働きを重視する研究者である（Reddy, 2003; Reddy, 2008/2015 など）。レディは、生後2か月の乳児が、他者から見られると情動を明確に表出することに注目する。たとえば、目を合わせたり、自分の方向に顔を向けられたりすると乳児は微笑する。目以外の顔の部分を見られると微笑は減少する。乳児が表出した行動と協応するように人が振る舞うと、快情動の表出が増え、見つめたまま顔を静止させてコミュニケーションをしないと困惑した表情をする（Legerstee, 2005/2014）。

人からの働きかけに対する乳児の鋭敏な反応には、人志向性という生得的能力とともに、誕生直後より母親から受け続けてきた働きかけも寄与している。前章でも述べたが、母親は、新生児の何気ない振る舞いに気分や気持ちを読み取り、それに寄り添うようにしてきている。母親の行動には随伴性だけでなく、乳児の行動に対する共感的で同調的な振る舞いがあり、乳児との間に特有な共有関係の場を設けている。[*10] 乳児はその共有の場で、自分の情動を映し返す母親と出会い、その母親から映し返される自己とも出会う体験を繰り返す。そこには〈自己、他者、共有〉という共同注意を構成する3つの成分がある。

*10 第2章の第3節を参照。

〈ロシャによる「イナイ・イナイ・バー」実験〉

生後3か月を過ぎると、人に対する理解はさらに深められる。ロシャら（Rochat et al., 1999）は、2か月児、4か月児、6か月児を対象に、乳児が初めて出会う女性の実験者が、イナイ・イナイ・バーをしてみせたときの反応を検討した。組織的場面と、非組織的場面が用意された。組織的場面は連続した3シーンからできていた。第1シーンでは、実験者が乳児のほうに身体を傾け、「見て、見て、見て」と言いながら視線を合わせた。第2シーンでは、乳児に接近したまま手で顔を隠し、「イナイ・イナイ・バー」と言って手をおろした。第3シーンでは、うなずきながら笑いかけ、穏やかな調子で長めに「イェー」と言い、最初の位置に身体を戻した。非組織的場面では、これらの3つのシーンをランダムに演じてみせた。その結果、2か月児では、実験者を見るのも実験者に微笑するのも両場面で違いがなかった。しかし、4か月児と6か月児では、実験者を見る時間は非組織的場面のほうが長く、微笑の時間は組織的場面のほうが長かった。つまり、生後4か月以降になると、乳児は大人が実際にやってみせる一続きの物語のような動作を予想し、そうした行動の流れには同調しリラックスした反応をする。しかし、動作の順序が不自然な場合には、その出来事を確認するかのように実験者の顔を凝視するのである。

〈ロシャによる「静止した顔」実験〉

もう一つ、ロシャ（Rochat, 2001/2004）が2か月児、4か月児、6か月児を対象に行った「静止した顔」（sill-face）の実験を紹介してみたい。この実験では、それぞれ1分間の静止した顔の場面と普通の相互交流場面が交互に行われた。静止した顔の場面としては、ニュートラルな表情で静止した顔、幸せな表情で静止した顔（口を開けた微笑）、悲しみの表情で静止した顔（額にしわ、眉すぼめ、しかめ顔）の3種類があった。この研究でも、2か月児と4か月児や6カ月児とでは大きな違いが見られている。第1に、4か月児と6か月児はどの静止した顔でも注視時間が減少したが、2か月児では、幸せな表情で静止した顔に対しては普通の相互交流場面と注視時間に差がなかった。第2に、6か月児は先行する静止した顔がどれであれ、正常な相互交流に戻ると微笑の出現が抑制された。6か月児になると、静止した顔に感じた違和感をその後の交流場面に持ち込み、情動への影響が続くのである。

こうした研究結果は、4~6か月児が、人の表情や動作への感受性を高め、他者との間にコミュニケーション通路を設け、その通路に注意を集中させて相手のメッセージを深く受け止めることを示唆している。またそこには、相互交流場面で相手が提供する情動だけではなく、一連の行動を馴染みのある「フォーマット」（Bruner, 1983/1988）として理解する能力の向上も見られる。さらに6か月児では、過去の相互交流場面での経験を現在の交流場面にもち込み、「いま・ここ」で生じている他者との関係構築に利用するようになるのである。

(2) 他者感の芽生え

母子の対面的な交流場面では、感覚的な出会いだけでなく、情動交流も活発であることを指摘してきた。人と人が出会う場面では、一人ひとりが感覚と情動の豊かな力動的世界を体験する。そこでは、個別の感覚様相がもつ情報を結びつけるマルチモーダルな（通様相的あるいは非様相的）特性が情動過程と結びつき、知覚主体には特有な感じが引き起こされる（鯨岡、1997; 浜田、1995; 大藪、1992など）。それは間主観的な共有現象であり、そこでは身体運動の形態や強さやリズムの共有が生じ、もっとも原始的な体験が相互に共有される（大藪、2004）。母子の間には、持続的な視線の出会いのもとで、コミュニケーション通路が開かれ、メッセージが交換される（Stern, 1985/1989）。

対面的共同注意場面では、乳児と母との間でこうした相補性豊かな体験が頻繁に繰り返される。乳児が表出する微笑や泣き、あるいは発声という行動に出会ったとき、母親には乳児の情動状態を間主観的に感じ取る心的過程が生じる。他方、乳児もまた母親の表情に影響され同型的な行動や回避的な行動をとることはすでに述べた。乳児は、母親の微笑みには微笑んで応え、静止した顔に対しては困惑し、その顔を回避しようとする。

乳児は、マルチモーダルな感覚過程と情動過程とが結びついた間主観的な体験を母親との間で繰り返す。乳児が自分の身体内で生じた情動を身体上で表現すると、その情動は母親からの共鳴的な表現として映し返される（鏡映化）。それは乳児が自分の情動を母親の身体上で感じる再体験過程である。そこには母親との間で生じる再帰的なループがある。それは映し返された母親の身体表現に出会って共鳴する自分の情動を再び体験することであり、物との間では起こりえない出来事である。乳児は、その特殊な出来事を体験させる母親と繰り返し出会い、母親という特別な人の存在に気づいていく。こうした情動を基盤にした知的活動が、乳児の心に他者感を芽生えさせていくのだろう。そこには情動に立脚した知的な活動、つまり「情動知」（大藪、2013）という心の活動が関与している。

乳児は人に対しては声や表情でコミュニケーションし、物には手で触って操作しようとする。この反応の違いは、人と物の視覚的属性の違いがもたらすのだろうか。それとも人と物がもつ応答特性の違いの理解がそうさせるのだろうか。レゲァスティ（Legerstee, 1994）は、物が遮蔽物の後ろに〈ある〉場面と人が遮蔽物の後ろに〈いる〉場面に対する4か月児の反応を検討した。この研究では、4か月児は人が遮蔽物の後ろに隠れると、その遮蔽物に対しては発声するが、物が隠された遮蔽物に対しては手を伸ばすことが見出された。見えなくても人と物に対して異なる反応をしたのである。4か月児は人と物の視覚的属性に反応して行動を変えるだけではない。彼らには、人と物がもつ特性、つまり人は声を出せば応答する主体であり、物は手で触らないと関われない存在だという気づきがある。人という精神的主体と物という物質的存在を区別し、能動的で選択的な行動ができるのである。

第5節　母親の生活世界

生後半年の間に、乳児は母親とコミュニケーション・チャンネルを設け、さまざまなメッセージの受け取りや応答が可能になる。生後半年を過ぎる頃、乳児の注意が向かう範囲は広がり、周辺に置かれた対象物に移行し始める。一方、この時期の母親の関心領域は、ほぼ乳児に向かい続けると言われてきた（服部・原田, 1991など）。しかし、乳児の注意や運動機能が大きく変化するこの時期に、乳児一辺倒であった母親の心に、なんらかの変化が生じても不思議ではない。

〈母親の育児満足感調査より〉

大藪と前田（1994）は同一の母親集団を用いて、子どもが生後4か月（202名）と10か月（182名）の時点でパネル調査を行い、母親の育児満足感に影響する要因を分析した。取り上げた要因は、「母親の仕事阻害感」[*11]「母親の落ち着き」「母親の自己評価」「乳児の気質」「母親の育てられ経験」「社会的ネットワーク」「夫の家事や育児への協力度」「精神的な夫婦関係の良好さ」の8領域だった。この調査では、母親の育児満足感に影響する要因は4か月児と10か月児の母親では異なることが示された。

4か月児の母親の育児満足感にもっとも強く影響したのは「乳児の気質」だった。母親の育児満足感は子どもの機嫌がよく育てやすいときに高かった。2番目に影響力が強かったのが「仕事の阻害感」であったとはいえ、全体的に乳児を中心とした出来事の効果が大きかった。10か月児の母親では、「乳児の気質」の影響力が弱まり、「仕事の阻害感」「自己評価」「夫婦関係」「社会的ネットワーク」の影響が強くなった。10か月児の母親の育児満足感は、乳児以外の社会生活に関する要因の影響を受けやすくなると推測された。

4か月児が母親との間で見せる交流特徴は母親への強い注意配分にあるが、この時期の母親もまた乳児に関心を強く抱きやすいのである。しかし、生後10か月になり、母親との対面的交流を回避しやすくなる支持的共同注意から意図共有的共同注意の時期（第4章と第5章を参照）を迎えると、母親の精神活動も子ども以外の領域に広がりをもつ可能性がある。乳児と母親の生活世界は異なるが、深く関係しあう母子はそれぞれが外側の世界に向けて心を開いていくのかもしれない（大藪、2004）。

乳児をもつ母親は子どもに対する関心が高いことが強調されてきた。しかし、母親の乳児への

＊11 子育てによって社会での仕事が阻害されていると感じる程度。

意識は、乳児の発達的変化とともに変容することが予想される。生後４か月から10か月という半年は、乳児の共同注意活動が切り替わり、移動能力を獲得し、探索活動を活発化させ、人見知りを始めるなど、大きな発達的変化が生じる時期でもある。マーラーら（Mahler et al., 1975/1981）はこの時期を「分化期」と命名し、母子一体の共生状態から乳児が「孵化」する時期だとしたが、それに対応するかのように母親の側でも乳児との関係性を変化させる心の動きが生じるのかもしれない。母子の分化という現象は母と子の関係世界で生じる変化である可能性を示唆しておきたい。

第６節　自己・物・他者

乳児の心の働きの原初的形態は、情動を基盤にした感覚−運動的な循環反応システムである。それは開放系的なシステム、つまり外界から情報を取り込み、その情報と既存の構成要因が相互に影響しあい、新しい活動を創発させるシステムである。乳児は、情動交流を基盤にして母親との関係世界を、また感覚−運動活動を用いて物との関係世界を経験する。その経験世界はいずれも、再帰的ループの循環により、分節化と再統合を繰り返しながら高次化する。同時に、この異なる領域にある関係世界は、相互に影響しあって全体としてより高次な機能を作り出す。それは創発特性をもつ自己組織化システムとしての働きである（Overton, 2010）。

乳児の心のシステムは、母子間のシステムと結びつき相互に影響しあう。母子システムは乳児の心のシステムがもつ創発性を促進させる機能をもつ。母親とは成人がもつ高次な精神機能を備えた存在である。母親は未熟な機能しかもたない乳児の心と適切に調律した情動関係を作り出し、共有世界を構成する。乳児の心と母子の開放システムは相互作用しながら、〈乳児－物－母親〉という三項関係（共同注意）を作り出し、より高次化させていく。それは乳児の心が人間らしく「文化化」されるために必要不可欠な関係構造である。

1　乳児のあお向け姿勢と体験世界

生後半年以前の乳児は、あお向けの姿勢でいることが多い。人以外の霊長類の乳児は母親にしがみつく。そうした身体接触を基盤にして母親と結びつく時期に、人の乳児はあお向けの姿勢で母親と交流しようとするのである。このあお向け姿勢が乳児の静観的認識に活動の場を提供する。それは最初、自己活動として現れやすい。生まれて2か月を過ぎてくると、自分の手をもち上げて見つめ（hand regard: White et al., 1964など）[*12]、やがて両手を胸の前で絡ませ（hand clasping）、その動きを見つめる行動が観察される（大藪、2004）。

*12　本章の第2節にある写真を参照。

（1）「結節点」への物の登場

図3－4は、筆者の長男Yが生後3か月28日に見せたハンド・クラスピングである。人の乳児に見られるこうした行動は、人間以外の霊長類の乳児には出現しない。竹下（1999）によれば、姿勢反応が同じ段階にある大型類人猿があお向けにされると、手で同側の足をつかむことしかできない。自分の顔の前の空間で両手を結び、さらにその両手に視線を結びつけていく「結節点」を顔の前に作り出せるのは人の乳児だけである。

この結節点に物を登場させるのも人の乳児の特徴である。姿勢反応が同じ時期にある人以外の霊長類に物を持たせても、持ち続けて操作することはない。持たされても放してしまう（竹下、1999）。彼らの手と物と視線が結びついてくるのは、人の乳児よりかなり遅れるのである。

家庭で乳児を観察すれば、乳児の顔の前に物が登場する場面は容易に見ることができる。母親が乳児と向かいあった空間に、ガラガラなどのおもちゃ、哺乳瓶やスプーンといった物を差し出す場面は日常的に生じる。乳児はガラガラを受け取ると口でなめるだけではない。それを見ようとする。図3－5は、Y（生後3か月26日）が差し出されたガラガラに向かって手を伸ばしながら、母親の顔を見ているところである。あお向け姿勢のYは、対面する母親との間に差し出されたガラガラと同時に、母親にも注意を配分させている。図3－6はY（生後4か月6日）がスプーンを両手で持ち、握った手のあたりに視線を向けてスープを飲んでいるところであり、図3－7は同じ場面で視線を母親の顔に向けたところである。この場面でも、Yの目の前にある空間には、スプーンと自分の両手と視線、そして母親の手と視線が集中した結節点があり、Yにはこの結節点とそれを生じさせた母親の顔とを見比べる行動が繰り返し見られている。

こうしたYの写真を見て何を感じるだろうか。この写真を見て、Yの視野内に母親とガラガラやスプーンが同時に存在するのだ、としか感じられないなら、この場面がもつ重要な意味を読み取りそこねているように思う。乳児には、物とその背後にいる母親に気づくと同時に、物と母親との関係にも気づき、さらに、それらと自分との関係にも気づいていける場が提供されているのである。

母親のほうに目を転じてみよう。母親はガラガラやスプーンをただ差し出すので

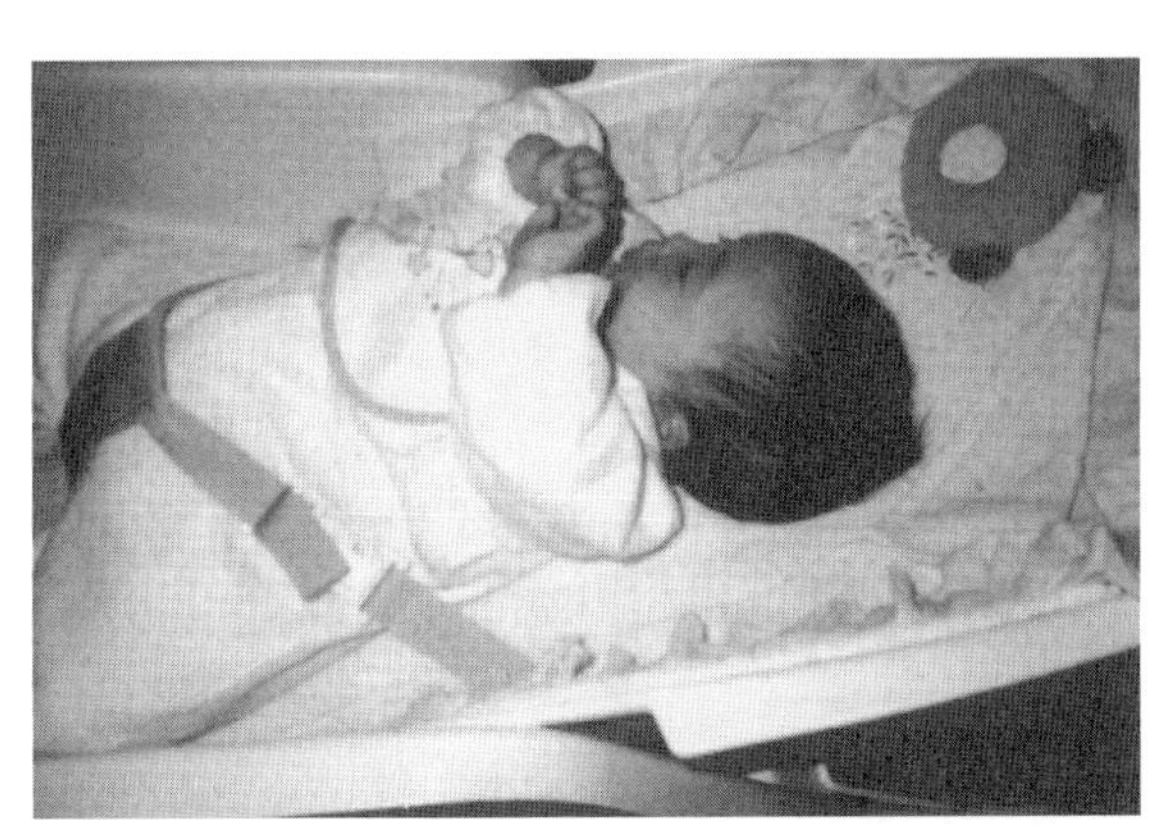

図3-4　ハンド・クラスピング（3か月児）

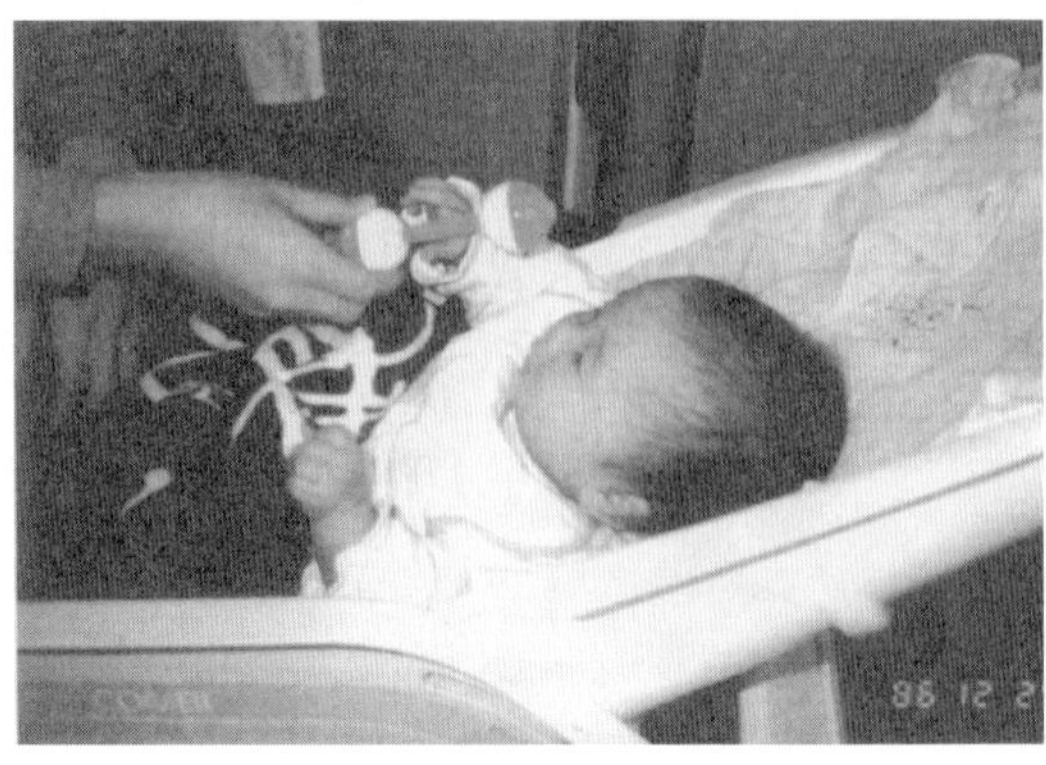

図 3-5　ガラガラへ手を伸ばしながら母親の顔を見る
（3 か月児）

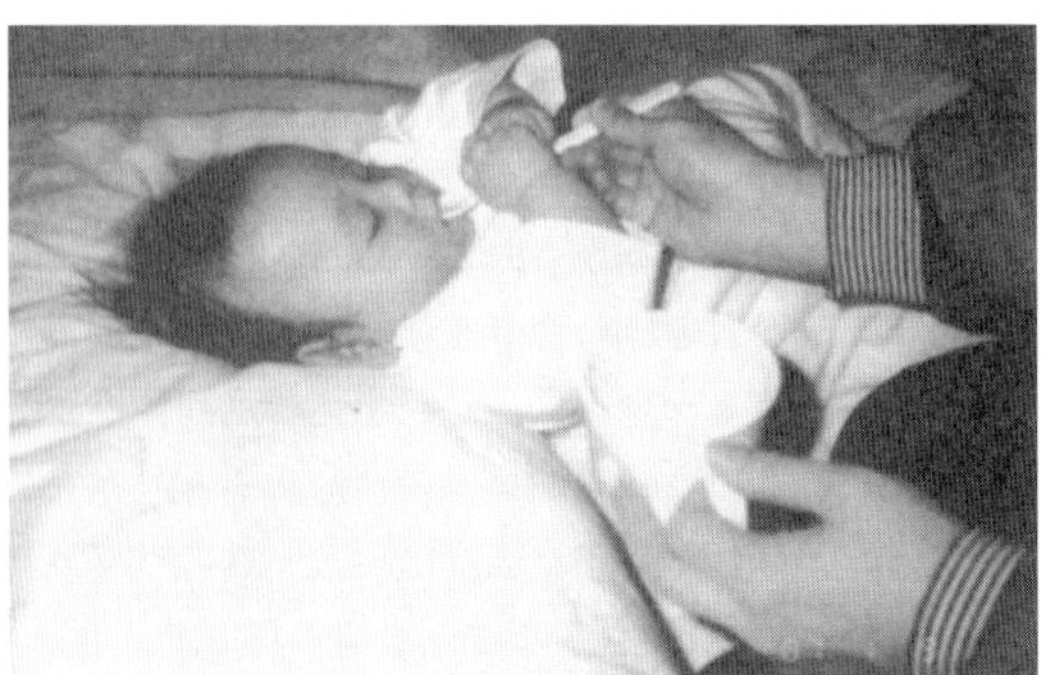

図 3-6　母親と一緒にスプーンを持つ自分の手を見る
（4 か月児）

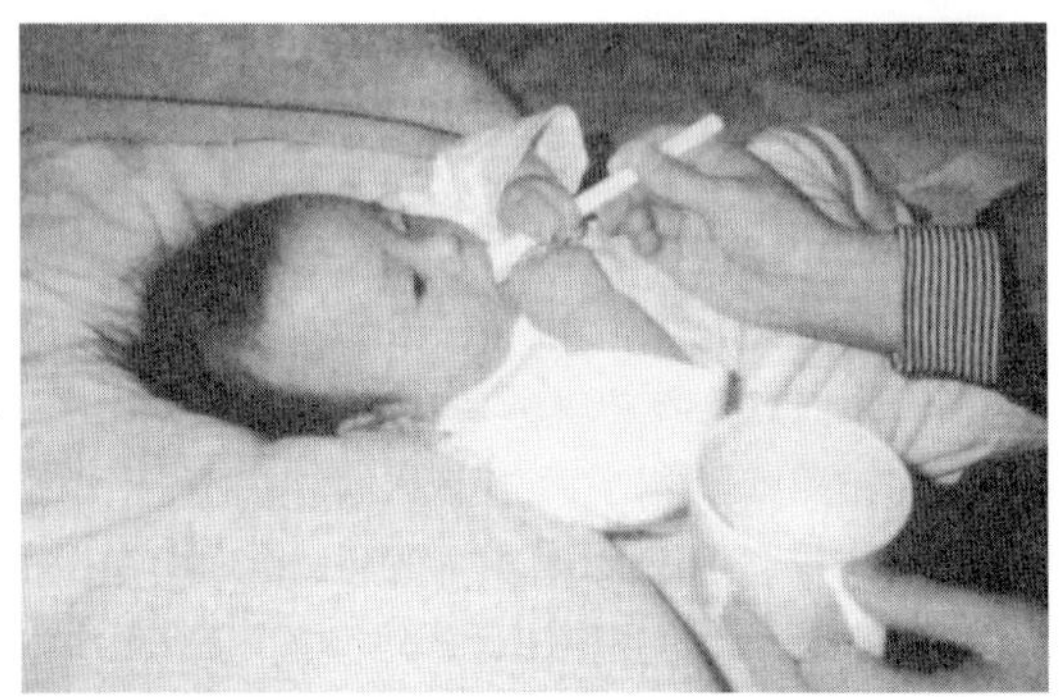

図 3-7　母親と一緒にスプーンを持ちながら母親の顔を見る（4 か月児）

はない。ガラガラやスプーンを差し出す母親は、Ｙの気持ちを間主観的に感じ取り、Ｙの振る舞いに合わせるように振る舞い、話しかけ、笑いかけ、うなずいてみせている。母親はＹと自分の身体のリズムを同調させ、Ｙの注意を自分の注意と交錯させようとする。母親はＹと自分を一体化させようとする。それゆえ、乳児は、母親の振る舞いを自分の振る舞いと重ね、母親の語りかけをあたかも自分の声のように聞くのである。こうした情動を基盤にした相補的な母親との関係の場で、乳児は母親の顔を見、声を聞き、ガラガラやスプーンを母親と一緒に握り、スープをともに飲むという体験を重ねる。開放的システムとしての乳児の心は、こうした体験を繰り返すことにより、物やその物がある場を母親とともに体験し、他者と共有する精神世界を育てていくのである。

母子の間主観性を論じるトレヴァーセンは、こうした幼い乳児と母親との交流領域を「共律動的フロンティア（Synrhythmic 'Frontier'）」と呼び（図３-８）、意図的運動と情動的運動の脳発生リズムが緊密に働く共同世界として論じており、この交流ゆえに共有世界が提供するものの学習を展開させる共同的な想像や記憶が創出され、豊かな内省や自己覚知がもたらされるのだろうと指摘している（Trevarthen & Delafield-Butt, 2013）。

（2）「共同注意」の原初的体験

次に、筆者が東京都内の某乳児院で観察した子どもの食事場面の記録から、５か月児S君と保育士との間に見られたエピソードを紹介してみよう。[*13]

Sはベビーラックに機嫌よく座り、担当の保育士からスプーンで食事を与えられている。保育士は「Sちゃん、はいアーン」と声をかけ、自分の口を大きく開けながらスプーンをSの顔の正面から差し出す。スプーンがSの視野に入ると、チラッと見る。あたかも保育士のしぐさに引き込まれるかのように、Sは口を開き、含みこんで、グッと嚥下する態勢に入り込んで行く。Sが食事を口に含み、飲み込もうとする際には、保育士も一緒に飲み込むしぐさをしてみせる。保育士の表情や動作の変化が、乳児の気持ちに通じ込むように見える。気持ちの通い合う通路とでも言えるものが、保育士とSの間にしっかりと開かれる。その通路にスプーンが再び登場し自分の間近に接近すると、Sは自然に口を開き、保育士の

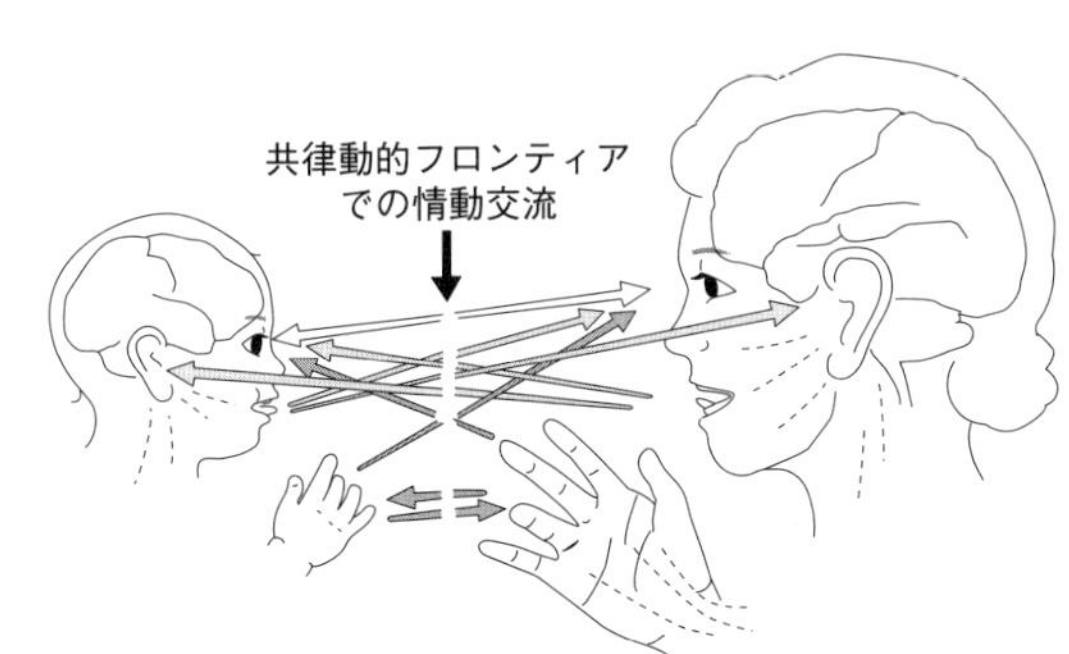

図 3-8　母子間の共律動的フロンティア
（Trevarthen & Delafield-Butt, 2013, p.182 より）

＊13　大藪（2004）ではYとあるが、上述のYと重複するのでここではSと表記する。

顔を見つめる。保育士は微笑しながら「上手に食べておりこうね」と穏やかな表情と口調でSに語りかける。[*14]

このエピソードは、乳児が保育士との間で経験するきわめて日常的な食事場面である。しかしそこには、共同注意の発達に重要な意味をもつ現象を見ることができる。それは保育士が乳児と情動を交流させながら注意を結びあわせようとする振る舞いである。保育士は乳児の様子をうかがい、乳児の呼吸や身体の動きに沿うように振る舞いながら、食事の場面を自分と一体化させようとする。彼女は、自分の身体のリズムを乳児のリズムに同調させ、自分の注意を乳児の注意と結びあわせようとする。そうした体験を通して、乳児は保育士の振る舞いに巻き込まれ、お互いの注意の結び目である結節点に自らの注意を集中させていく。乳児が口に含むスプーンは、そうした濃密な交流の場に登場しているスプーンなのである。乳児が見て口に含むスプーンは、自分を保育士と結びつける共有物であり、それゆえそのスプーンは保育士の心に通じる道具としても働いている。

こうした二者関係を構築し、そこに物を挿入して共有しあう場面を繰り返し体験するのは人の乳児だけだろう。乳児がスプーンに注意を向ける時間は瞬間的なものに過ぎない。しかし、この場面で、乳児はただスプーンという物だけに気づくのではない。スプーンを口に含んだときに感じる味や舌触り、お椀をかき混ぜるスプーンの動き、そのときに出るスプーンの音、スプーンを操作している保育士の目や手、そしてその情動、こうした情報のすべてが結びついたスプーンに乳児は注意を向けている。乳児はさまざまな感覚を働かせ、情動を共有させながら、心身を使ってスプーンとも保育士とも出会うのである。

*14 大藪、2004, p.109より。

人の乳児は、こうした食事場面以外の母親との日常的な交流場面でも、物を組み込んだ共同注意の原初的な経験を繰り返す。乳児はそうした経験をもとに、自他の世界に出会い、人と物との関係や、物が人との間でもつ意味世界に気づいていくのである。

（3）結節点の広がり

対面的共同注意という原初的な共同注意には、どんな発達的変化があるのだろうか。その様子を、一人の男児を対象にして生後2か月から9か月まで家庭で観察した常田（2007）の研究に見てみよう。常田は、1〜2週おきに家庭を訪問し、母親には「いつものようにお子さんと遊んでください」とだけ教示して、母子の普段通りの遊び場面をビデオ撮影した。そして母親と乳児の行動を共同注意の発達の視点から分析した。

母親が乳児に注意を向けさせる対象を見ると、生後2か月では、〈子どもの名前を呼ぶ〉や〈子どもの顔をのぞき込む〉といった母親自身であることが多い（70％以上）。3〜4か月では、〈おもちゃを子どもの前に提示する〉や〈おもちゃを動かしてみせる〉といった対象物への注意喚起が増え、母親への注意喚起とほぼ同率で生起した。5か月以降になると対象物への注意喚起がさらに増え、6か月後半からは80％以上に達していた。

共同注意成立のパターンを見ると、2か月でのみ、母親に向けられた視線のなかに母親が対象物を持ち込むというパターンが出現した。3〜4か月では、母親が子どもの斜め前方に対象物を提示すると子どもがそれを見るというパターンが多くなった。5か月以降になるとこのパターン以外に、子どもが見ている対象物を母親も見るパターンが明確に出現した。そして、8か月になると、母親の見ていない対象物を子どもが提示し、それを母親が見るというパターンが初めて現れた。

共同注意成立時の母親・対象物・子どもの位置関係も変化していた。子どもの姿勢制御機能の発達を、2か月（仰臥・首座り前）、3〜4か月（仰臥・首座り）、5〜7か月前半（支座位）、7か月後半〜9か月（座位の安定）の4期に分けて見ると、2か月期では子どもと母親が対面した軸内に対象物が提示されていた。〈子ども－対象物－母親〉が一直線に並ぶのはこの時期だけである。3〜4か月期では、子どもの顔の前（子どもの目を中心とした直径30センチメートル程度の範囲内）にある対象物がほとんどを占めた。5〜7か月前半では、子どもの体の前（子どもの顔の前の外側で、子どものへそを中心とした直径60センチメートル程度の範囲内）が多くなり、7か月後半〜9か月では、子どもの背後にある対象物との共同注意も出現していた。

大藪（2004）は、生後半年以内の二項関係期を対面的共同注意期として論じ、共同注意対象が現れる「結節点」は対面した領域から次第に外に向かって展開し、そこに従来から論じられてきた共同注意現象が生まれると主張してきた。常田（2007）の観察知見は、こうした「外転現象」が対面的共同注意期の母親とのやりとり場面で現れることを明確に示している。つまり、生後2か月の時点では、母親は乳児の視線のなかに物を入れ込んで共同注意を成立させようとしたが、3か月の時点でそれはなくなり、顔の前だが視線を外した場所に提示している。そこには子どもと協働して共同注意を成立させようとする母親の意図が働いている。その母親の振る舞いには、子どもの首の座りといった姿勢制御能力の発達や視線の動きの広がりや柔軟性に対する気づきが反映されているのだろう。母親の子どもへの働きかけは子どもの行動から影響され、子どもの行動は子どもの行動に見合った母親の振る舞いによって円滑に発達していく。共同注意の発達もこうした母子の関係性のなかから創発されてくるのである。

天野ら（Amano et al., 2004）もまた、二項関係期の共同注意を問題にして実験を行い、3～4か月児が相手の手のなかにある物を注視する行動を見出している。そして、〈人－物－人〉（person-object-person: P-O-P）システムという共同注意の前に、〈人－人（物）－人〉（person-person (object) -person: P-P(O)-P）システムという共同注意段階があることを指摘した。この研究も共同注意の起源が二項関係期にあることを支持している。

2　嫉妬と三項関係

共同注意研究は、一般に〈乳児－物－母親〉と表現されるように、物を対象にした三項関係を問題にしてきている。しかし、三項関係には、〈人－人－人〉（person-person-person: P-P-P）というように、人を対象にした形態もあり、この形態の方が〈人－物－人〉（person-object-person: P-O-P）より早く出現しやすいとされる（Nadel & Tremblay-Leveau, 1999）。ここでは、〈人－人－人〉という三項関係のもとで、乳児の嫉妬について取り上げたレゲァスティ（Legerstee, 2013）の研究を見ておきたい。

嫉妬（jealousy）とは、誰かが愛する人を自分から奪うという恐れに起因する反応である。成人の嫉妬は複雑な情動であり、状況によりさまざまに表現される。それは、喪失による悲しみ、背信による怒り、あるいは孤独からくる恐れや不安であったりする。こうした反応の原型は、アタッチメント対象（母親）との絆を危険にさせる者への反応として乳児期早期から出現する（Legerstee, 2013）。

レゲァスティ（2013）は、3～6か月児を対象にして、女性の実験者と母親が乳児とやりとりする三項関係場面（〈乳児－実験者－母親〉）を設け、その場面で出現する乳児の嫉妬反応を検討した。検討された場面は、母親が実験者と乳児とのやりとりを遮り、その後、実験者が母親に向かって実験について話す場面である。その場面で、母親は実験者に対して次のどちらかで振る舞っている。

一方の母親は、実験者の話に耳を傾けるだけだった（モノローグ条件）。もう一方の母親は、自分の子どもについてその実験者と楽しく活発に話をした（対話条件）。どちらの条件でも、母親は乳児との関係を遮断している。しかし、乳児に嫉妬心があるなら、母親が実験者と楽しそうに対話をする場面のほうで嫉妬心が誘発され、動揺した反応を見せるはずである。母親が乳児を無視して実験者と楽しそうに対話をすることは、実験者の話に大人しく耳を傾けることより、乳児と母親との関係を遮る程度が強く、関係を失わせる恐れを大きくするからである。

実験対象になった3～6か月児は、母親が実験者と楽しそうに対話をする場面で嫉妬を示唆する行動を多く表出した。たとえば、母親をジッと見つめ、手を伸ばして近づこうとし、抗議するような行動を多く出現させた。乳児は母親と実験者との楽しそうな対話を、母親との社会的絆を危険にさせる脅威と受け止めたと推測される。

この三項関係場面での乳児の反応は、〈乳児－母親〉という二項関係場面の反応とは対照的である。〈乳児－母親〉という場面で乳児が親和的な反応を示すのは、静止した顔の実験[*15]で示したように、楽しく活発に話をする母親に対してだからである。生後3か月を過ぎる頃から、乳児は〈乳児－他者－母親〉（P－P－P）という三項の関係世界を理解し、母親が自分に対して振る舞う場面と、他者に対して振る舞う場面で、同じような母親の振る舞いに異なる意味を見出したのである。

＊15　本章の第4節3を参照。

人の乳児はなぜ〈人－人－人〉（P－P－P）関係場面で早期から鋭敏に反応するのだろうか。乳児には、生命を守り、豊かな社会的関係を経験し、文化学習を可能にするために、母親との間で強固なアタッチメントを維持する必要があった。人志向性をもつ感覚能力を備え、自分と母親と他者との関係に気づく能力を早期に発達させたのはそのためだろう。それゆえ、母親が自分を無視し、他者と仲良く振る舞う事態に敏感に反応し、苛立ちを見せたのである（Panksepp, 2010）。人の乳児にとって、自分の価値が貶められるような形で母親との共有世界が失われることは心を傷つける状況である。それは、乳児と母親との間で早期から濃密な共有世界が生み出されていることを示している。母子間での共同注意の「結節点」とはそうした意味世界が展開される場でもあるのだろう。

3　自他の経験の共通性の理解

共同注意は人と物とで構成される。上述したように、そのタイプには3種類ある。もっとも一般的なものは、〈人－物－人〉（P－O－P）である。これに先立つものとして、〈人－人－人〉（P－P－P）と〈人－人（物）－人〉（P－P（O）－P）がある。ここではP－P（O）－Pタイプの共同注意を取り上げてみよう。物に対する共同注意場面だが、それは相手が手に持っている物である。

〈久保田による「擬似酸味反応」エピソード〉

久保田（1982, 1993）は、このP－P（O）－Pタイプの共同注意場面が、乳児にいかなる共有世界をもたらすか、どのような体験をさせるか、他者との間にどのような関係をもたらすのか、を推測させる貴重な観察記録を残した。それは、次のような振る舞いを見せた6か月児の観察エピソードである（図3－9、3－10）。

六か月三週のｇ男に半割りのレモンをなめさせたら大変すっぱそうな顔をした。その後三分くらいして、1メートル半くらい前にいる人が何気なく（普通の顔で：久保田、1993）そのレモンをなめようと口にあてると、乳児はそれをはらはらした様子で見ていたが、やがて自分もいかにもすっぱそうに顔をしかめ口をすぼめた。その場で二回確かめてみたが、そのたびにすっぱそうな顔をした。*16

この生後6か月のｇ男の反応は、他者とレモン、すなわち人と物との関わりを理解し、そこで生じる他者の体験に自分の体験を重ねあわせることができたために出現したと説明するほかない。この反応は、6か月児が他者の振る舞いに自分の体験を重ね、その振る舞いを意味づける生活の場にいることを示唆している（大藪、2004, 2008）。そこには、他者が持つレモンという物を、他者との体験共有のなかで意味づけできる6か月児が存在する。それはＰ－Ｐ（Ｏ）－Ｐシステムでの出来事である。

川田（2014）は久保田の事例記述を実験場面で検討し、平均月齢7か月の乳児でこの「擬似酸味反応」の出現を確認した。そして「生後9か月以前の乳児

図3-9　人がレモンを口にあてるのを見る（久保田, 1982, p.188 より）

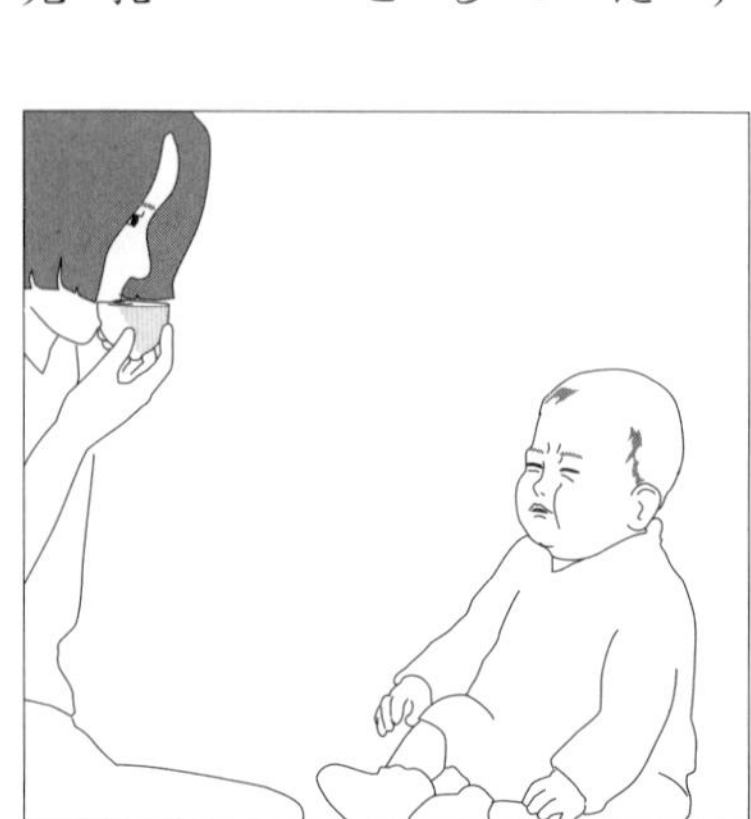
図3-10　人がレモンを口にあてるのを見てすっぱそうにする（久保田, 1982, p.188 より）

における三項関係の萌芽的形態の存在を示唆するもの」と見なしている。こうした事実は、生後半年頃の乳児が、物に対する他者の振る舞いに自分の体験を重ねあわせ、物に対して感じる他者の体験世界を理解していくことを示唆している。

＊16
久保田、1982, p.187 より。

おわりに

共同注意は三項関係構造をもつ。そのため、生後半年以前の時期は、「乳児－母親」「乳児－物」という二項関係が優勢であるとして共同注意研究の対象から除外されてきた。しかし、この二項関係とされる母親との対面場面こそ共同注意の原型である。本章では、この主張の根拠となる現象とその働きや意味を対面的共同注意という名称のもとで論じた。

あお向け姿勢を確保した人の乳児は、その豊かな胸上空間を利用して母親と対面的に出会うことが可能になった。生後2か月を過ぎると、社会的微笑の活発化とともに、乳児は母親との間で豊かな情動交流を経験し始める。この情動交流場面で、母親は乳児の情動的な振る舞いに共鳴するように応答する。こうした情動交流は、乳児に自己と他者への気づきを促進させ、母子の間に情動と注意が結びついた「結節点」を作り出す。

この母子間の結び目に母親は物を持ちこんでくる。それは一緒に遊ぶためのおもちゃであり、食事を与えるためのスプーンである。母子が対面し、豊かな情動と注意が行き交う場で、母親と乳児は物を繰り返し共有しあい、コミュニケーションを相互に育んでいく。乳児は母親との情動交流を基盤にして、物に対する母親の振る舞いに物に対する自分の体験を重ねあわせていく。乳児は、そうした体験をこの「三項的コミュニケーション期」（Legerstee, 2013：生後3～5か月）[*17]に積み重ねながら、物に対する母親の振る舞いに、母親の体験とそうした体験をさせる物の性質を感じ取ることができるようになる。

やがて、首の座りといった姿勢制御能力、視線の動きの広がりや柔軟性が発達するにつれて、乳児が注意を向ける場所や結節点が次第に広がりを見せる。乳児が視線を向ける対象物の範囲が広がり、その視線に気づいた母親もまた同じ物に視線を向けようとする。こうして、乳児と母親の対面空間の外側に注意を向けあう物が登場し、母親との間で共同注意の三角構造が明瞭な形態をとって出現し始める。〈乳児－物－他者〉という共同注意は、他者との三項的関係を経験しないまま、生後半年以降になって突然生じるのではない。それは、母と子の対面的な場面で経験した共有体験の積み重ねを基盤にして、そこに新たに獲得した能力を力動的に関わらせながら創発されてくる現象である。[*18]

＊17　Legerstee（2013）は生後0～3か月を「二項的コミュニケーション期」とする。

＊18　本章では、乳児が物と母親の顔に視線を配分することを随所で紹介した。この視線配分は、第4章の支持的共同注意で紹介する協応的共同注意に該当する。そうした視線配分は、母親と対面しながら母親が手にする物という場面に限定されているが、第5章で論じる意図共有的共同注意に不可欠な特徴である。

第4章　支持的共同注意（生後6か月頃〜）
——人から物へ向かう時期

はじめに

生後半年を迎える頃、母親はわが子の振る舞いにそれまでとは違った印象をもつようになる。母親と見つめあうことを好み、対面しながらやりとりをしていた乳児が、そうした関わりを避けようとするからである。乳児は、母親よりも身近にある物に対する関心を高め視線を向け始める。乳児が、この時期に注意の範囲を広げ、人より物に注意を強く向けるようになる現象は古くから多くの研究者に強い印象を与えてきた。アダムソン（Adamson, 1996/1999）によれば、シン（Shinn, M. W.）は『ある乳児の成長記録』（*The biography of a baby*, 1900）にある「対象物に触る時代」という章の冒頭で、生後5か月の姪が「精神生活に付属する多くの別の扉を開けて、……4日の間に突然この時期に突入した」と記録している。ピアジェ（Piaget, 1948/1978）が論じた感覚‐運動的知能の2次的循環反応の時期（生後4〜8か月）は、自分の身体を対象にした活動（1次的循環反応）から身近にある物への能動的な関与と操作へ移行する時期である。また、ラムら（Lamb et al., 1987）の縦断的研究では、乳児が人との対面場面で見せる積極的な関わりは、生後3か月から着実に増加して5か月でピークに達し、その後は減少していくことが報告されている。

生後半年という時期は、一人で座りながら、物に手を伸ばしてつかみ、両手を使って操作し始める頃である。乳児は、粗大な身体運動と微細な手指の運動を発達の基盤にして、外界を積極的に理解しようと周囲の事物に向かう関心を高め探索活動を活発化させていく。乳児が周囲にある物に視線を向けることが増えると、乳児と母親は対面領域外にある対象物を共有することが多くなる。母親は乳児の視線を追い、体験世界を共有しようとし、乳児は母親の働きかけに支えられたその活動を次第に持続させていく。こうした共同注意を「支持的共同注意」として論じてきた（大藪、2000, 2004など）。また近年、この時期の乳児を対象に共同注意に関係する実験的研究が行われるようになり、支持的共同注意の実態を検討するデータを手にすることができるようになった。

本章では、生後6か月頃から数か月間にわたる時期の乳児を対象に、母親の調律的な働きかけに支えられて出現する支持的共同注意の発現の仕組み、その特徴や発達的な意義について検討したい。なお、筆者が論じる「支持的共同注意」はアダムソンの「支持的な共同注意的関わり」に、また「協応的共同注意」は「協応的な共同注意的関わり」に相当する。*1

*1 第1章の第2節3を参照。

第1節　対面的共同注意から支持的共同注意へ

対面的共同注意で共有される対象物は、乳児と他者が結ぶ視線の近くにあった。対象物は乳児との交流相手によってその場に持ち込まれてきた。しかし、支持的共同注意では、対象物が乳児と相手との視線から離れたところに登場する。活動範囲の広がりとともに、乳児は周囲にある物に興味をもち関わろうとするからである。ここでは、対面的共同注意から支持的共同注意への移行の要点を記しておきたい。

1　対面的共同注意における「物」の位置づけ

対面的共同注意では、母親がその場に持ち込んでくる物が共同注意の対象になる。それは、乳児の視線が母親の視線としっかり合い、微笑や発声が活発化し、物に手を伸ばして把握しようとする生後3〜4か月頃の出来事である。母親は乳児のそうした振る舞いを見て、物を使って関わろうとするとき、おもちゃを乳児の顔の近くに差し出し握らせようとする。こうした出来事は母子間で日常的に生じている。哺乳瓶を使った授乳場面やスプーンで離乳食を与える場面は対面的共同注意にほかならない。乳児と母親のこうした対面活動は、人の乳児が体験する特有な現象であり、人以外の動物では皆無と言ってよい。それは、人の乳児がもつ強い人志向性と、母親が備える間主観的な心性に由来する応答性や情動調律のもとで持続的に出現する。そこで展開される行動の連鎖は、人の母子の〈精神間〉で発現する特異な現象である。

この時期の母子の交流場面で興味深いのは、対象物を提示する前に、母親が乳児を見て声をかけ結びつきを確保することである。その後、母親は子どもに寄り添うように応答する。そうした母親に支えられ、乳児は母親との慣れ親しんだやりとり（フォーマット）に巻き込まれていく。乳児は、馴染みと目新しさがまじりあったやりとりのなかで注意を活発に働かせ、母親の手に握られた物に出会う。こうした何気ないやりとりのもとで、乳児は注意を対象物にも母親の顔にも向け、母親と対象物とを重ねながら、母親の意図や対象物の意味と出会い続けるのである。

2　離れた場所にある物への注目

生後半年に近づく頃、乳児は心身の活動が大きく変化する時期を迎える。寝返り、一人座り、やがてつかまり立ちや伝い歩きが始まる（頭部－尾部勾配[*2]：cephalo-caudal gradient）。手指の操作性も向上し、物をつかんだり、おもちゃを持ち替えたり、何かに打ちつけたりといった行動が巧緻性を増していく（中心部－末梢部勾配[*3]：proximo-distal gradient）。こうした身体の姿勢や移動能力、また操作能力の発達に支えられて、乳児は周囲にある物に注意を自在に配分し、それを手に取り、操作することに熱中し始める。ピアジェのいう2次的循環反応である。

母子の対面領域から離れた場所にある物を対象にした共同注意が出現し始めるのはこの頃である。この時期の共同注意はアダムソンのいう「支持的な共同注意的関わり」（supported joint engagement）が多い。生後6か月からの数か月間は、「支持的な共同注意的関わり」が「協応的な共同注意的関わり」（coordinated joint engagement）のほぼ7～8倍の出現率を示す[*4]（Bakeman &

＊2　身体発達が頭部から尾部（脚部）に向かって進行すること。

＊3　身体発達が体幹から周辺（手指）に向かって進行すること。

＊4　この2つの共同注意の特徴は本章で後ほど説明する。

Adamson, 1984など）。こうした支持的共同注意では、乳児が母親の顔に視線を向けて注意を配分することが難しく、母親の関与への気づきが乏しい。母親は、乳児の視線と同じ方向を見て、そこにある物に能動的に関わるが、乳児は母親の働きかけに無関心であるかのように振る舞うことが多い。

このように生後半年以降の数か月間は、母親からの能動的で調律的な働きかけに支えられて乳児の共同注意が維持されやすい。母親が、物に向ける乳児の視線に気づき、視線の動きを敏感に追って、物を共有しながら言葉かけや操作をしたりする共同注意が形成され持続される。この時期の乳児は、能動的に共同注意をしようとする動機やスキルに乏しいため、共同注意の維持には母親からの適切な支持が必要になるのである。

第２節　実験的場面での検討

乳児を対象にした共同注意の実験的な研究では、他者の顔や目が向く方向に視線を向け、同じ対象物を見るという行動を使用してきた。本節では、最初にこのタイプの研究に触れてみたい。続いて、今世紀に登場してきた異なるタイプの実験をいくつか紹介する。

１　視線の追跡実験

バターワースは、乳児が他者の視線を目で追う共同注意の発達過程を検討するために多くの実験を行った。その実験から、生後6か月から18か月までの間に、「生態学的メカニズム」、「幾何学的メカニズム」、「表象的メカニズム」が働く共同注意を見出した。[*5] 本章で問題にする支持的共同注意が優勢な時期は、生態学的メカニズムが働く時期に相当する。この時期に出現する追跡的な共同注意の特徴を見ておきたい。

*5 第1章の第2節1を参照。

(1) 共同注意の成立を左右する条件

バターワースら（Butterworth & Cochran, 1980; Butterworth & Jarrett, 1991）は、乳児と対面していた母親が、乳児の視野内にある物に軀幹や頭と一緒に視線を向けたときの乳児の反応を分析し、生後6か月以降になると母親が向いた方向を見るようになることを見出した。しかし共同注意行動には制約があった。第1に、乳児には母親が見ている物を正確に見る能力がない。そのため、視線を動かした方向に物が複数あると、最初に見た物にしか視線が向けられない。第2に、共同注意の正確さは物の性質によって大きく影響される。たとえば、物が動いていると共同注意の精度は大きく向上する。

この時期の乳児は、他者の視線を目で追って共同注意する能力は未熟で、共同注意成立の可否は環境条件の影響を受けやすい。他の類似した研究でも、生後12か月までは、乳児が独力で他者の視線を追って共同注意することの困難性が指摘されている（Lempers, 1979 など）。

(2) コーカムとムーアによる研究

次に、自発的な追跡的共同注意と条件づけされた追跡的共同注意を検討し、生後12か月までは確実な視覚的共同注意が見られなかったとするコーカムとムーアの研究を紹介する（Corkum &

Moore, 1995/1999 の第2研究)。

コーカムとムーアは、ヘッドターニングの条件づけパラダイムを用いて、生後6〜11か月児が追跡的な共同注意を自発的に行う時期と、条件づけによる追跡的な共同注意の行動形成が可能になる時期を検討した。弁別刺激は対面する相手の視線方向であり、強化子として視覚的目標物（リモコンで動かすことのできるおもちゃ）が使われた。

実験は3段階あった。第1段階はベースライン期で、目標物が静止した状態で実験者の視線方向が変化した。この段階で実験者が視線を向ける方向に乳児が目を向ければ自発的な共同注意行動とみなされた。第2段階は非随伴期で、実験者の視線が目標物に向けられると、随伴関係がなくなる2秒後に乳児の注意をひきつけるために、目標物（おもちゃ）にリモコンで動きを与えた。実験者が向いた方向に乳児が視線を向けるように行動形成をした段階である。第3段階は随伴期で、実験者が向けた視線の方向に一致したヘッドターニングを乳児が行ったときに目標物が動かされた。共同注意行動の強化段階である。

結果を要約すると、生後6〜7か月では目標物があっても共同注意が自発的に出現することはなかった。また随伴強化が行われても共同注意の学習基準に達したのはきわめて少数だった（5%以下）。生後8〜9か月では、共同注意を自発的にする乳児はたいへん少なかったが、随伴強化のもとでは半数近くの乳児が共同注意を学習した。さらに10〜11か月になると、ほぼ半数の者に自発的な共同注意が出現し、これらに随伴強化のもとで共同注意を学習した者を含めると共同注意をした乳児は80%以上に達した。

(3) 指さしの効果は?

相手が顔や目の動きに指さしを加えても、共同注意の成績が向上するというデータはない(Adamson, 1996/1999; Carpenter et al., 1998など)。たとえば、バターワースとグローバー(Butterworth & Grober, 1990)によれば、母親が指さしをしてみせると、6か月児と9か月児は対象物にも母親の指にも同じ程度に視線を向ける傾向があるという。対象物を正確に見るようになったのは、幾何学的メカニズムの使用が可能になる生後12か月である。

相手の目や顔、あるいは指さしだけを利用した実験場面では、生後半年頃の乳児の追跡的共同注意は生態学的なコンテクストからの影響を強く受け、対象物の運動の有無などによってその出現率は大きく異なる。コーカムとムーアの研究から、随伴強化を行えば共同注意を形成する能力が高まることが推測できるが、こうした実験場面で乳児が共同注意を確実に実行できるようになる時期は、少なくとも生後10か月頃になるというのが大方の見方だった。

しかし近年になり、視線や指さしといった行動とは異なる指標を使って生後半年頃の乳児の共同注意の検討が行われ、従来の追跡的共同注意の実験結果から論じられたものとは異質な形態の共同注意の存在が示唆されている。

次に、レゲァスティが行ったタイプの異なる3つの実験と、ウッドワード(Woodward, A. L.)の実験を紹介し、その結果と意義を検討しておきたい。

2 からかいの実験

レゲァスティ(Legerstee, 2005/2014)は、5・5か月児と7・5か月児を対象にしておもちゃを使った遊びの場面を設け、実験者が乳児を「からかう」ように振る舞ったときに見せる行動を検討した。検討対象とされたのは協応的な共同注意だった。協応的共同注意は、「対象物から母親へ視線が動き、その直後に視線が対象物に戻ること」（Bakeman & Adamson, 1984; Carpenter et al., 1998）と定義され、その行動の背後には相手の意図の理解があると想定される。

(1)「あげる／あげない」課題

実験者は、鏡のついたガラガラなど4種類のおもちゃを使って乳児と自由に遊んだ。遊びの途中で、実験者はフレンドリーだが感情を表に出さないような顔をして、おもちゃを乳児の近くに置いたり（おもちゃを「あげる」場面）、あるいは実験者の近くに置いたりした（おもちゃを「あげない」場面）。「あげる」場面と「あげない」場面の順番はカウンターバランスされた。コントロール条件では、実験者の近くに置かれた黄色い半月状のフォームラバーの下から、乳児からは姿が見えないアシスタントが4種類のおもちゃのどれかを乳児の近くに置いたり、実験者の近くに置いたりした。

実験者が「あげない」場面では、16名の5か月児のうち12名が実験者の顔を見上げ、その後、おもちゃに視線を戻す行動（協応的共同注意）をした。「あげる」場面でこうした行動をした者は2名だけだった。他方、コントロール条件では、協応的共同注意をした者はいなかった。つまり、5か月児は、おもちゃが自分で手に入れられる場所に置かれたか、それとも手に入れられない場所に置かれたかということに反応して実験者の顔を見上げたのではない。手に入れられない場所に置かれたことに反応して実験者の顔を見上げたのであれば、コントロール条件の「あげない」場面でも実験者の顔を見上げるはずである。しかしそうではなかった。5か月児は、おもちゃを手に入れられない場所に置いた人（実験者）の意図を確認しようとして顔を見上げたと推測される。

(2)「遮蔽」と「ずらし」課題

「遮蔽」課題では、実験者が乳児におもちゃを手渡すが、乳児がそのおもちゃで遊ぼうとすると、実験者が手で覆って邪魔をした。また、「ずらし」課題では、実験者が乳児におもちゃを渡そうとするが、乳児が手を伸ばすとおもちゃを横にずらし、手が届かないところで保持をした。コントロール条件としておもちゃを手渡しした条件が設けられた。7か月児では、「遮蔽」による妨害後に実験者の顔を見て協応的共同注意を示した者が16名中9名、また「ずらし」後は8名であり、どちらの条件でも手渡しした場合と比較して協応的共同注意の出現が有意に多かった。5か月児では、どちらの場面でも手渡しをした場面と違いはなかった。

このように実験者が「からかう」ように曖昧な振る舞いをすると、乳児は生後7か月頃までに人の顔を見てその意図をうかがうようになる。生後半年頃は、支持的共同注意が優勢で、共同注意場面で相手の顔を見ることが少ない時期であるが、その場の状況によって相手の意図を探るように顔を見て協応的共同注意をするのである。この「からかい」実験では、①実験者自身が提示したおもちゃを隠したり移動したりしていること[*6]、②実験者によって提示されたおもちゃは実験者と乳児の対面軸の近辺にあること、③実験者の振る舞いに興味が強く喚起されたこと、がおもちゃと実験者へ視線を配分する協応的共同注意を乳児から引きだしたと考えられる。

*6
手で物を持ったP－P(O)－P場面である。

3　手伸ばしと語りかけの実験

生後半年頃の乳児には、他者の振る舞いを見て、そこに自分の体験を重ねあわせ、他者の行動の意味を見出すことが示唆されている。*7 そうだとすれば、この時期の乳児が人の行動を見るとき、行動の形態だけを見るのではなく、その行動に潜在する意図に気づける可能性がある。私たちは、人に対応するときと、物に関わるときとでは異なる振る舞いをする。一般に、人には話しかけるが、物には話しかけないで手で操作をする。乳児もまた、他者の行動にこうした違いを見出すことができるのだろうか。

*7　第3章の第4節3を参照。

（1）レゲァスティの語りかけ／手伸ばし実験

レゲァスティ（Legerstee, 2005/2014）は、生後6か月児を対象に馴化－脱馴化法を適用してこの問題を検討した。

横を向いた人がカーテンの後ろに向かって語りかける場面、カーテンの後ろに手を伸ばす場面のどちらかを、6か月児に繰り返し見せて馴化させた。その後、語りかけの場面を見た乳児には、人がモップの柄に語りかける場面か、人に語りかける場面のどちらかを見せた。一方、手伸ばしの場面を見た乳児には、人がモップの柄に手を伸ばしている場面か、人に手を伸ばしている場面のどちらかを見せた。

その結果、語りかけの場合には、人がモップの柄に語りかける場面を見せられると脱馴化（注視時間の増加）したが、人に語りかける場面を見せられても脱馴化しなかった。他方、手伸ばしの場合には、これとは逆の結果が得られた。つまり、モップの柄に手を伸ばしても脱馴化しなかったが、人に手を伸ばすと脱馴化したのである。

馴化場面で6か月児が見たのは、カーテンの後ろに向かって語りかける行動と手を伸ばす行動でしかなかった。それゆえ、6か月児に他者の意図が理解できないのであれば、その脱馴化反応は、カーテンの後ろにある対象とは無関係であってよい。しかしそうではなかった。このことは、人が語りかけたり手を伸ばしたりすると、6か月児はその動作を単なる身体の運動として見ているのではないことを示唆している。語りかけは人に向けられ、手の操作は物に向けられるだろうと、人の振る舞いがもつ目標に気づいている。生後半年頃の乳児は、他者の行動を見たとき、そこに意図を感じ取るのであろう。

(2) ウッドワードの手伸ばし実験

次に、ウッドワード(Woodward, 1998)の手伸ばし実験を見ておきたい。この実験でも注視時間を用いた馴化-脱馴化法が適用されている。馴化段階では、乳児の目の前に並べられたクマのぬいぐるみかボールに手を伸ばしてつかむ場面(図4-1)、あるいは棒で触れる場面(図4-2)のどちらかが見せられた。馴化後、クマのぬいぐるみとボールの左右の位置を入れ替え、馴化場面と同じように手を伸ばしてつかむ場面か棒で触れる場面が見せられたが、2つの条件が設けられている。新〈位置〉条件と新〈対象〉条件である。

新位置条件では、馴化場面とは異なる位置に手あるいは棒が伸ばされ、新対象条件では、馴化場面とは異なる対象に手あるいは棒が伸ばされた。したがって、新位置条件では、対象物は同じだが手や棒の動く位置が異なり、新対象条件では、対象物は異なるが手や棒の動く位置は同じである（図4－3、図4－4）。

その結果、手伸ばし場面で実験された6か月児と9か月児は、新位置条件より新対象条件で脱馴化したが、棒伸ばし場面では逆に新位置条件のほうで脱馴化が大きかった。脱馴化反応（注視時間の増加現象）は、馴化場面との新奇性が大きいと判断された場合に生じる。それゆえ、乳児が手伸ばし場面で新しい対象に手を伸ばしたときに脱馴化したのは、馴化場面でクマやボールという対象に注目したためであり、棒伸ばし場面で新しい位置で棒が伸ばされたときに脱馴化したのは、馴化場面で棒の動き自体に注目したためだと考えられる。ウッドワードらは、その後も一連の実験的検証を行い、生後5〜6か月の乳児が他者の行為を見たときにその行為がもつ意図や目標に気づけるのだと論じている（小杉、2012）。

（3）身体からの意図感知の可能性

こうしたレゲァスティやウッドワードの研究結果は、生後半年頃に顕著になる支持的共同注意場面で、乳児は相手の顔を見なくても、その動作自体から相手の意図を感じ取っていることを示唆している。エイラン（Eilan, 2005）は、人と出会い、その振る舞いに関心をもち、共同注意の構造ができたとき、乳児は人という主体がもつ意図をその身体から「見透かすような」（transparent）体験をするのだろ

図 4-1　手を使った馴化場面

図 4-2　棒を使った馴化場面

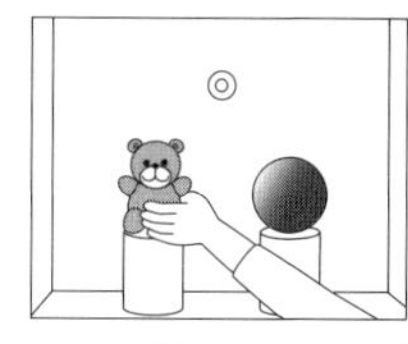

図 4-3　手を使った脱馴化場面

図 4-4　棒を使った脱馴化場面

（図 4-3，図 4-4 ともに，左側：馴化場面がボールの場合は新対象条件
　　　　　　　　　　　　　　　馴化場面がクマの場合は新位置条件
　　　　　　　　　　　　右側：馴化場面がボールの場合は新位置条件
　　　　　　　　　　　　　　　馴化場面がクマの場合は新対象条件）

（Woodward, 1998）

う と述べている。共同注意の発達とは、主体としての人の行動を見たときに乳児に自ずと生じる意図感知に基盤があるのかもしれない。

生後半年頃からの数か月間は、乳児が対面領域外にある物を対象にした共同注意を能動的に形成させ、それを維持する振る舞いが少ない時期である。そうした共同注意の弱さは、他者の精神世界、とりわけ意図に対する気づきに欠けることを予想させた（Tomasello, 1999/2006 など）。しかし、ここで取り上げたレゲァスティやウッドワードなどによる実験結果を見ると、この時期の乳児が他者の意図に気づけないでいるとは考えにくい。乳児は、相手の行動それ自体から意図の検出ができ、またその場の状況や必要性に応じて相手の顔や目を見て自分との関係をさらに理解しようとする可能性がある。

こうした可能性を念頭に置き、乳児の日常生活場面で観察される共同注意について検討してみたい。

第3節　日常生活場面での検討

乳児は、日常の生活場面で、母親とさまざまな物を使って多彩な共同注意を行っている。そうした場面で母親は、乳児と呼吸を合わせ、豊かな行動表現をしながら共同注意を維持しようとする。乳児に声をかけ、気持ちをつないで、一緒に対象物を見て遊ぼうとする。また、乳児の振る舞いに合わせるように対象物に触れ、動かし、操作し、乳児のしぐさを真似してみせる。母親は共同注意した対象物をコミュニケーションのベースとして活用しながら、乳児との関係を積極的に結ぼうとするのである（Adamson & Bakeman, 1991）。このような母親の支持的な関わりに乳児は自然に巻き込まれ、対象物に対する興味を持続させ、さらに関心を高めていくのだろう。

日常の生活場面での共同注意は、母親のこうした情動調律的な振る舞いのなかで生じている。その場面で乳児はどんな共同注意を行っているのだろうか。母親から自分のスキルを実行するのにふさわしい足場（scaffolds）を提供されるやりとりのなかで、乳児はどのように共同注意を発達させるのだろうか。母親との日常的なやりとりという関係の場のなかにこそ、乳児が新たに獲得する行動の芽生えがひそんでいる。それは乳児の共同注意の場合にも当てはまるだろう（大藪、2004）。

1　行動カテゴリーの分類——ベイクマンとアダムソン（1984）の観察記録

ベイクマンとアダムソンは、「関わり」（engagement）という視点で、子どもの共同注意の発達を論じてきた。最初の研究（Bakeman & Adamson, 1984）は、一組のおもちゃを用いた母子の遊びの場面を家庭でビデオ記録したものであり、得られたデータは子どもの共同注意の基本的なデータとして現在も引用され続けている。

普段どおりの母子の遊び（約10分間）を対象にした観察が生後6か月から18か月まで3か月間隔で縦断的に行われた。関わり（engagement）とは、一定時間安定した行動を持続させる状態（state）を意味している（大藪ほか、1981, 1982, 1985; 大藪、1992; Wolff, 1987 など）。人や物に対する乳児の注意配分が一定時間（3秒間）以上持続した場合に、次の6種類の行動カテゴリーのいずれかに分類された。

（a）無関与（unengagement）：人、物、あるいは活動に関与していない。何かを探すような様子を見せるときはある。

（b）傍観（onlooking）：人の活動を見ているが、その活動に関係してはいない。

（c）人への関わり（person engagement）：人に対して注意を配分し関わりをもつ。顔を見つめあって行う遊びが代表的である。

（d）物への関わり（object engagement）：物にだけ注意を配分して操作する。

（e）支持的な共同注意的関わり（supported joint engagement）：子どもと人が同じ物に能動的に関わる。しかし、子どもは人の関わりや人の存在にさえ気がついていないように振る舞う。

（f）協応的な共同注意的関わり（coordinated joint engagement）：子どもは人とその人が関与している物の両方に能動的に関与し注意を配分させる。

結果の概要を示す。もっとも多く出現したのは「物への関わり」であり、生後6か月の時点で「物への関わり」時間は「人への関わり」時間の3倍以上あった。その後の1年間、「物への関わり」の出現率は高いまま推移するが（30％後半から40％前半）、「人への関わり」は生後6か月の11・7％から次第に減少し、18か月時点では4・6％にまで低下した。子どもの関心は母親ではなく、母親以外の物へと向かったのである。こうした乳児の行動の変化にともなって共同注意現象が成立しやすくなることはすでに指摘した。

図 4-5　支持的な共同注意的関わり（Trevarthen & Hubley, 1978/1989, p.123 より）
34 週のトレーシーが遊びに夢中になっている間、母親は見守っている。トレーシーは声を出しているが、母親のほうは見ない。

通信用カード

■このはがきを，小社への通信または小社刊行書の御注文に御利用下さい。このはがきを御利用になれば，より早く，より確実に御入手できると存じます。
■お名前は早速，読者名簿に登録，折にふれて新刊のお知らせ・配本の御案内などをさしあげたいと存じます。

お読み下さった本の書名

通 信 欄

新規購入申込書　お買いつけの小売書店名を必ず御記入下さい。

（書名）	（定価）¥	（部数） 部
（書名）	（定価）¥	（部数） 部

（ふりがな）
ご 氏 名　　ご職業　（　歳）

〒　Tel.
ご 住 所

e-mail アドレス

ご指定書店名	取次	この欄は書店又は当社で記入します。
書店の住　所		

郵 便 は が き

恐縮ですが、
切手をお貼り
下さい。

101-0051

（受取人）

東京都千代田区神田神保町三―九
幸保ビル

新曜社営業部行

通信欄

生後6か月と9か月の時点での共同注意的関わりの出現率はいずれも約20％であった。この時期は「支持的な共同注意的関わり」（図4－5）が多く，「協応的な共同注意的関わり」の7〜8倍程の出現率を示した。「協応的な共同注意的関わり」は10分あたり15秒ほど出現するに過ぎなかった。しかし生後12か月以降になると，その出現率は顕著に増加した。

このように生後6か月の日常生活場面で，乳児は母親との10分間の遊びのうちの約2分間を共同注意に費やしている。ただし，その共同注意は「支持的な共同注意的関わり」が圧倒的に多く，共同注意場面での母親の動きや働きかけに無関心で，母親の関与に対する気づきに乏しい。しかし，わずかではあれ母親と物との間で注意を配分させる「協応的な共同注意的関わり」が出現している。また，先に紹介した久保田（1982），レゲァスティ（2005/2014），そしてウッドワード（Woodward, 1998）の研究が示すように，この時期の乳児が人の行動の背後にある意図を検出する能力をもつなら，乳児は支持的共同注意という共同注意関係のなかで，母親の動きや働きかけがもつ意図に気づきながら振る舞っていた可能性が高い。こうした可能性を，わが子との交流を繊細な目で観察したやまだ（1987）と麻生（1992），そしてくすぐりの場面を検討した石島・根ヶ山（2013）の観察データを使って確認したい。

2　人への関わりと物への関わり——やまだようこ（1987）の観察記録

やまだ（1987）は，自分の子どもを対象に家庭で詳細な日誌を記録した。その観察記録でも，乳児の関心は生後5〜6か月頃から人より物のほうへ向かい出す。そして，物に対する行動は人とは無関係に生じやすい。それはたとえば，「人が声をかけると人のほうを見てほほえみ，おもちゃのことは忘れてしまうか、人には無関心でひたすらおもちゃをつかもうとするかのどちらかである。まるで人と物とでは交渉のチャンネルがちがっていて、どちらか一方しか対処できないかのようである」といった記述や、「まわりの人の意図的な訓練や励ましや承認（社会的強化）なしでも、乳児はまわりの事物に自律的な興味や関心（内発的動機づけ）をもち、自ら学んでいこうとする力をもっているのである」という記述となって表現されている。

生後7か月になっても、母親の膝の上に乗って机の上にある物で遊んでいるとき、子どもが母親のほうを振り返って見ることはほとんどない。また、ガラガラなどを振ってみせても、ガラガラだけを注視し、ガラガラとそれを持っている人の両方に注意を配分することはなかった。こうした観察をもとにやまだは、「生後6～7か月頃の乳児は物を操作しているときは物のみに注意を向け、人間を相手にしているときは人間にのみ注意を向ける」と書いている。この記述をベイクマンとアダムソン（Bakeman & Adamson, 1984）のカテゴリーに当てはめれば、「物への関わり」や「人への関わり」に該当する。そこでは、こうした二項関係の行動が主であり、共同注意としては「支持的な共同注意的関わり」が出現するということだろう。「物への関わり」や「支持的な共同注意的関わり」とは、いずれも乳児が物と関わりをもつとき、人の関わりや人の存在に気づいていないというコードである。

しかし一方でやまだは、「もちろん母親がいなければ不安になって、おもちゃであそぶどころではなくなるから、母親の存在は必要なのだが、あそびそのものは母親とは無関係であった」とも書いている。この記述から、乳児の遊びが母親からの影響を受けていないように見え、おもちゃだけに視線や注意を向けているように見える場合でも、その子には母親の存在への気づきがあることがわかる。子どもは、すぐ近くにいて自分や自分のしていることを見守り、語りかけ、おもちゃの扱い方を教えてくれたりする母親と無関係に遊んでいるわけではない。やまだの記述は、おもちゃとだけ関わりをもつように見えながら、もう一方で、そうした母親の支持的関わりに気づき、それを全身で感じ取っている子どもの存在を示唆している（大藪，2004）。

支持的共同注意期に入った乳児が、日常の生活場面で母親と一緒に対象物を扱っている場面で、母親の顔に視線を向けることは少ない。しかし、やまだの記述を詳細に読めば、乳児の心は母親の心とつながるチャンネルを確保し続けていることがわかる。

3　人と物の関係に気づくとき——麻生武（1992）の観察記録

麻生（1992）も自らの観察経験から、生後6か月頃の乳児には「物への関心」と「人への関心」を統合するような振る舞いは少ないという。この統合が弱ければ、乳児が人に注目し、その視線の動きを追って、人と物を協応的に共同注意することが困難になることは容易に想像できる。しかし、こうした共同注意の困難さを認めつつ、人間の乳児には生後6か月以降になると「人との関係の中で対象（モノ）を認識する能力」が萌芽的に現れると麻生は述べる。

麻生の観察記録も長男Uを家庭で観察したものである。「トゥイーティごっこ」と名づけられた遊びのエピソードを見てみよう。この遊びは、ワーナー・ブラザースの漫画映画のキャラクターであるヒヨコのトゥイーティが描かれたバスタオルを使った遊びである。Uが生後4か月を過ぎた頃、母親はUが寝ている部屋の整理ダンスの一番上の引き出しにこのバスタオルを垂らして遊び始めた。母親がそのタオルの横に立ち、タオルの裏に手を入れて絵を揺らしながら、「こんにちは、ぼくトゥイーティ、U君、ぼくとお友だちになろうよ」と甲高い作り声で語りかけたのが最初である。このときUは、トゥイーティの絵を見ながらキーキー声でトゥイーティに話しかけたという。

次の観察記録は、それからほぼ1か月が経過したときのものである。

観察73（5か月5日）

Uは蒲団の上に寝かされている。トゥイーティのバスタオルがUの右側1・5メートル程にある押入の扉に初めて吊されている。M（母）がUの斜め左方向1メートル程の所に立ちトゥイーティ声で話しかけ始めると、UはMをじっと見つめ微笑み、そして右側のトゥイーティの方向をチラッと見て少し声を出して笑い、すぐまた左のMの方を見つめる。UはMがトゥイーティ声を出している間はMを見つめており、少し間があくとトゥイーティの方を見るというパターンで反応する。この様子を見て、Mは「Uは私（M）がトゥイーティの声を出しているのがわかっているね」と語る。しばらくして、次にMは（バスタオルの）トゥイーティの横に立ちタオルを揺らしつつ作り声で話しかける。今度はUはトゥイーティの方をじっと見つめる。そして声を出している横のMに視線を転じ、目が合うや「キャハ」と声を出して喜び、上にあげた両足をドスンと降ろす。*8

この5か月5日のUと母親とトゥイーティとのやりとりで重要なことは、Uが母親とトゥイーティを使って繰り返し遊んでおり、こうした場面が慣れ親しんだ「フォーマット」を形成していたことである。Uにはその場で、母親がトゥイーティ声を出すこと、母親がトゥイーティをUと一緒に見ようとすること、そしてUがトゥイーティを見れば母親と一緒に楽しい経験ができるこ

＊8
麻生、1992, p.208より。

とが容易に予測できる。それゆえ、Ｕはこうした出来事を期待して待っている。この場面は、その期待に応えて母親がトゥイーティ声を出した場面である。Ｕは、ふだんは出さない奇妙なトゥイーティ声を出す母親の様子を面白く感じ、母親がその声を出しているように感じるトゥイーティの描いてあるバスタオルを見つけて笑うのである。

このＵの母親への振り返りは、母親の作り声に誘導されている可能性があるので協応的共同注意とは取りにくい。しかし、場面全体を見れば、Ｕは母親とトゥイーティを共有しあおうとして母親の顔を見ていると言ってよいだろう。だから、Ｕはトゥイーティを見つめた後で母親と目が合うと、「キャハ」と声を出して喜び、また母親には「Ｕは私（母親）がトゥイーティの声を出しているのがわかっている」ように感じられるのだろう（大藪、2004）。

それから２か月あまりが経過すると、Ｕには明確な協応的共同注意と言える行動が出現してくる。

観察85（7か月20日）

Ｕは揺り籠の中で座位の姿勢でいる。その正面１メートルほどの所に立っている私が食卓の上の手回しのコーヒーミルを挽き始める。Ｕは以前からこれを見物するのが好きである。Ｕはすぐ音のするコーヒーミルに注目し始め、そして、視線を上げてチラッと私の方を見る。私は微笑みかけるが、Ｕはそれに応えずすぐコーヒーミルの方に視線を戻しそれをじっと見つめる。しばらくして、再び私の方を見つめ、すぐまたコーヒーミルに視線を戻す。そしてコーヒーミルを見つめたままで微笑み、次に顔を上げ私と目を合わせる。そして、コーヒーミルの方に視線を戻しじっと見つめ、間を置きまたもコーヒーミルを見つめたまま微笑み、そして顔を上げ私の方を見る。Uは私がコーヒーミルを挽いているのを認識しているように感じられる。[*9]

Uは父親の行動に促されて自分の視線を父親の顔とコーヒーミルとの間で行き来させているのではない。そこにはUの共同注意行動を支持する父親の明確な振る舞いはない。Uは父親の顔に対しても、コーヒーミルに対しても、自ら能動的に注意を配分させている。そこには、繰り返し体験し慣れ親しんだ場面で、父親が関わりをもつ対象物、父親が行っている行動、そしてそこで生じている出来事を、父親が中心になって生み出される相互に関連した事象として捉えようとするかのように振る舞うUの姿がある。Uの行動には意図をもった主体としての他者に対する気づきが反映されている。この麻生の記述から、生後半年を過ぎる頃には、乳児は対象物を扱う人と対象物との関係に明確に気づき、その人と対象物との関係を積極的に理解しようとしていることが感じ取れる（大藪、2004）。

4　触覚刺激に焦点をあてて——石島このみ・根ヶ山光一（2013）の観察記録

共同注意研究はもっぱら視覚刺激を対象にしている。[*10] 石島と根ヶ山は、母親による乳児へのくすぐり行為という触覚刺激への乳児の反応を観察し、その反応を共同注意の発達と関連づけて検討した。くすぐりは対面姿勢で行われる二項関係的な関わりであるが、くすぐり刺激を発生させる母親の身体部位（くすぐり刺激源）を注意の対象と見なしたとき、その場は三項関係的な性質をもつからである（石島・根ヶ山、2013; 根ヶ山、2012 など）。この関係は、P－P（P）－Pという

＊9
麻生、1992, pp.222-223 より。

＊10
第1章の第3節を参照。

三項関係として表記できるだろう。

腋の下や脇腹はくすぐったい場所であるが、この研究によれば乳児にくすぐり反応が出現するのは生後4・5か月頃になる。6か月を過ぎると、身をよじりながら笑うといった強い反応が出現し始める。常田（2007）は、母親が片方の手に小さなおもちゃを握って隠した後で、両手を拳にして差し出し、どちらに入っているかを当てさせる遊びを観察し、当てておもちゃを見つけると母親の顔を見て微笑む反応が生後5か月以降に出現することを見出している。常田は、この微笑をともなう母親への注視を、自分の情動状態を間主観的に伝え、母親もそれに応じて微笑み返すことで母子が互いの心的状態を共有することにつながると論じた。いずれも一事例の観察報告だが、くすぐりに対する笑いの反応の出現もまた同時期に出現するのは興味深い。物を志向する2次的循環反応と支持的共同注意の出現期には、微笑みや笑いという情動の働きも含めた精神機能に発達的な変化が生じている可能性が推測できるからである。

石島と根ヶ山（2013）は、1名の女児を4か月27日から7か月30日までほぼ2週間おきに家庭を訪問してくすぐり遊びをビデオに撮り、6回分の記録を分析した。母親には、普段通りの遊びをし、その間に好きなタイミング・くすぐり方でくすぐり遊びをするように依頼している。

時系列的に分析すると、いくつかの母子の行動に興味深い変化が生じていた。たとえば、母親のくすぐり方に違いが見出されている。くすぐりをすぐに開始する「通常のくすぐり」と、くすぐりを始める前にくすぐり行動を乳児の目の前でやってみせる「くすぐりの焦らし」である。「くすぐりの焦らし」が出現したのは、生後5か月26日からであり、以降増加傾向を示していた。石島・根ヶ山は、「くすぐりの焦らし」行動を、「乳児による母親の行動の予期や意図の読みとりをしやすいような文脈を作ることにつながる」と論じているが、「くすぐりの焦らし」を始めた母親は、乳児の行動を見て、焦らし行為の有効性を感じつつ実行したのだろう。母親は、乳児が「くすぐりの焦らし」の意図を読み取れそうだと間主観的に感じたのである。母親は、子どもの振る舞いを見て意図を共有できそうに感じたのであり、子どもは母親にその期待を抱かせたのである。*11

生後6か月前後が、この子にとって大きな切り替わり時期であった可能性は、他の行動指標からも推測できる。それは子どもの視線配分と交互注視である。くすぐったがり反応が起きている場面での子どもの視線配分を見ると、生後4か月27日は「周囲」のみ、5か月26日には「周囲」と「母親の顔」、6か月12日以降は「周囲」「母親の顔」「くすぐり刺激源」に視線を向けている。また、6か月12日以降には「くすぐり刺激源」と「母親の顔」との間で頻繁な交互注視も生じている。さらに、6か月12日でのくすぐったがり反応場面で生じた母親と子どもの行動の発生順序を分析すると、子どもには、「①母親のくすぐり焦らし行動（空中でのくすぐり様の手の動き）の後に、くすぐり刺激源を見る、②くすぐり刺激源を見た後に、母親の顔を見る、③母親の顔を見た後に、くすぐり刺激源を見た後に、くすぐったがる、④くすぐり刺激源を見た後に、くすぐったがる、⑤くすぐったがり反応を示した後に、母親の顔を見る」という行動の連鎖が多く見られている。この連鎖は、くすぐり行動に誘発されてはいるが、くすぐり刺激源である母親の手とくすぐっている母親の顔との間で生じた協応的な共同注意である。それは、くすぐり刺激源は母親の手ではなく、母親という主体にあることを理解した行動だと言えるだろう。

乳児に見られたこのような行動の連鎖は、乳児がくすぐったさという身体感覚だけを感じているのではないことを意味している。乳児は、くすぐりという物理的刺激とともに、くすぐったさを感じさせようとする母親の意図を読み取ろうとする。それゆえ行動や表情を見ようとするので

*11 ここにも第2章の第3節1で取り上げた意図的誤調律がある。

ある。先述した常田（2007）も、生後5か月以降、乳児は母親が隠したおもちゃをその手の中に見つけると、母親の顔を見て微笑むようになると指摘している。その微笑みを引き起こしたものは、母親の手におもちゃを見つけた達成感や、その達成感を母親と共有したことだけにあるのではない。乳児が、おもちゃを隠し、それを見つけさせようとしている母親の主体的な意図に気づき、その意図に応えられたこと、そしてそこに生まれる共有感もまた微笑みを生み出すのに役立っている。

第4節　支持的共同注意の意義

生後半年前後から数か月におよぶ支持的共同注意期は、乳児の姿勢が臥位から座位、さらに立位へと発達し、手指の微細な運動もたくみさを増していく時期である。こうした身体の運動発達と連動して外界との関わりも積極的になり、周囲にある物へ注意を向け、手で把握して能動的に操作を繰り返し、活動範囲を拡大させていく。それは、わが子の注意に関心をもつ母親との間で、周囲にある物に視線を向けあう場面が増えることを意味する。しかし、この時期の乳児が物を誰かと一緒に見る現象を共同注意と見るべきかどうかには議論がある。

1　「意図の気づき」と共同注意の定義をめぐって

トマセロ（Tomasello, 1995/1999, 1999/2006 など）は、この現象を共同注意と呼ぶべきではないと主張した。トマセロの言う共同注意とは、相手の目を自分から能動的に見て、その意図に気づき、対象物を一緒に共有しようとする行動だからである。生後半年から数か月間で見られる乳児の行動は、この基準に合致しないものが多い。この時期の乳児には、物を一緒に見ている相手に視線を向け、物を相手と共有しようと振る舞うことが少ないのである。それゆえトマセロは、この時期の共同注意様の行動形態を相手の意図理解とは無関係な「同時的注視」(simultaneous looking)あるいは「特定の場所に対する同時的視覚定位」(simultaneous orient to a location)と呼び、彼が論じる共同注意とは明確に区別している。相手の意図理解が可能になるのは、生後1年間の終わり頃、つまりピアジェが乳児の行動に意図を見出した感覚－運動的知能の第4段階[*12]になるまで待たねばならない。[*13]乳児は、他者を「自分のようだ」(like-me)と知覚する生得的能力にもとづいて、母親にも意図があることに気づけるようになるからである(Tomasello, 1995/1999)。

ブルーナー(Bruner, 1999)は、人の乳児には誕生時から単純な精神状態があり、それが母親の行動を事物に「ついて」の行動、つまり意図的な行動として気づかせると主張した。乳児は、誕生後すぐに自分が母親の注意の対象であることに気づき、その数か月後には、他の事物もまた母親の注意の対象になることに気づけるようになる。乳児は早期から物と関わり、母親を物と関連づけて知覚するようになる。事物の気づきに情動の働きを重視するレゲァスティやレディもまた、乳児は早期から他者の意図に気づくことができると主張している(Legerstee, 2005/2014; Reddy, 2003, 2008/2015 など)。

すでに論じたように、筆者は対面的共同注意という用語のもとで、乳児の共同注意の発生をほぼ生後2か月から想定し、支持的共同注意、意図共有的共同注意、シンボル共有的共同注意として発達すると主張してきた(大藪、2000, 2004 など)。対面的共同注意と支持的共同注意の存在の

*12 2次的循環反応の協応期(生後8～12か月)。

*13 たとえば、布で隠されたおもちゃを手に入れるには、乳児は「おもちゃを手に入れる」という目的と「布を取り去る」という手段を結びつける必要がある。こうした複数の2次的循環反応を組み合わせる行動を2次的循環反応の協応という。

根拠は、乳児が生得的にもつ人志向的な初期能力と日常生活場面での事例観察からの推論によるところが大きい。しかし近年になり、前章と本章で見たように、これらの時期にある乳児が他者の体験を表象し、意図的な存在だと気づいていることを示唆する実験的データが現れてきた。これらの研究をもう一度簡単に振り返っておきたい。

２　主体としての乳児の気づき

久保田（1982, 1993）の事例観察とその検証を行った川田（2014）の実験では、レモンですっぱさを経験した7か月児は、他者がレモンを口にあてるところを見るとすっぱそうな顔をすることが見出された。この反応は、７か月児が他者の体験を表象し、それを自分の体験と重ねあわせて再体験できることを示している。*14

レゲァスティ（2005/2014）の「からかい」実験（「あげる／あげない」課題と「遮蔽」と「ずらし」課題）では、実験者が乳児をからかうような仕草をしてみせると、5か月児または7か月児は実験者と共同注意している対象物から目をそらし、実験者の顔を見上げた。乳児は実験者の行為の意図を確認するためにその顔を見たと解釈されている。*15 また、カーテンの裏側に向かって実験者が「手伸ばしと語りかけ」をする実験では、実験者が伸ばした手は物に、語りかけは人に向けられていることを6か月児が理解できることが見出された。6か月児は、自分からは見えない対象物を実験者と共同注意し、実験者の行動がもつ意図に気づいたと考えられる。*16

こうした実験は、生後半年前後の乳児が他者と物を一緒に見ると他者の意図に気づくことを示している。それゆえ、この時期の共同注意関係を、「同時的注視」あるいは「特定の場所に対す

＊14　第３章の第６節３を参照。

＊15　本章の第２節２を参照。

＊16　本章の第２節３を参照。

る同時的視覚定位」として共同注意から除外すべきではないと考えられる。除外することは共同注意の発達過程の理解をそこなうことになるからである。

対面的共同注意は乳児と母親の対面領域周辺に対象物が登場し、支持的共同注意では乳児の姿勢制御や手指操作の発達によってさらに広範囲な領域に対象物が現れる。いずれも共同注意を主導するのは母親であり、乳児はその働きかけに支えられて対象物に注意を向ける。しかし、乳児は受動的な視点から対象物に視線を向けているのではない。また母親の振る舞いを身体運動に限定した視点から見ているのでもない。乳児にはすでに主体としての心の働きがあり、母親の振る舞いがもつ精神活動に対する気づきがある。母親の振る舞いに巻き込まれ受動的であるように見えながら、乳児にはその振る舞いがもつ意図に気づく能力がすでに育まれている。

3　母親による足場づくりの重要性

母親に目を転じてみよう。母親は乳児とのやりとり場面で対象物をたくみに操り、乳児との共同注意を維持するように振る舞う。たとえば、乳児が物を見つめるとき、母親はその視線や表情の変化に気づき、自らも視線を向けて共有しようとする。さらに、そこに乳児の意図が反映されているかのように解釈しようとする（Adamson et al., 1987）。母親は乳児に芽生える意図を間主観的に感じ取り、その感じに促され、寄り添うように振る舞う。乳児がおもちゃを見つめると、母親は「それ何かしら、面白そうね」とか「そう、それが欲しいの」と、あたかも乳児の気持ちを映し出そうとするかのように応答する（鏡映化：鯨岡、1999; Newson, 1978 など）。そこには、乳児との情動的なつながりを使って注意を喚起しながら、乳児とそのおもちゃとの関わりを活性化させようとする母親がいる。母親は、乳児を抱き上げそのおもちゃに近づけようとし、おもちゃを手に取って動かしてみせ、手に持たせようとするだろう。おもちゃの名前を言ってみせるだろう。

こうした母親の行動は、対象物を目立たせ、その対象物との関わりを持続させるだけではない。それは母親自身やコミュニケーション・チャンネルを図として浮かび上がらせ、それらを乳児に気づきやすくさせる（Adamson, 1996/1999）。母親は、乳児との間で対象物を使って、自分との関係を継続させる足場（scaffolds）を巧妙に提供する。とりわけ、母親が乳児との対面軸に近接した領域に対象物を持ち込み、慣れ親しんだ活動（フォーマット）を演じてみせるとき、乳児は自分の注意をコントロールしやすくなるのだろう。そうした足場に支えられるとき、乳児は対象物を母親との間で持続的に焦点化しながら、母親への注意配分も可能になると推測される。

おわりに

支持的共同注意は、対面的共同注意と意図共有的共同注意をつなぐように出現する。支持的共同注意では、乳児の人との関わりが対面的共同注意の時期よりも見かけ上弱くなる。乳児は、広がった注意領域にある物に注意を集中させると、それとは別の場所にいる人に注意を配分することが難しくなるためである。しかし、乳児はこの支持的共同注意の場面で、対象物、母親の視線や身振り、そして発声、さらに情動を重ねあわせる体験を繰り返している。

支持的共同注意としてもっとも一般的で持続しやすい場面は、子どもが座りながら遊んでいるおもちゃに気づいた母親が、子どもの振る舞いに寄り添うようにして同じおもちゃを操作する場面である。すぐ隣にある車のおもちゃを持ち、「ブーブー」と言いながら動かし、おもちゃにぶつけるようにするかもしれない。いずれの場面でも母親は間主観的で情動的な関わりのもとで乳児に寄り添っている。こうした支持的共同注意の場面で、乳児は同じ物を見て、同じように感じていると思える母親に出会う体験を重ねていく。乳児は母親との予測可能な多くのフォーマットのなかで注意を調整し配分させるスキルを獲得し、対象物にも人にも能動的に注意を向ける能力を育てていくのである。

支持的共同注意期は、対面的共同注意期と同様、従来の共同注意研究では研究対象とされることが少なかったP－P(O)－Pという三項関係が多く見られる時期である。乳児はこの三項関係のなかで母親と出会い、同時に、その母親と豊かに情動を交流させながら多くの対象物に出会っている。その体験を通して、乳児は母親の行動にひそむ意図への気づきを深めていく。

これまでの共同注意が取り上げてきたP－O－Pという三項関係の視点から見る限り、支持的共同注意をしている乳児の人に対する注意配分には漠とした曖昧さがあり、そこで生じている関わりがもつ意味や特徴は理解しにくい状態にあった。しかし、近年の乳児研究は、支持的共同注意期にある乳児にも他者の意図を検出する能力があることを見出してきた。その能力は、母親が手にした対象物を乳児に提示してみせる共同注意、つまり〈乳児－母親（物）－母親〉という場面で顕著に現れる。こうした場面で、乳児は対象物と母親との間で視線を配分する行動をしてみせるのである。共同注意場面で乳児が他者の意図を理解する能力は、母親が乳児とたくまずして展開させる支持的共同注意によって育まれている。生後半年頃から登場する支持的共同注意は、次章で論じられる意図共有的共同注意を生み出す芽を育む肥沃な土壌として働くのであろう。

第5章　意図共有的共同注意（生後9か月頃〜）
──意図理解と意図共有をともなう「共同注意」

はじめに

自他の心の世界を重ねあわせる情動とその世界を切り分ける認知の働きを備えた情動知を駆使して、自己、他者、物の世界に気づきながら対面的共同注意と支持的共同注意を経験した乳児は、母親との対面領域から隔たった場所にある対象物を他者と能動的に共有する意図共有的共同注意の時期を迎える。乳児は自らの行動に意図を反映させ、他者の意図を感知しながら周囲にある物を熱心に共有しようとし始めるのである。それは自分の心と他者の心の出会いが物という舞台で活発に生じる関係世界を生み出してくる。一般には、この意図共有的共同注意が共同注意と称せられる。人の共同注意で重要な働きをする意図理解と意図共有が明確に出現するからである。おおよそ生後9か月頃のことである。

意図（intention）の語源はラテン語の *intendere* であり、その語義は“aiming at”つまり「狙いを定める」ことである。それゆえ意図的な主体には、目標となる対象を選び、その目標を達成するための手段を能動的に選択することができる。乳児は、注意を向ける事象を自ら選択し、行動をコントロールしながら適切な手段を選び取るようになる。乳児が他者の注意や行動を共有し、目で追って、それらを方向づけようとする行動の背後には、他者が意図をもつ主体だと理解する能力がある（Carpenter et al., 1998; Legerstee, 2005/2014; Tomasello, 1995/1999, 1999/2006; Tomasello & Call, 1997; Tomasello et al., 2005）。

意図の理解という主観的な経験を正確に測定することは難しい。自分の経験を報告できない乳児ではとりわけ困難である。乳児の行動に意図があるかどうかは、観察者が解釈する以外に方途がない。しかも人は、曖昧で理由が定かでない行動にも意図を感知しやすい。したがって、乳児の行動に意図を見出そうとする研究では、意図の存在を恣意的に推測するバイアスがかかりやすくなる（Adamson, 1996/1999）。それは意図の検出をきわめて困難にさせる。乳児の行動にひそむ意図評価に妥当な操作的基準が要請されたゆえんである。

ベイツら（Bates et al., 1975）は、乳児の振る舞いに意図の存在を主張しうる3つの行動基準を示した。第1に、乳児が対象物と他者との間で「視線交替」（gaze alternation）をさせること、第2に、乳児の振る舞いは単なる道具的な行動ではなく儀式化された行動であること[*1]、第3に、他者への意図伝達の試みが失敗したら、行動を繰り返したり、付け足したり、別のものに替えたりして所期の目標を達成しようとすること。この行動基準には、他者に視線を向けて注意を配分し、他者の行動を予測しながら自分の行動をコントロールする条件が付与されており、乳児の意図的行動を規定した規準として高く評価された（大藪、2004）。

本章では、他者に視線を向け、その注意や行動に自らの注意を能動的に配分しながら、他者と

＊1 意味が付与されコミュニケーションに役立つ行動。たとえば、抱かれようとしてしがみつく（道具的行動）のではなく、両手を上にあげてみせる行動。

対象物を共有しようとする乳児の行動を「意図共有的共同注意」として取り上げる。それゆえ意図的とされる行動の範囲はベイツらの行動基準より広い。しかし、意図の理解や表現は特定の現象に固定されるものではない。意図の世界は広範囲にわたり、意図共有的共同注意にもさまざまな内容と構造をもつものがある。乳児が能動的に人と物に視線配分するレベルから論じ、それがさらに高次な意図共有的共同注意にレベルアップしていく道筋を追ってみたい。

第1節　意図共有的共同注意の発現と意味

生後8か月を過ぎると、乳児は目的を達成するために手段を意図的に選択するようになる（Piaget, 1948/1978 など）。ピアジェは、自分の3人の子どもと物との関わりを観察し、行動を調節しながら目的を達成しようとする乳児の活動を丹念に描き出した。最初の誕生日を迎える頃までに、乳児はコンテクストを理解し、解決すべき目的に気づき、その目的を達成するための手段を工夫し始める。乳児は課題を解決するために適切な行動方略を選択する。ピアジェは乳児のこうした振る舞いに「意図」を見出した。第3章、第4章で詳しく触れた「2次的循環反応」の協応[*2]である。

物との関わりから見出された2次的循環反応の協応期には、乳児と人との関係にも大きな変化がある。乳児は、自らの意図を明確に示し、他者の意図を理解した多彩な行動を見せながら物を能動的に共有し始める。意図共有的共同注意である。

意図共有的共同注意が現れるためには、他者の意図を理解し、意図を自他の間で能動的に共有

*2
たとえば、妨害物を「押しのけて」、おもちゃを「取る」。

しあう心の働きがなければならない。そこには、情動交流によって体験を重ねあわせ、面前で起こった出来事を静観的に見つめようとする「情動知」の働きがある。[*3] 他者の意図を理解するようになると、情動知の働きを基盤にして、乳児には自他の意図が向かう対象物や目標の共有が可能になる。その共有関係の経験は、乳児に「自他の心を認識する」（mentalizing）心を生み出してくる。この心が働き乳児が他者の意図を読み取るようになるとき、人に特有な文化学習と文化伝承が生じる。文化を構成するシンボリックな自然物や人工物はどれも人が意図的に作り出したものだからである。

人に特有な文化が発展したのは意図理解によるのではない（Tomasello et al., 2005）。トマセロは、人のような文化活動が生み出されるためには、意図理解に「何かが付け加わることが必要だ」（Something additional is required.）という。その付与されたもの、それをトマセロは「共有意図性」（shared intentionality）あるいは「『われわれ』意図性」（"we" intentionality）と称し、この生得的なメカニズムが、他者の目標、意図、知覚を理解させるだけでなく、「共有目標や社会的に調和した行為プラン（共同意図：joint intentions）」に参画させると論じている。

それでは意図共有が付与された意図理解とは何か。トマセロによれば、その意図理解があるとき、まったく同じ身体運動が目標との関係で「物を与えること、物を共有すること、物を貸すこと、物を動かすこと、物を取り除くこと、物を返すこと、物を交換すること、物を売ること」といった異なる意味をもつ行動として理解され、それに対応した振る舞いが可能になる。乳児は行動が起こったコンテクストから、行為者の意図や目標を理解して共有し、その目標を達成するために協力しようとするのである。意図を共有する意図理解であるためには、相手の行動とそのコンテクストに注意を配分し、それらの関係に気づき、相手の行動の目標が理解できなければなら

*3　第3章の第3節を参照。

ない。こうした意図理解を子どもができるようになるのは最初の誕生日を迎える頃になる（Tomasello et al., 2005）。

意図理解の世界については対面的共同注意や支持的共同注意で見てきた。近年の実験的な研究によれば、その時期の乳児は、意図を確認するかのように相手の顔と対象物との間で視線を交替させ、また人の動作には意図があることに気づいている（Woodward, 1998 など）。乳児は支持的共同注意の場面でも、母親の動作に意図を感知している可能性が高い。ここでは、対面的共同注意や支持的共同注意に見られる意図と、意図共有的共同注意に見られる意図を連続性があるものとして論じたい。しかし、これらの意図には異なる性質と働きがあり、また意図共有的共同注意の意図理解や意図共有自体も次第に発達していく。

第2節　視線交替と共同注意

意図共有的共同注意としてもっとも早期に見られるのは、対象物と一緒に関わっている母親とその対象物とを見比べる行動である。この視線交替には、母親と物に注意を配分させながら、それらを結びつけようとする意図がある。視線交替場面で乳児が見せる母親への注視行動は、母親と目が合うことや母親の微笑を見ることが報酬になるので起こるわけではない。報酬によるのなら、母親へ向ける視線は条件づけ学習で説明できる。しかし、乳児の注視行動を分析すると、母親をランダムに見ることも、随伴的な強化によって母親や対象物を見ることもない。視線交替は、何かに驚いたり、喜んだり、怖がったりするような場面で生じやすいのである（Adamson &

Bakeman, 1985)。

さらに視線交替で重要なことは、母親の顔色の確認が目的でもないことである。目的は、視線を対象物に戻すことで、対象物との関わりに母親を組み込もうとすることにある。視線交替には、母親や対象物への能動的な関与とともに、活動主体としての母親を自らの関心事へ誘導しようとする意図が働いている（大藪，2004）。

しかし、視線交替が意図共有的共同注意の指標であり、それがあれば意図共有的共同注意だと言えるわけでもない。意図共有的共同注意は視覚刺激だけで構成されるものではないからである。乳児は視線を対象物に向けながら母親の発言にも注意配分ができる。共同注意研究では、視覚以外の感覚の働きを問題にすることはほとんどないが、これもまた母親に注意を配分している状態である。また視線が母親に向けられても、それは母親が出す声や音、あるいは動きに誘発された反応であることもある。こうした制約があるが、すでに見てきたように、乳児が見せる視線交替は他者の意図理解を示唆する有力な行動指標として使用されることが多い（Carpenter & Call, 2013)。

1　トレヴァーセンとヒューブリーの研究（1978/1989）

トレヴァーセンとヒューブリー（Trevarthen & Hubley, 1978/1989）が記録した視線交替現象を見ておこう。彼らは、トレーシーと名づけられた乳児と母親との相互交流を生後1年間にわたって観察した。32回の観察で、椅子に座らされたトレーシーが母親と一緒に遊ぶ場面や母親が話しかける場面が撮影された。最初の6か月間、トレーシーは物と母親の両方に関心を示したが、それらに向ける注意を協応させることはなかった。

生後６～８か月（支持的共同注意期）になると、物を使った遊びの合間に、ときおり母親の目を瞬間的に見つめた。生後５か月のときに紐を引っ張って遊んだ経験がある操り人形を使って、トレーシーが母親との間で見せたやりとりは興味深い。母親がその人形を持ち、トレーシーに紐を引かせて遊ばせると、彼女はひもを引っ張って動かしながら母親の顔を見て微笑んだ（図５－１）。トレヴァーセンによれば、トレーシーの快情動をともなう視線交替には、母親と遊びの喜びを分かちあおうとする気持ちが現れている。そこには情動を基盤にした意図共有の芽生えがある。母親からの支持が入ったＰ－Ｐ（Ｏ）－Ｐタイプの共同注意がもつ働きなのだろう。

母親から離れたところにあるブロックで遊びながら母親と微笑をかわし始めた（Ｐ－Ｏ－Ｐタイプ）のは、生後８～９か月の時点であり、10か月になると物を受け取るときや面白いことが起こったときに母親の顔を見始めた。

トレヴァーセンとヒューブリーは、生後９か月前後、つまり支持的共同注意から意図共有的共同注意への移行期に、乳児は相手と対象物に注意を配分する視線交替を能動化させることを見出した。またシュガーマン（Sugarman, 1978）の研究でも、子どもが母親と対象物とを関係づけてやりとりをするようになるのは生後10か月頃だと報告されている。

図5-1　27週のトレーシーが手でおもちゃを動かしながら母親の顔を見て微笑む（Trevarthen & Hubley, 1978/1989, p.119より）

2　カーペンター・ナジェル・トマセロの研究（1998）

カーペンターら（Carpenter et al., 1998）は、共同注意を誘発させやすい９種類の場面〈追跡場面

（視線／指さし）、模倣場面（道具的行為：蝶番を開く／人為的行為：パネルを額で押して点灯させる）、妨害場面（子どもが遊ぼうとしたおもちゃを実験者が手で隠す）など）を設け（いずれもP－O－Pタイプ）、生後9か月から15か月まで1か月間隔で共同注意の発達を検討した。

生後9～12か月の間に、24名中19名の子ども（約80％）が実験者と対象物に視線を配分させる行動を見せた。それは生後15か月までにほぼ全員（23名）になった。実験者の顔を見て視線方向を確認しながら対象物を共有する視線交替が生後9か月から数か月間で生じており、さまざまな共同注意場面で、子どもは他者と一緒に対象物を見ようとする行動を能動的に表現した。カーペンターらは、こうした視線交替行動の背後には他者の意図を理解する能力の深まりがあると推測している。注意を対象物と他者に能動的に向ける能力が発達し、意図共有的共同注意が急速に充実していく時期なのだろう。

共同注意行動のタイプによって出現時期が異なることも見出された。20名に共通した順序があり、最初に出現したのは、近くにある物へ向ける実験者の注意を共有するために顔を見る行動（チェッキング）である。その次が遠くにある物に向けられた実験者の注意を目で追う行動（視線や指さしの追跡）、最後が対象物に実験者の注意を誘導する行動（指さし）だった。チェッキングはもっとも容易な共同注意行動である（Tomasello, 1999/2006）。他者の顔を見て、他者が注意をしているという「こと」（that）を理解すればよいからである。しかし、他者の注意を目で追ったり、誘導したりする場合は困難度が増す。他者が注意を向けている「物」（what）も対象にする必要があるからである。とりわけ誘導行動は能動的な実行機能を必要とするため困難になる。

こうした結果から、トマセロはこの共同注意行動に3つの時期を想定した（Tomasello,

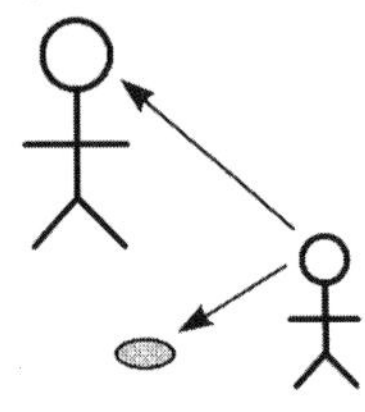

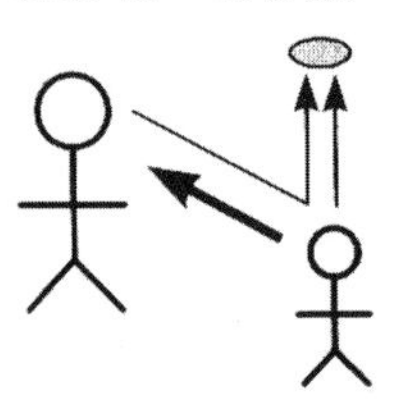

図5-2　トマセロによる共同注意的行動の主要な3類型（Tomasello, 1999/2006, p.84を修正）

1999/2006)。第1が、他者の注意をチェックする時期(生後9〜12か月)、第2が、他者の注意を追跡する時期(生後11〜14か月)、第3が、他者の注意を誘導する時期(生後13〜15か月)であり、それぞれ子どもの約80%で可能になる(図5-2)。

このように、生後9か月から12か月頃までの間に、乳児は他者と物に向ける視線を能動的に交替させ、注意の協応を開始させる。しかし、その視線交替はまだ萌芽的なスキルにとどまり、視線交替を指さしなどと結びつけ他者の視線を対象物に誘導するような行動が顕在化するのは生後13か月以降になる。それは、共同注意場面で、視線交替をともなう「協応的な共同注意的関わり」(coordinated joint engagement)が生後12か月頃から顕著に増加するというベイクマンとアダムソンの研究(Bakeman & Adamson, 1984)と一致する。＊4

第3節　追跡的共同注意

共同注意研究は相手の視線を目で追う乳児の視線研究から始まった。その後さまざまな条件を加えた実験が行われてきた。その一部を紹介したい。また近年、他者の視線を途中で遮断する場面を用いた研究が行われ、視線追跡現象に対する理解を深めてきている。

1　視線と指さしの追跡

カーペンターら(Carpenter et al., 1998)は、実験者が乳児におもちゃを渡す場面を設けて視線追

＊4
第4章の第3節1を参照。

跡を検討した。渡されたおもちゃを乳児が見ると、実験者はその子の名前を呼んだ。子どもと目が合うと、実験者は興奮した表情をして声を出し、おもちゃに顔を向けて数秒間見つめた。さらに興奮した状態を維持したまま、乳児とおもちゃの間で視線を何回か行き来させた。乳児が実験者の視線を追い、確実におもちゃに視線を向けたのは生後10か月であり、平均月齢は13か月だった。また、さらに指さしを加えた場面も検討している。視線を合わせると、実験者は対象物に指さしをしながら視線を乳児と対象物との間で何度も動かした。乳児が指さしを目で追い、両側にある対象物のどちらにも視線を向けたのは平均11・7か月で、顔と目の向きだけのときより約1か月早かった。

(1)「顔の向き」と「視線の向き」

乳児は顔の向きと目の向きのどちらを目で追うのだろうか。レンパース（Lempers, 1979）の研究を見てみよう。実験者は乳児と目を合わせてから、乳児との間に置いた3種類のおもちゃのどれかに顔と目を向けたときと、目だけを向けたときがあった。9か月児はどちらでも目で追うことが難しかった。12か月児と14か月児では、顔と目を向けた場合には視線追跡が80％以上で見られたが、目だけの場合は50％程度だった。

コーカムとムーア（Corkum & Moore, 1995：第1研究）は、6か月児から19か月児を対象に、目標物を設置しない場面で検討した。実験者の顔と視線の動きは、①視線を乳児に向けたまま顔の方向を変える、②顔は乳児に向けたまま視線の方向を変える、③顔と視線の向きを同じ方向に変える、④顔と視線の向きを逆方向に変える、という4種類だった。その結果、生後6～10か月までの乳児は、どんな手がかりでも視線追跡を確実にはできなかった。12～13か月児では共同注意がしっかり生じたが、利用した情報は主として顔の向きだった。顔と目の向きが一致してもしなくても、乳児は相手の顔が向く方向を向いた。15〜16か月児では、目の向きに対する気づきはあるが、顔の向きの影響のほうが強かった。18〜19か月児になると、追跡的共同注意を正確にするためには、顔と目が同じ方向を向くことが必要だった。視線の向きだけを利用することは難しいのである。

（2）「指さし」への反応

このように、少なくとも1歳半頃までの子どもでは、追跡行動を引き出すのにもっとも有効なのは顔の向きである。しかし、18〜19か月児は目の向きにも鋭敏になり、追跡行動には顔と目の向きの一致が必要になる。また顔や視線の向きに指さしが加わると、子どもの追跡行動の出現が早くなる可能性がある。上述したカーペンターら（Carpenter et al., 1998）のデータでは、顔と視線だけのときより1か月ほど早く生後12か月頃に出現している。

デスローチャーズら（Desrochers et al., 1995）は、生後6〜24か月までの縦断研究で指さしの理解を検討した。母親は、乳児と視線を合わせてから、彼らの間に左右2個ずつ並んだおもちゃのどれかに指さしをしながら5秒間見つめた。その後、再び乳児と目を合わせ、順次別のおもちゃに同様なやり方で指さしをした。指さしされたおもちゃに乳児が1秒以上視線を向ければ、指さしを理解したと評価された。左右両端にあるおもちゃ（母親と乳児からの距離約2メートル）に視線を向けるようになったのは生後12か月からで、出現率は27％だった。6か月児と9か月児にはできなかった。累積出現率を見ると、15か月時点で64％、18か月時点では86％になった。

こうした研究や他の研究（Butterworth & Grover, 1990）を見ると、乳児からも相手からも距離がある物に対し、乳児が相手の顔や目の向き、また指さしに反応して同じ方向を見るのは12か月頃からであり、指さしがない場合にはやや遅くなる。この時期は、共同注意場面で乳児が相手の顔と対象物との間で視線交替を活発化させる時期に対応する。

2　障壁パラダイム実験

障壁パラダイム実験で使われる障壁には2つのタイプがある。障壁が乳児と対象物との間にあるものと、他者と対象物の間にあるものである。前者の場合は、他者からは対象物が見えるが、乳児からは見えない。後者の場合は、その逆になる。最初に、前者のタイプの障壁を使った研究を2つ紹介する。

（1）他者の視線の先に何があるのか？

モウルとトマセロ（Moll & Tomasello, 2004）は、実験者に障壁の背後に視線を向けさせた。12か月児は障壁の背後を見ようとして移動した。他者の視線の先に物があると予想した可能性がある。しかし断定することは難しい。実験者の視線が子どもの注意を引き、障壁の背後の空間に興味をもたせただけかもしれないからである。

チョウら（Chow et al., 2008）は、このタイプの障壁実験を行う前に、実験者が箱の中を楽しそうに見る場面を14か月児に見せ、その直後に異なる体験をさせた。その箱の中に面白いおもちゃを見つけた体験（信頼群）と、何も見つけられなかった体験（不信頼群）だった。実験者の視線がおもちゃの存在を示す信頼度に違いを設けたのである。すると、信頼できる実験者を経験した14か月児は障壁の背後を見ようと移動したが、信頼できない実験者では移動しなかった。また、信頼できる実験者を経験すると、初めて会う人が障壁の背後に視線を向けても、その障壁の背後を見ようとした。

これらの2つの実験は、1歳を過ぎた頃の乳児が他者の視線をただ目で追っているのではないことを示唆している。乳児は他者の視線の先にある物を予想し、その予想を相手との関係で変えることができる。1歳児の視線追跡反応には自らの生活世界を構成する能動的な心の働きがあると推測される。

（2）他者の世界を理解しようとする心

次に、この視線追跡反応の能動性を支持する後者のタイプの実験、つまり乳児からは物が見えるが、他者からは見えない障壁を使った実験を紹介したい。

ルオとベイラージョン（Luo & Baillargeon, 2007）は、注視時間を用いた馴化－脱馴化法を使って、人の行動はその人が見た経験に左右されるということの理解が12か月児で可能かどうか検討した。彼らの実験は共同注意の研究を目的にしたものではない。しかし共同注意の構造をもつ興味深い実験場面である。

図5－3は乳児から見た実験場面である。実験条件は2つあった。左側の透明条件と右側の不透明条件である。一番上にある馴化場面では、どちらの条件でも、乳児から見て右側に円柱が、左側に箱が置かれていた。透明条件では、円柱や箱と実験者の間にガラスがあるが、いずれも透明であり、実験者は乳児と同じように円柱も箱も見ることができた。一方、不透明条件では、乳

児から見て左側に置かれた箱は不透明な板があるため実験者からは見ることができなかった。

馴化場面では、どちらの条件でも、実験者は右側の円柱に３回手を伸ばしてつかんでみせた。その後、円柱と箱の位置を左右入れ替えて脱馴化場面にした。脱馴化場面では、実験者の行動によって、新しい目標事態と古い目標事態が設けられた。真ん中の新しい目標事態では、馴化条件と手を伸ばす方向は同じだが、つかむ対象が新しい物（箱）だった。下の古い目標事態では、馴化条件と手を伸ばす方向は反対だが、つかむ対象は古い物（円柱）だった。

結果は、透明条件では、新しい箱をつかんだときに注視時間が増加し、脱馴化が生じた。一方、不透明条件では、どちらに手を伸ばしてつかんでも注視時間に差はなかった。つまり脱馴化しなかった。透明条件と不透明条件で見られた結果の違いを、ルオとベイラージョンは次のように説明した。

透明条件では、実験者には円柱も箱も見えている。それゆえ実験者は箱ではなく円柱を選択してつかんだ。乳児は、実験者が円柱を意図的に選択したと理解したのである。それゆえ、脱馴化場面で手の動く方向が馴化場面と同じでも、つかんだ物が馴化場面では無視された箱であると驚き、注視時間が長くなった。

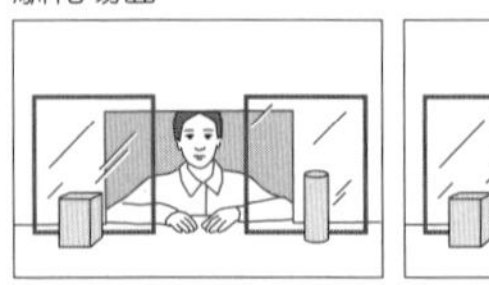
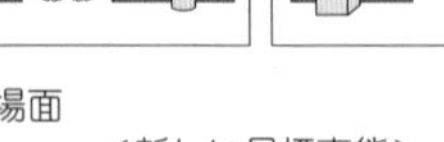

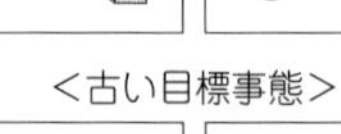

図 5-3　ルオとベイラージョンの実験場面（Luo & Baillargeon, 2007）

不透明条件では、実験者には箱が見えない。それゆえ、実験者が円柱をつかんだのはそこにあったからである。ここには透明条件で見られたような意図的な選択はない。それゆえ、脱馴化場面で、実験者の手の動く方向が同じでつかむ物が新しくても、手の動く方向が新しくつかむ物が同じでも、手伸ばし方向とつかむ対象の新旧で相殺され、注視時間に差が出なかったのである。

このルオとベイラージョンの説明の背後にある乳児の能力とは何だろうか。それは、12か月児が手伸ばしと把握行動にともなう他者の視線を目で追うとき、彼らは他者がその視線の先にある物を見て理解していると気づくことである。12か月児は、自分からは見えるが障壁のために他者からは見えない物があると、他者はそれを見て理解していないと感じるのである。そこには、他者の見ている世界を他者の視点から感じ、理解しようとする心の働きがある。ルオとベイラージョンが言うように、12か月児は他者の行動を解釈するとき、自分が見ている世界ではなく、他者が見ている世界を使っている。それは他者の表象世界が自分のそれとは異なると気づく心の働きであり、「心の理論」の原初的な光景なのだろう。

こうした３つの研究結果を見ると、12か月過ぎの子どもの視線追跡は、他者の視線を機械的に目で追うものではないことがわかる。この時期の乳児の視線追跡には、他者の表象を共有しながら（共同表象）、自他の表象世界の異同に気づく心の働きがある。

第4節　誘導的共同注意

誘導的共同注意とは、子どもが他者の注意を対象物へ意図的に方向づける共同注意である。*5 相手の注意を誘導するためには、自分の行動が相手の行動に影響することに気づくことが必要になる。その根拠となる行動は、すでに指摘したように、子どもが自分の注意を対象物だけではなく相手にも向けることである（Bates et al., 1979）。その典型的行動が対象物と他者との間で行われる視線交替である。このチェッキングは相手を単に操作できる対象としてではなく、自分の振る舞いに応答するコミュニケーション主体と見なしていることを示唆している（Carpenter et al., 1998）。

マンディ（Mundy & Newell, 2007; Mundy, 2013 など）は、誘導的共同注意を「始発的共同注意」（initiating joint attention: IJA）と呼んでいる。それは「身振り（例：指さしや提示）の有無にかかわらず、相手に物や出来事に対する関心や経験を示したり共有したりするために、その注意を自発的に誘導したり協応させたりする乳児の視線交替」（Mundy, 2013）に起源があり、単純なものは自然な相互作用場面で生後5か月頃には観察され、生後8〜9か月までには明確になる。

*5　類似したものに、子どもには他者の注意を誘導する意図はないが、他者が子どもの行動に追従して生じる現象がある。そこでは、他者が乳児に誘導の意図があるかのような振る舞いを見せるので、子どもが他者の注意を誘導しているように見える。しかし、共同注意の主導的役割は他者が演じている。誘導的共同注意とは、最初から子どもに他者の注意を誘導しようとする意図がある場合を指している。

1　指さし行動の発現

腕を伸ばしながら指をさして対象物を指示する行動には、人で進化した人さし指の機能的適応と他者との共有世界の構築をめざした精神機能が反映されている。チンパンジーは人に育てられると、豊かな社会的相互作用を経験し、指さしを使って何かを要求するようになる。しかし、指さしを対象物の指示や要求などを表現する手段として発達させたのは人だけである（松沢、2000；竹下、1999; Tomasello, 1999/2006, 2008/2013）。

（1）指さしが生まれる条件

フォーゲルとハナン（Fogel & Hannan, 1985）は、生後2か月の乳児が他者との対面場面で人さし指を伸展させることを観察した。その行動は特定の対象物に向かうものでも、乳児の視線と関連するものでもなかった。また腕が伸展されることもなかった。しかし、この指の運動の前後に、発声や口の運動が確実に生じることを指摘した。さらに、生後6か月までに、人とやりとりしている場面で注意を引きつける物を見つけると、腕は伸ばさなくても手を指さしの形にすることがあった。フォーゲルとハナンは、こうした観察から、乳児が共同注意場面で行う指さしの起源は生得的なものであろうとしている。

把握できない距離にある物に向けて腕や指を伸展させる行動は、生後9か月頃から出現する。この指さしは、その多くが人さし指以外に親指や中指も軽く伸ばされる「手さし」である（田中・田中、1982）。また他者とは無関係に出現しやすい（Werner & Kaplan, 1963/1974）。レンパートとキンズボーン（Lempert & Kinsbourne, 1985）は、この指さしを子どもが興味をもった物によって解発された定位行動だとした。母親はこうした子どもの指さしに誘導され、指し示される物に気づき、共有することが増えてくる。そうした経験から、乳児は指さしがもつ社会的な意味に気づき、コミュニケーション行動として使用し始めるようになる。しかし、乳児が自分の行動の意味に気づくのは指さし場面だけではない。母親とのさまざまな共有経験がそれを可能にさせる。指さし行動の起源がどこにあり、どのように発達するのか、その正確なことは知られていない（Tomasello, 2008/2013）。

レゲァスティとバリラ（Legerstee & Barillas, 2003）による視線追跡と指さしを対象にした研究を紹介してみよう。彼らは12か月児を対象に、随伴的に相互作用する人や人と等身大の人形（手、目、顔、随伴運動という意図的な主体の特徴を備えている）を使って、視線と頭の回転に対する追視行動を条件づけした。条件づけは、人（生命的主体）でも人形（非生命的主体）でも同じようにできた。乳児は、自分の目を人や人形が向くのと同じ方向に向けて、興味深いおもちゃに出会えることを学習した。

その後、この場面にバッテリで動くおもちゃを提示して、乳児が指さしや発声で人や人形の注意をそのおもちゃに誘導するかどうか検討した。その結果、乳児は人形ではなく人に対して、指さしや発声を使って注意を誘導しようとすることが圧倒的に多かったことを見出している。

ところで、共同注意の発達は条件づけによる学習の結果だと主張する研究者がいる。たとえば、コーカムやムーアはその代表的な研究者である。[*6] しかし、条件づけ学習だけで共同注意行動が学習されるなら、乳児はこのレゲァスティとバリラの実験場面で人形に対しても指さしや発声を使って注意を誘導してもよいはずである。しかしそうはならなかった。この実験結果は、乳児が条件づけ学習だけでは対象物に注意を誘導するようにならないことを示している。

*6 第4章の第2節1（2）を参照。

（2）「指さし」の力動性

乳児の指さしは、他者をどう理解し、どのような関係を構築しようとするのか、その心の働きが凝縮された行動だと言ってよい。指さしは、他者を「自分のよう」（like-me）に感じ、同時に

「自分ではない」（different-from-me）とも感じる、その力動性のもとで出現する行動である。乳児は、他者には自分と同じように感じる心があると思えるから指をさして教えようとする。指さしは、他者を自分のようだと感じられなければ出現しないだろう。同時に、他者の心は自分の心とは異なると感じるから、指をさして教える必要を感じるのでもある。指さしは、他者を自分とは違うと感じられなければ出現する意味がないだろう。

乳児の指さしは２つの動機から生じると論じられてきた。一つは、何かを獲得しようと要求するもの（命令の指さし）であり、もう一つは、他者に存在を教えて共有しようとするもの（叙述の指さし）である。命令の指さしは、物を手に入れさえすればよいが、叙述の指さしは相手と注意を共有すること自体を求めようとする特徴がある。したがって、叙述の指さしは命令の指さしより相手を意図的な存在だと認める程度が高いと考えられており、自然環境で生活している類人猿には見られず、自閉症の子どもにも少ないことが知られている（Carpenter et al., 1998 など）。この分類名称にしたがって、指さしの特徴について見ていきたい。

2　命令の指さし

「命令の指さし」（imperative pointing）は欲しい物を獲得するための指さしと言われてきた。そのため、この指さしは、他者を精神的主体として理解しなくても可能だとされた。手を伸ばして、欲しい物が手に入りさえすればよいからである（Bates et al., 1975 など）。しかし、命令の指さしにおいて、人とは指さしに反応して物を与えてくれる〈物〉に過ぎないのだろうか。

要求をともなう命令の指さしは、物を獲得するときにだけ出現するわけではない。乳児にもさまざまな要求があり、それらは他者との関係で異なる意味をもっている。物を手に入れさえすればよい自己中心的な動機が働けば、他者はただの道具に過ぎなくなるだろう。その要求自体は相手が機械でも満たされる。しかし、積み木遊びをしながら、積んでもらおうとして積み木を示す要求の指さしには、相手を協力的な主体として理解し、手助けをして欲しいという願いがあるのではないか。このように物を指さしで示し、物に関わる操作の協力を相手に求める間接的な要求は多彩にある。たとえば、開けてもらおうとして窓を指さすことも、水を注いでもらおうとしてコップを指さすこともある。また指さしで椅子を置いて欲しい場所を示すこともある。これらは要求の指さしだが、従来の意味での命令の指さしのように物を手に入れようとしているわけではない（Tomasello, 2008/2013）。

命令の指さしとして分類される指さしは、自己中心的なものから協力的なものまで幅の広いスペクトラムを構成する。乳児は、自らの要求が満たされない場合には、要求の場としての共同注意を維持しながら、命令行動を調整し要求を満たさなければならない。そこでは、相手の反応に表現される意図に合わせながら命令を続けることが求められる。命令の指さしにもさまざまなレベルでの他者理解が必要とされると考えられる。

3　叙述の指さし

「叙述の指さし」（declarative pointing）は相手を主体として認識し、その相手と対象物を共有する指さしとして知られてきた（Bates et al., 1975 など）。この指さしにある特徴的な行動は、自分の指さしや指さしの対象に相手が気づいていることを確認するために、その顔を見るチェッキングである。こうした行動をともなう指さしは生後9か月頃から報告されるが、頻繁に出現するようになるのは12~15か月とされる(Bakeman & Adamson, 1986 など)。

この叙述の指さしに含まれる注意の共有とは何だろうか。リスコウスキら(Liszkowski et al., 2004)は、実験者の背後に新奇な対象物(人形など)を出現させ、12か月児が指さしをするような状況を作り出した。乳児の指さしに対する実験者の応答は、次の4種類だった。①表情を変化させず声も出さないで対象物だけを見る、②肯定的な情動を表現しながら乳児だけを見る、③何もしない、④肯定的な情動を表現しながら乳児と対象物を交互に見る。

実験者の応答に対する乳児の反応を見ると、①②③の場合には、乳児は不満げな様子で実験者に向けて何度も指さしを繰り返した。しかし、④の実験者には満足した表情で長い時間指さしを続けながら対象物を共有することができた。乳児が必要とする注意の共有とは、相手に対象物を見てもらいながら情動を共有することにあった。相手が対象物を見てくれたという出来事は情動の共有があるときに確信でき、子どもが求める対象物の共有が実現されるようである。

トマセロ(Tomasello, 2008/2013)は、この可能性をリスコウスキらが行った別の実験(Liszkowski et al., 2007a)に見出している。その実験でも12か月児を対象にしており、実験場面も上記の実験と基本的には同じだった。ただし実験条件を変更している。乳児が指さした物と乳児の顔とを交互に2回見る共同注意場面で、実験者の反応に違いを設けたのである。①関心があることを示す(「すごいね！　素敵なものだわ。」)条件と、②関心がないことを示す(「ん……たいしたものじゃない。」)条件である。どちらの条件でも実験者は共同注意をしているが、実験者が無関心を表明すると、乳児は指さしを続けなくなり、また実験を繰り返すうちに乳児は指さしをしなくなる。トマセロはこうした結果を紹介し、乳児には他者に対象物に注意を向けるだけでなく、それに対する自分の情動を共有して欲しいという動機があると論じている（Tomasello, 2008/2013）。12か月児は、共同注意の場面で対象物だけでなく情動も共有する体験を求めており、その欲求を満たすことが乳児の共同注意には必要とされるのだろう。

またリスコウスキら（Liszkowski et al., 2007b）は、見えていた対象物がなくなる実験場面を設定し、12か月児が今まであった場所を指さすという叙述の指さしも観察した。特徴的なことは、対象物を見ていなかった他者に対して指さしをすることが多かったことである。指さしは、眼前にある対象物に他者の注意を向けさせるためにだけあるのではない。自分の表象世界にしか存在せず、知覚できない対象物に対しても他者の心を向かわせようとする。12か月児は、「情動の共有」と「現実対象の共有」だけではなく、さらに「表象対象の共有」へと共有できる世界を拡張させていくのである。

4　情報提供の指さし

私たちは、自分が必要とするためではなく、他者が必要とする情報を教えるためにも指さしを使う。近年、乳児もこうした「情報提供の指さし」（informative pointing）をすることが知られてきた。リスコウスキとトマセロらの一連の研究を見てみよう。

〈実験1〉

リスコウスキら（Liszkowski et al., 2006）は、12か月児を対象に、乳児には関心がない事務用品を2つ用いて情報提供の指さしが出現するかどうかを検討した。実験者が、乳児の前で事務用品のどちらかを使ってみせた。その後、実験者がよそ見をしているうちに、その２つの事務用品が乳児には見えるが実験者からは見えない別々の場所に移された。事務用品がなくなったことに気づいた実験者は、最初は黙ったまま、それから「どこへ行ったんだろう?」と言いながら探した。12か月児は、どちらの場面でも、実験者が使わなかった事務用品より、使ってみせた事務用品がある場所を指さすことが多かった。リスコウスキらは、この乳児の指さしを、実験者が探している物がある場所を教えようとする情報提供の指さしだと推測した。なぜなら、実験者が乳児に教えられた物を手にしても、乳児はそれをもらおうとすることがほとんどないので命令の指さしではないこと。また、自分の興味を共有してもらおうとするだけなら、どちらの物に指さしをしてもよいはずだが、明確に一方を選択しているので叙述の指さしにも該当しにくいからである。

〈実験２〉

いま紹介した実験では、実験者はどちらの事務用品もそれがある場所を知らなかった。では、実験者があり場所を知っている物と、あり場所を知らない物があるときに、実験者が何かを探すふりをしたら乳児はどうするのだろうか（Liszkowski et al., 2008）。情報提供の指さしをするなら、乳児は実験者があり場所を知らない物があるところを教えようとするだろう。この実験では、実験者は２つの事務用品をどちらも使ってみせた。その後、実験者は、テーブルの上に置かれた事務用品の一つがテーブルから滑り落ちて行くところを見た。もう一つも、反対側にある滑り台から落ちて行ったが実験者は見ていなかった。その後、実験者は物を探すふりをした。すると12か月児は、実験者が滑って行くところを見ていなかった物がある場所を指さしすることが多かった。乳児は、実験者が滑って行くところを見ていた物ではなく、見ていなかった物を探していると判断し、その情報を実験者に提供したと推測された。

しかし、この実験では、実験者が見ていない物が遅れて滑り落ちたので、乳児には新しい記憶として残されている。また、2つの物が落ちて行った場所は、中央にいる実験者からどちらも左右に1メートル以上の距離があり、幼い乳児が実験者と落ちた両方の場所に注意して判断するのは難しく、遅れて落ちて行った物に向けて自動的に指さしをした可能性がある。こうした疑問点を解消する実験が行われた。

〈実験3〉

その実験（Liszkowski et al., 2008）では5つの事務用品が使われた。実験者と乳児の間に黒い布でおおわれた中央から傾斜させることができる台（図5-4a、b）があり、実験者はその上にこれらの事務用品を置いた。実験者はその事務用品を見て、「片づけよう」と言いそのうちの一つを引き出しの中にしまった。もう一つを「ここに置いておこう」と言って台の端に移動させた。この手順をもう一度繰り返した。こうして一つだけが台の中央に残された。次に、実験者は乳児に気づかれないようにして、台の一方を傾斜させた。すると中央にあった事務用品が滑り落ちて行った。

実験条件では、物が落ちて行く間、実験者は反対側を向いており、物が落ちるのを見ることはなかった（図5-4a）。実験者はほぼ3秒間その姿勢を維持し、ニュートラルな表現で「フム、アー」とつぶやき、乳児の注意を自分が向いていない

図5-4　実験者と滑り落ちた物（Liszkowski et al., 2008）

(a) 実験条件：実験者は落ちた物を見ていない。
(b) コントロール条件：実験者は落ちた物を見ている。
どちらの場面にも、実験者の前にフォルダーで作られた台があり、その台の端に残された事務用品が2つある。

る方向に誘導した。コントロール条件では、実験者は物が落ちるのを見ており、落ちた物を見ながら実験条件と同じように振る舞った（図5-4b）。

テスト段階では、実験者の振る舞いに対する乳児の反応が観察された。実験者は正面に向き直り、台の上を見て「フム」とつぶやき、乳児を見て、もう一度台の上を眺めて困惑した表情をした。そして「フム、ハ～、おかしいわね、ウーン」とつぶやいた。その後、「どこにあるのかしら？」というように乳児に語りかけた。

乳児は、コントロール条件より実験条件のほうで、落ちた物に指をさして実験者に示すことが多かった。つまり、12か月児は、落ちるところを見た人より、落ちるところを見ていない人に、落ちた物がある場所を教えようとしたのである。そこには、出来事を見た人はその出来事を知っているが、見なかった人は知らないことの理解（心の理論の原初的理解）がある。またリスコウスキらが指摘するように、自分自身の直接的な利益にはならなくても、他者が必要とする知識を教えて援助しようとする利他的な動機の働きを見ることもできる。そこには他者に必要な知識を教えようとする人間に特有な文化伝承の起源があるのかもしれない。

叙述の指さしとは、自分には見ることができる物を、まだ見ていない他者に教えようとするものだった。それは、対象物を他者と共有しようとする乳児の心が起こした行動である。一方、情報提供の指さしは、相手の動作からその心の世界を推測し、相手が必要とする情報を提供して、援助しようとする行動である。それは、相手の心の世界に気づき、その表象世界を自分のそれと比較して、相手を援助しようとする利他的な動機が働いたがゆえに出現した行動である。

こうした研究は、共同注意場面を経験すると、12か月児は他者の動作の背後にある表象世界に気づき、相手が必要とする情報を指で示すことができることを示している。指さしは特定の物を指し示すシンボルの役割を演じ始めているのだろう。

第5節　視覚対象と聴覚対象への誘導的共同注意（1）

共同注意研究はそのほとんどが視覚を対象にしたものである。しかし、私たちは視覚以外に聴覚や触覚を使って共同注意をしている。[*7] 物陰から聞き慣れない音がすれば、乳児も母親もその音に気づき、何の音だろう、そこにいるのは何だろう、と顔を見合わせる。そして、もう一度、音が聞こえてきた場所を見るだろう。これは聴覚刺激を対象にした共同注意にほかならない。

かつて、視覚刺激と聴覚刺激に対する共同注意を比較できる実験場面を設定して、子どもの誘導的共同注意行動を測定し、その結果をまとめたことがある（大藪，2004; Oyabu, 2006; 大藪・Adamson, 2000 など）。その知見の要点を、新たな分析結果を含めて紹介してみたい。研究に参加した母子は、9～12か月児24組、15～18か月児24組、21～24か月児22組、27～30か月児22組の計92組であった。

〈実験の概要〉

視覚刺激は「鯨のぬいぐるみ」（図5-5）であり、子どもと母親が遊んでいるプレイルーム（図5-6）の棚の上に置かれたバスケットの中から出現した。[*8] 鯨は、実験手続きを説明した実験者がプレイルームから退室し、母子の自由遊びがほぼ2分経過した時点で現れた。

図5-5　鯨のぬいぐるみ（全長約20センチメートル）バスケットから引き上げられたところ

＊7　第4章の第3節4を参照。

＊8　鯨に結ばれた細い釣り糸を使って観察室から引き上げている。

聴覚刺激は「鳥の鳴き声」であり、アメリカ製のCDからテープに録音されており日本人には聞き慣れないものだった。実験者は小型のテープレコーダーを子どもから見えないように書棚に置き（図５－６：鯨が浮かんでいる高さと同じ高さの棚）、スイッチを入れて退室した。テープには鳴き声が出現するまで約2分間のブランクがあり、母子の自由遊び時間とされた。鳴き声の音圧はプレイルームの中央付近で50～60デシベルだった。

鯨のぬいぐるみも鳥の鳴き声も子どもには新奇な対象であり、それらに気づくと、振り向いて母親の顔を見て、その注意を誘導すると想定された。子どもはどちらの場面も経験した。両場面の前後関係はランダムだった。後続する実験は、先行する実験が終了して20分間以上経過（母子による遊び）してから実施された。

母親は、鯨のぬいぐるみが出てきても、鳥の鳴き声が聞こえてきても、気づかないふりをして遊び続けた。鯨場面も鳴き声場面も、子どもが気づいて30秒経過した時点で、母親が持つバイブレーターを振動させた。その振動を合図にして、母親は鯨や鳴き声に気づいたふりをした。

この30秒間の母親による刺激無視場面で見られた子どもの行動を、以下の4種類のコードに分類した。それは一定時間持続する子どもの行動を評定する状態コードであり、アダムソンら（Adamson et al., 1999）にならい3秒以上持続した場合にコード化された。コーディングはこのコードに習熟した2名の評定者がビデオテープを見て行った。

図５-６　プレイルーム（早稲田大学文学学術院発達心理学研究室）
左側の棚の上のバスケットの上に鯨のぬいぐるみが見える。
その隣の書棚にテープレコーダーが置かれた。
観察室はワンウェイミラーの後ろにある。

コードの分類が難しい場合は、評定者の評価が一致するまで繰り返し観察された。

〈使用されたコード〉

無関心

子どもは鯨／鳴き声に無関心である。

探索

子どもは鯨／鳴き声の方に視線を向け、単独で探索する。

誘導的共同注意

子どもは母親と鯨／鳴き声に視線を移行させ、注意を明確に配分しながら、母親と共有しようとする。母親の顔を見ながら、鯨／鳴き声に向けて指をさす場合も含まれる。

シンボリックな誘導的共同注意

言葉や身振りによるシンボルを発して、母親と鯨／鳴き声に視線を移行させ、注意を明確に配分しながら、母親と共有しようとする。子どもの使用する言葉が母親に対する関与を明確に示している場合には、必ずしも母親の顔を見る必要はない（例：「ママ」、「見て」、「あれ、なに？」など）。母親の顔を見ながら、鯨／鳴き声のことを話題にする場合も含まれる。

このコードは、左側にあるものほど誘導的な共同注意のスキルが高次になる。30秒間の観察時間中に出現させたコードのうちもっとも高次なコードを使って子どもを分類し、そのコードを出現させた子どもの割合を月齢群ごとに検討した。

1　「鯨のぬいぐるみ」実験

〈実験結果〉

鯨のぬいぐるみ場面での誘導的共同注意行動の出現率を図5－7に示した。9〜12か月児は、鯨のぬいぐるみに出会うと母親とは無関係に鯨を探索した。15〜18か月では誘導的共同注意が、また21〜24か月以降シンボリックな誘導的共同注意が急激に増えた。各月齢群に見られる子どもと母親の関わりがもつ特徴を見ておきたい。

9〜12か月児には、鯨をしっかり見つめ、鯨に向けて発声を繰り返し、接近しようとする行動が見られた。母親の注意を鯨に誘導しようとする意図は不明だった。しかし、日常の生活場面では、こうした子どもの振る舞いに接した母親は自動的に鯨に注目するだろう。子どもの振る舞いは、日常的な場面では母親の注意を誘導する機能を十分に果たす機能をもつ。そうした母親の振る舞いが子どもに他者の注意を誘導する能力を育んでいくのである。

15〜18か月児になると様相は一変した。急激に誘導的共同注意行動が増加した。この誘導行動には、鯨に向けての指さしや指さしと発声の同時的出現、さらにその繰り返しが見られた。そこには、鯨に気がつかない母親に対して、その注意を能動的に誘導しようとする意図が明確に反映されている。母親の注意が操作可能であり、その注意を誘導して共同注意の関係を構成できる見通しと、それを実行する能力が確実に生まれている。

21〜24か月児でも劇的な変化が生じた。シンボルを使った誘導的共同注意行動が急増し、他者

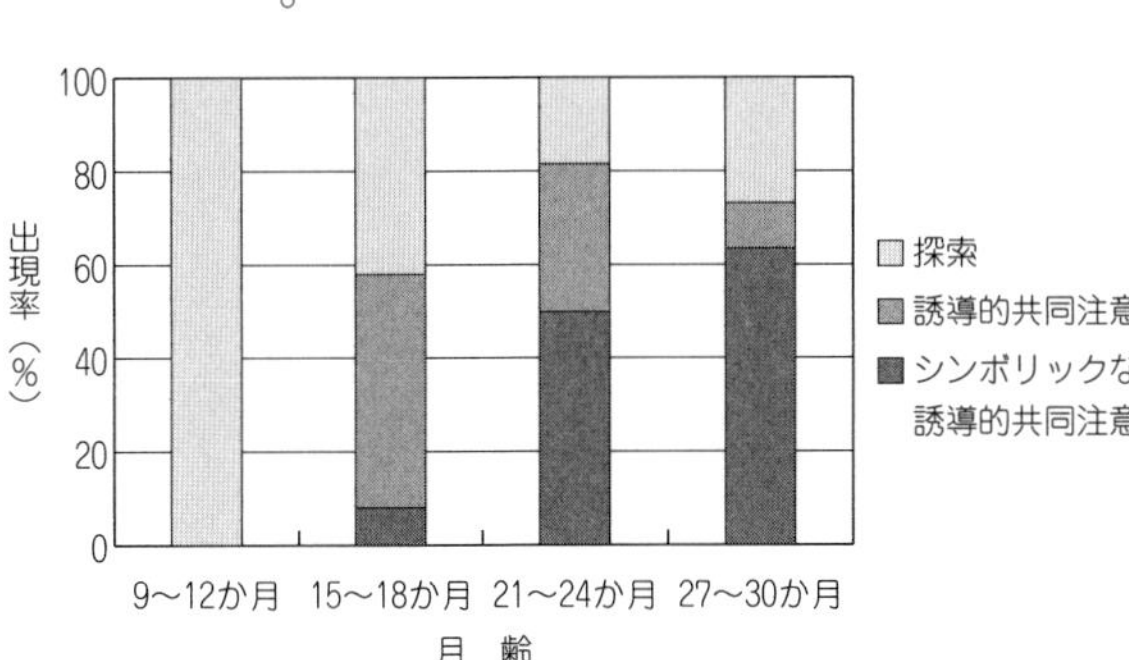

図5-7　鯨のぬいぐるみ場面における誘導的共同注意（大藪，2004）

の注意の誘導スキルは飛躍的に向上した。[*9]

〈考察〉

さて、この実験場面と子どもの行動との関係を整理しておきたい。まず、カーペンターら（Carpenter et al., 1998）の研究とそこから見出された意図的な共同注意期の3区分を見てみよう。[*10]それは、他者の注意をチェックする時期（生後9〜12か月）、他者の注意を追跡する時期（生後11〜14か月）、他者の注意を誘導する時期（生後13〜15か月）であった。意図的な共同注意の開始は生後9か月とされ、すでに紹介したトレヴァーセンとヒューブリー（Trevarthen & Hubley, 1978/1989）も、生後9か月前後の乳児は相手と対象物に能動的に視線を向けることを見出している。[*11]

しかし、本実験での生後9〜12か月児には、鯨と母親との間での視線交替は観察されなかった。乳児に視線交替が見られなかったのは、実験場面の違いによると推測される。この鯨場面では、見慣れない鯨のぬいぐるみが突然浮かび上がっており、そのうえ、母親は鯨を見つけたときの子どもの反応を無視している。子どもには非常に違和感があり、混乱して適切に対応するスキルを失う場面であろう。一方、トレヴァーセンとヒューブリーの場面は、椅子に座った乳児が母親と慣れ親しんだ遊びをする場面であり、カーペンターらのものも共同注意をしやすい遊び場面での実験者とのやりとりだった。意図共有的共同注意期に入ったばかりの乳児にとって、鯨場面は母親との間で視線交替をさせる心の余裕を失わせたと考えられる。

しかし、次の15〜18か月児になると、子どもの行動は大きく変容し、鯨と母親との間での視線交替を行ったり、指さしをしたりして母親の注意を能動的に鯨に向けようとしている。生後9か

＊9 21〜24か月児群と27〜30か月児群の詳細は第6章を参照。

＊10 本章の第2節2を参照。

＊11 本章の第2節1を参照。

月から始まる意図共有的共同注意は、半年の時間経過のなかで、外界の対象物を母親と共有する能力を大きく発達させていることがわかるだろう。

それでは、9〜12か月児群と15〜18か月児群から、それぞれ典型的な事例を2名紹介してみたい。いずれも大藪（2004）からの再録である。

9〜12か月児群

対象児A（女児：9か月13日）

母親に近づいて膝に手をかけたところで鯨に気づいた。母親から手を離し、座って鯨を見上げる。鯨を見つめながら「ウン」と発声し、全身に力を込め両手を上下に振る。鯨を見ながら、鯨に向けて音声を投げかけるように「ウン、ウン」と繰り返し発声する。斜め前に座っている母親のほうを一瞬見るが、すぐに鯨とは反対方向に目そらしをする。しばらくすると、再び「ウン」と発声しながら鯨を見上げ、やがてその発声が「ウーン」と弱い調子に変化する。母親が児の顔を見ながら「ウン」と言うと、母親の顔を見るが、すぐに目そらしをする。這い這いで鯨のほうに近づいて行くけれども、途中で鯨への関心はなくなり、床に散らばっているブロックをいじり出す。

母親が鯨に気づいて、児の名前を呼び、指さしして教えようとするが、鯨への関心は失われ見ようとしない。[*12]

*12　大藪、2004, p.159より。

対象児B（男児：12か月6日）

追いかけごっこのように母親を追いかけ、背中にしがみついたところで鯨に気づく。鯨を見ると、「ダ、イー」と今までとは異なった調子で発声する。母親もその発声に応答するが、子どもの母親への関心はなくなり、鯨のほうに歩いて行く。数歩歩いて母親の手元に尻もちをつき、そのまま母親の膝の上に仰向けになり、指しゃぶりをしながら天井を見る。母親と視線が合い、母親が「眠くなっちゃったの」と聞くと、「ウン」と返事する。指しゃぶりをしながら、母親の顔を一瞬見て起き上がり、また鯨を見る。

母親が「あれ、鯨だ。あれ、何？」と気づくと、すぐに母親の顔を見て微笑み、鯨を見ながら母親にしがみつきに行く。母親と一緒に鯨を見ながら手伸ばしも出現した。*13

15～18か月児群

対象児C（男児：15か月9日）

床に座って玩具の家具をいじっている。母親がバドミントンで羽根を打って遊びはじめる。それを見ようとして、鯨に気づく。すぐに立ち上がり、微笑みながら、「ウン、ウン」と言って鯨に向かって指さしをする。母親が気づかないと、母親がいじっている玩具のほうに視線を向ける。正面には玩具が散らばっているので、斜め左にいる母親を迂回して歩き、「ウン、ウン」と言って指さしをしながら鯨に接近する。鯨の真下まで来て「ウン、ウン」と言いながらなおも指さしを続ける。母親を振り返って近づいて行き、顔を見て微笑みながら「ウン、ウン」と言い、また鯨を振り返って指さしをする。

母親が気づき、「鯨さんいるね」などと声かけしながら、子どもに接近すると、子どもも

*13 大藪、2004, p.159–160 より。

一緒に鯨を見て、指さし、発声、笑顔が出現する。*14

対象児D(女児:18か月6日)

母親と一緒に玩具をいじっていた。振り返って鯨を見つける。すぐに「デャ、デャ」と言いながら鯨に指さしする。後ろにいる母親を振り返り、手をブランブランさせて声を出し、もう一度鯨を見て指さしと発声をする。声を出しながら、また母親の顔を見る。それでも母親が気づかないと、ドルハウスの屋根に腹ばいになりお腹を屋根でこすりながら、母親の顔を見て「デャ、デャ」と声を出し続ける。

母親が鯨に気づき、「あれ何?」と言うと、すぐに屋根から離れ、鯨を見て声を出して指さしをする。*15

*14　大藪、2004, p.161より。

*15　大藪、2004, pp.161-162より。

2　「鳥の鳴き声」実験

〈実験結果・考察〉

図5-8は鳥の鳴き声場面の結果である。鯨のぬいぐるみ場面とは異なることが一目瞭然である。鳥の鳴き声に関心を示さない子どもが、生後24か月までは6割近く、27〜30か月児でも3割以上いた。母子が遊んでいる場面で、50〜60デシベル程度の聞き慣れない鳥の鳴き声が突然聞こえてきても、母親が気づかなければ、子どもは気づいた反応を見せないことが多く、気づいた様子を見せた子どもも注意を持続できないことが多かった。

9〜12か月児に、誘導的共同注意行動を示した子どもが1名いたが、15〜18か月児でも

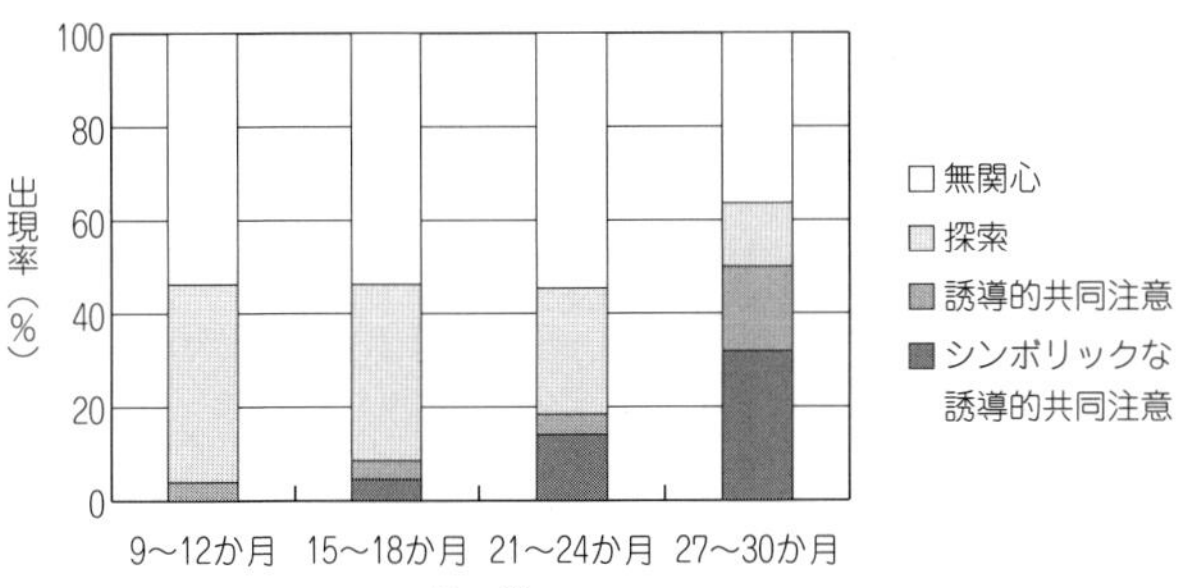

図5-8　鳥の鳴き声場面における誘導的共同注意(大藪, 2004)

2名に過ぎなかった。これは鳴き声に持続的に反応した子ども11名の2割に満たず、同月齢の鯨場面と比較すると3分の1にもならない。鳴き声に持続的に反応した子どもを対象にして誘導的共同注意行動をした人数の割合を算出すると、鳥の鳴き声の27～30か月児と鯨のぬいぐるみの21～24か月児がほぼ等しかった。ここから見る限り、聴覚刺激に対する他者の注意の誘導スキルの発達は視覚刺激よりほぼ半年は遅れる可能性がある。

視覚刺激の場合、自分だけ気づいて母親は気づかなかった経験はありうるが、聴覚刺激では母親も同時に気づくので、自分だけが気づく経験はほとんどないと言ってよい。それゆえ、十分に聞こえる大きさの鳥の鳴き声に対して母親が反応しない場面は不慣れで対応しにくいのだろう。子どもは、母親が反応しない鳥の鳴き声場面で不安になり、母親に教える適切な実行機能が損なわれたと推測できる。

上述した鯨実験で紹介した事例と同じ事例を使って、15～18か月児の鳴き声場面での行動を示しておく。また、誘導的スキルの発現という面では、鯨場面の15～18か月児群に相当する21～24か月児群の典型例も紹介しておきたい[*16]（大藪、2004）。

15～18か月児群

対象児C（男児：15か月9日）

床に座って家具の玩具をいじっている。鳴き声が聞こえても、玩具いじりは中断されず続けられる。鳴き声に気づいた様子はまったくない。ほぼ25秒経過したとき、頭を上げ周囲に視線を巡らし、弱く「ウン」と言い、一瞬、鳴き声とは別の方向に指さしをして、母親の顔を見るが、すぐに手にもっていた玩具に目を落とし、いじり出す。

＊16　27～30か月児群は第6章を参照。

母親が「鳥さん鳴いてるよ、どこかな」などと誘うと、「ウン」と返事をし、鳴き声のするほうを見る。やがて立ち上がり、音源に接近し、音源に向かって指さしをして「ウン」と言う。[*17]

対象児D（女児：18か月6日）

風車をもち、母親がいじっている形態板[*18]を立ったまま覗きこんでいる。鳴き声が聞こえて約5秒後、顔を上げて周りを見るが一瞬であり、すぐに風車を見ていじり出す。その後、しゃがんでフリスビーをいじる。いじりながら顔を上げ、前方を見ることがあるが、これも一瞬である。母親に視線を向けることはまったくない。母親がフリスビーをさわり、「ころころーって」と言うと、すぐにフリスビーに注意を戻していじり出す。

母親が「あ、鳥の声が聞こえる」と言うと、すぐに立ち上がり、「デヤー」と発声して、前方に手伸ばしする。[*19]

21〜24か月児群

対象児E（女児：21か月13日）

母親と床に置かれた形態板を使って遊んでいる。鳴き声がして5秒ほどで頭を上げ、周囲を見まわす。母親が形態板に誘うと、そちらのほうに注意が移る。形態板で遊び出す。20秒ほどして天井を見上げ、母親の顔を見て、それからまた天井を黙って見まわす。

母親が「鳥さんだね、なんか聞こえるね」と言うと、母親の顔と天井を見比べるようにする。[*20]

＊17　大藪、2004, p.164より。

＊18　板のくぼみに絵のパートをはめ込み、その絵を完成させるおもちゃ。

＊19　大藪、2004, p.164より。

＊20　大藪、2004, p.165より。

対象児F（女児：24か月1日）

テーブルで母親と向き合って形態板をしているところに鳴き声が聞こえる。すぐに鳥の鳴き声のするほうを見る。母親の顔を見るが、母親は形態板を見ているためか、すぐ同じようにその形態板のほうを見る。やがてまた、音のするほうを見る。母親のしていることを見たり、鳴き声のするほうを見たりする。母親の顔を見上げ、音源のほうに指さしをし、「コレ」と言う。母親が形態板をし続けていると、「コレ」という発話の調子が弱くなり、指さしも垂れ下がり、母親が操作している形態板に視線が落ちてくる。しかし、指さしは下を向き加減だが持続し、「コレ」という発語も弱い調子で続いている。

母親が「あら、あら、鳥さん」と言って気がついても、数秒間は呆然としているかのように、指さしをしたまま、形態板のほうを見ている。やがて「トリさん」とはっきり言って、鳴き声のするほうに顔を向ける。*21

*21 大藪、2004, p.165より。

3　鯨のぬいぐるみと鳥の鳴き声場面での注意誘導の比較

鯨のぬいぐるみと鳥の鳴き声場面で、子どもが母親の注意を誘導するのに使った総時間を見ておこう（図5-9）。どちらの場面でも、月齢の増加とともに誘導する時間が増える傾向があった。しかし、鳥の鳴き声場面のそれは、鯨のぬいぐるみ場面の半分に満たなかった。他者の注意を聴覚刺激へ誘導することは、誘導スキルの発達でも、誘導するために使用する時間でも、視覚刺激の場合より難しい可能性がある。このことを確認するために、「指さし」の出現を検討した。

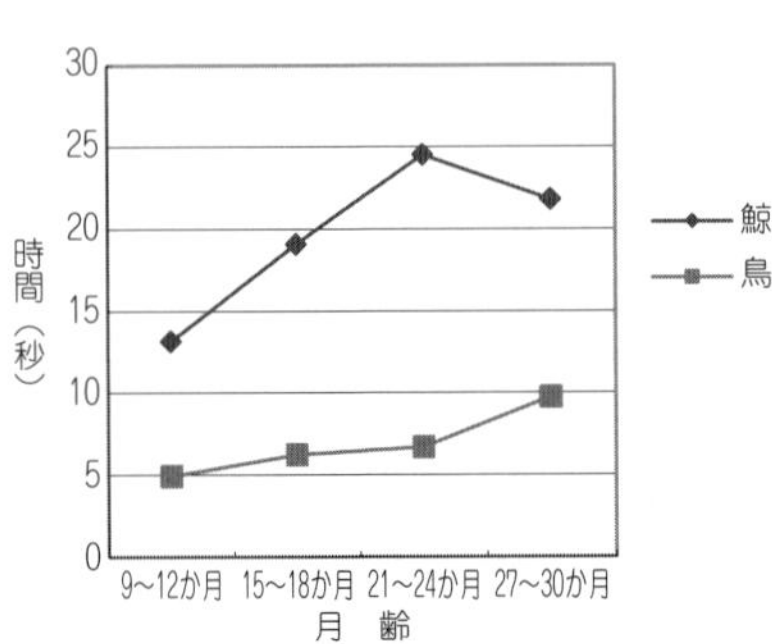

図5-9　鯨のぬいぐるみ場面と鳥の鳴き声場面での注意誘導時間（Oyabu, 2006）

鯨のぬいぐるみ場面では、子どもが単独で鯨を探索する行動が全対象児で94回出現したが、そのうち30回で指さしがあった。出現率は約32％である。また誘導的共同注意行動は25回あり、そのうちの20回で指さしが観察された。この出現率は80％である。一方、鳥の鳴き声場面では、単独の探索行動が51回、そのうち7回で指さしが出現した。出現率は約14％だった。誘導的共同注意は7回、そのうち1回で指さしがあり、これもほぼ14％の出現率である。

このように、子どもの指さしは、鳥の鳴き声場面より鯨のぬいぐるみ場面で多く出現した。とりわけ、誘導的共同注意場面でその傾向が強かった。指さしは指示対象が明確な場合に出現しやすいのであれば、鳥の鳴き声場面で誘導的な指さしの出現が困難になるのは、新奇な音源の特定のしにくさによると考えられる。音源に向かって他者の注意を誘導するためには、曖昧な音を指示対象として図化する必要に迫られるのだろう。繰り返しになるが、目が見える幼い子どもにとって、母親が反応しない聞き慣れない聴覚刺激は実在する確信を弱め、注意対象として図化されにくいのである。単独の探索行動の場面と誘導的共同注意の場面での指さしの出現率がほぼ同じであることも、聴覚対象の不明確さに起因することを推測させる。聴覚刺激の性質と指さしの出現との関係についてはさらに検討が必要であろう。[*22]

第6節　模倣と共同注意

人はすぐれた模倣能力をもつ。新生児に模倣能力があることはすでに指摘した。[*23] この新生児模倣の発生機序や、新生児模倣とその後の模倣行動との関連については議論があり確定していない。

＊22　本書の編集中に、アダムソンから聴覚刺激を対象にした共同注意に関する論文（Adamson et al. 2019 Sharing sounds: The development of auditory joint engagement during early parent-child interaction. *Developmental Psychology*, 55, 2491-2504.）が送付されてきた（2019/12/19）。鳥の鳴き声以外の音源も使われているが、12か月から30か月児を対象にして、筆者が行った研究と同じ場面（音に母親が気づかない場面／母親が気づく場面／音が消える場面）が用いられている。

＊23　第2章の第2節3（2）を参照。

子どもが、物を使って行う他者の動作を模倣しようとすれば、共同注意能力を必要とする。模倣にはさまざまな種類があり、いずれにも共同注意が反映されている。たとえば、「物まね」（mimicry）は例示者の行動を、その目標を理解することなく盲目的に再現する。「刺激強調」（stimulus enhancement）は、他者が頻繁に操作する物に興味をもった者がそれを手にしているうちに自然に似た動作が発生する。「模擬」（emulation）は、例示者の目標に関わりなく、結果だけを試行錯誤して再現しようとする。こうした模倣が可能になるためには、少なくとも例示者が操作した物に視線を向けるという共同注意が必要とされる。しかし、こうした模倣現象は、他者が意図をもつ主体であることを理解しなくても生じる社会的学習である。チンパンジーの模倣行動は模擬によるとされる。人間の模倣は「意図模倣」（intentional imitation）という高次な模倣である。それは他者の動作がもつ意図に気づき、その意図を再現しようとする模倣である。それゆえ、相手の行動とは異なる形態にして模倣する場合もあれば、模倣しない場合もある（Tomasello, 1999/2006）。

1　失敗行動と偶発行動

人の行動は常に意図どおりにいくわけではない。意に反する場合もある。乳児の模倣行動にそうした事情は反映されるのだろうか。模倣すべき行動と模倣しなくてもよい行動との違いは理解できるのだろうか。よく知られている２つの実験を紹介してみたい。

（1）メルツォフのダンベル実験

メルツォフは18か月児を対象に失敗行動の模倣実験を行った（Meltzoff, 1995）。人がダンベルの形をした器具の端にある輪を親指と人さし指で挟み、横に引っ張ってはずそうとしてみせた。場面が2つあった。輪をはずした場面（完成動作）と指が滑ってはずせなかった場面（不完成動作）である。これと同じ動きを、メカニカルピンサーと呼ばれる機械にもさせている（図5-10）。

18か月児は、人が演じてみせた場合は、どちらの場面でも目標を理解し輪をはずした。はずす動作を見なくても、人にはダンベルをはずそうとする意図があると気づき、目標を達成した。したがって18か月児は人の動作をただ真似するのではない。人の動作がもつ意図を推測し、その意図を実現しようとするのである。しかし、機械でできた指先の形をした物が輪をはずさなかったときには、輪をはずそうとしなかった。人には意図があるが、物には意図がないと判断したためだろう。18か月児は、人に意図を感知し、その意図を模倣しようとするのである。ベラガンバとトマセロ（Bellagamba & Tomasello, 1999）の追試研究でも18か月児で同様の結果を得ている。しかし12か月児では得られていない。

（2）カーペンターらの「偶発行動パラダイム」実験

カーペンターらは14〜18か月児を対象に「偶発行動パラダイム」を用いた（Carpenter et al., 1998）。この実験では、例示者が子どもの興味を引くような出来事を起こす動作をするが、一方の群では「やった！（There!）」と言って目標を達成したような発声をし、他方の群では「しまった！（Woops!）」と言って偶発的な出来事だったように発声した。

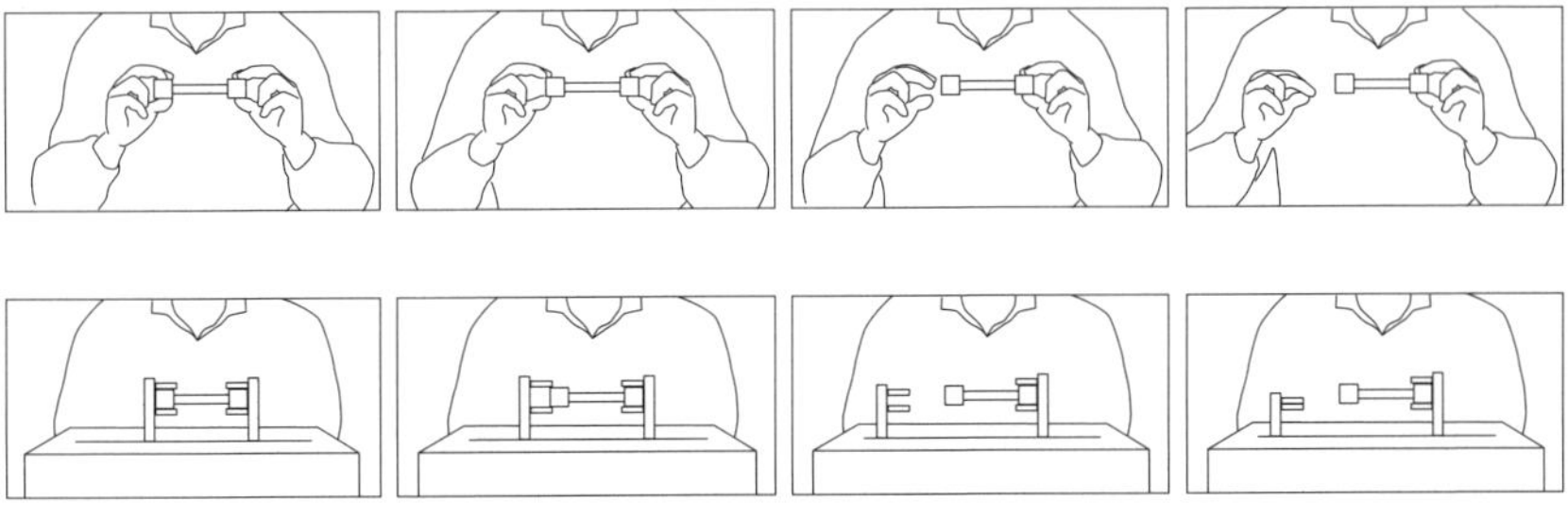

図5-10　失敗行動の模倣実験の例示動作（Meltzoff, 1995）
上段：指先が横に滑ってはずせなかった場面
下段：メカニカルピンサーが横に滑ってはずせなかった場面

それぞれの場面を見た後で、両群の子どもを観察すると、「やった！」を聞いた群の模倣は「しまった！」を聞いた群の模倣より2倍多かった。14～18か月児は、人が同じ動作をしても、そこに意図の有無を感知し、意図的に行ったと推測される動作を模倣しようとするのである。

この2つの研究から、1歳台前半の子どもは、相手が目標を達成しようとする〈意図〉と目標を達成するために選択した〈行動〉に気づき、意図を再現しようとすることがわかる。1歳児は他者の行動より意図を優先し、他者と内面世界を共有することを重視するのである。

2 抗アフォーダンス模倣

物には物自体が人の行動を誘発する「感覚‐運動的アフォーダンス」(sensory-motor affordance)と、使用者が物に付与する「意図的アフォーダンス」(intentional affordance)がある。*24 子どもが人の意図を理解し、「意図的空間」(intentional space)を共有できるようになると意図的アフォーダンスに気づくようになる。人の子どもの模倣行動にはこの意図的アフォーダンスが影響してくるのである(Tomasello, 1999/2006)。

強い感覚‐運動的アフォーダンスを備えるおもちゃを使用すれば、子どもが他者の行動を意図的に模倣することが検討できる。メルツォフ(Meltzoff, 1988)とカーペンターら(Carpenter et al., 1998)は、生後14か月前後の子どもを対象に、手で触れるパネルに額で触ってライトを点灯させる模倣実験を行い、1歳児は額押し行動を

*24
アフォーダンスとは、環境が動物にあたえる意味や価値、ないしは可能な行為のこと。アメリカの生態心理学者ギブソン(Gibson, J. J.)の造語。

図5-11　メリーゴーランドおもちゃ

模倣することを見出している。このタイプの模倣は、対象物に備わる感覚ー運動的アフォーダンスに抵抗する模倣行動が要請されるので「抗アフォーダンス模倣」と称してきた（大藪、2004）。

〈実験の概要・結果〉

筆者は、上部中央にある押しボタンを押すと、キャラクターが回るのが見えるメリーゴーランド式のおもちゃ（図5-11）を使って、この額押し模倣行動を確認した（大藪、2004）。実験手順を簡単に紹介する。メリーゴーランドを子どもの正面に置き、子どもが手で押す自発操作を確認した。その後、実験者が額でボタンを押してキャラクターを回してみせ、子どもにメリーゴーランドを渡して操作させた。この手続きを3回繰り返した。次に、実験者は母親に教示し退室した。30秒ほど子どもに自由に遊ばせた後で、母親も実験者と同じ手順で額押しを3回した。結果には、実験者と母親による計5回[*25]の額押し例示行動に対する子どもの模倣行動を用いた。

15～18か月児で60％以上の子どもに模倣行動が見出された（図5-12）。ただし、この月齢児の多くが額ではなく口を使って模倣をしている。口押し模倣をする子どもも例示者の額に触りに来て、額で押したことを確認しようとすることがある。額で押していることは理解しているのであろう。自分の額に対する身体スキームの未熟さが、額を使った模倣行動を困難にすると考えられる。メルツォフやカーペンターらの研究で口押し模倣反応が報告されないのは不思議である。

子どもたちは、模倣行動の直後には、視線を例示者の顔に向けて様子をチェックすることが多かった。その様子は、同じことをしたことを例示者の目に確認するかのようで

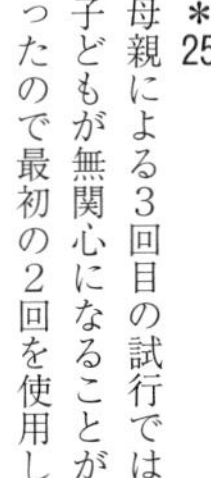
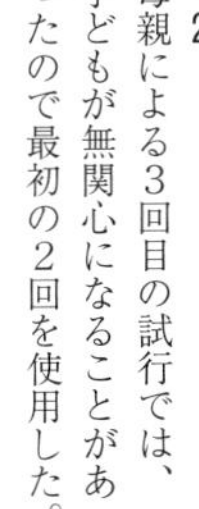

＊25 母親による3回目の試行では、子どもが無関心になることがあったので最初の2回を使用した。

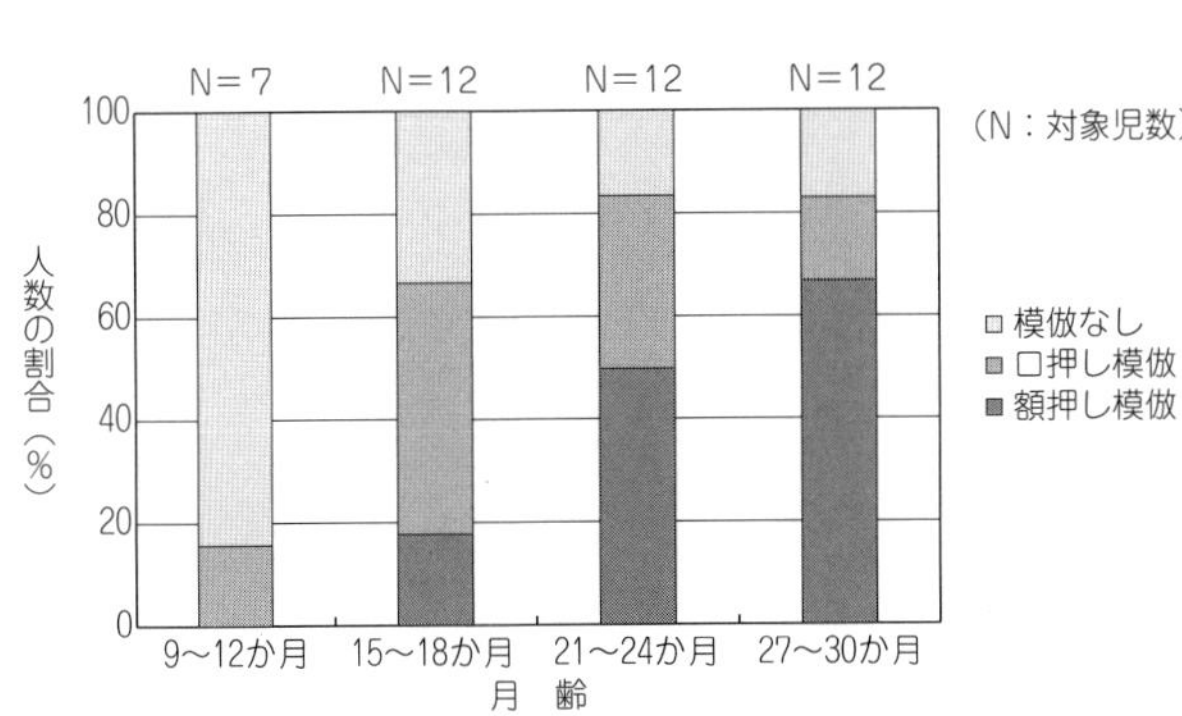

図5-12 額押し行動の例示に対する模倣行動（大藪, 2004）

ある。子どもはワーチ（Wertsch, 1991）のいう「心の声」を聞こうとするのだろう。例示者の行動はただの運動ではない。そこには「こうやって押すんだよ」という指示が含まれている（Bruner, 1996）。その指示の意図に、子どもは「こうだよね」と応じ、例示者の目に「そうだね」という承認を求めて共有世界を構築しようとするのである。

ここでも、9か月から24か月までの典型的な事例を4名紹介しておきたい（大藪、2004）。

対象児G（男児：12か月6日）

実験者が1回目の例示をする。手でボタンをつまみ、実験者の顔を見て声を出しながら、実験者に向けてメリーゴーラウンドを差し出す。2回目、実験者の顔を見ながらメリーゴーラウンドを受け取り、ボタンをつまんですぐに実験者に渡そうとする。3回目も同様にして実験者に返してくる。母親に説明をしているときも、メリーゴーラウンドをつまんで実験者に差し出し、やらせようとする。実験者が部屋から出て行くと、すぐにメリーゴーラウンドに顔を近づけて「口模倣」をする（図5－13）。そして母親の顔を見てメリーゴーラウンドを差し出し、「アッテー」と発声する。母親が3回例示する。母親とメリーゴーラウンドに視線を明確に向け、笑顔で見ているがもう模倣はしない。[*26]（この月齢で「口押し模倣」をした唯一の事例）

対象児H（女児：15か月11日）

実験者が1回目の例示をすると、児の身体の動きが明確に静止し、実験者の顔を見つめる。

図5-13　12か月児の口押し模倣（対象児G）
（早稲田大学文学学術院発達心理学研究室）

*26
大藪、2004, p.176より。

メリーゴーラウンドが戻されると、指先でボタンを押す。２回目を例示すると、実験者の顔を見上げ、ボタンをもって後ろの母親のほうに運んでいく。頭を掻きながら、３回目の例示を見て、また「ハイ」と言って母親にメリーゴーラウンドを手渡す。（実験者が）母親に説明をし始めると、メリーゴーラウンドをジーッと見つめ、自分からメリーゴーラウンドに顔を近づけて「口模倣」をする。ボタンに手でも触るが、３回「口模倣」をやってみる。母親の例示も、例示した母親の顔もよく見つめる。指でボタンを押し、それから口で長い時間押し続ける。母親が２回目の例示をすると、母親の額に触りに行く。実験者が入室すると、実験者の顔を見て、顔で押す動作をしてみせる。[*27]

対象児Ｉ（女児：18か月５日）

実験者が１回目の例示をすると、手で（ボタンを）押して立ち上がり、後ずさりをして実験者の顔を見る。２回目の例示をすると、「フン」と言いながら笑顔を見せ、さらに後ずさりする。すぐにメリーゴーラウンドに戻り、手で押し、母親のところにもっていく。３回目もやはり手で押す。実験者の退室後、母親が「ママもやってみようかな。ママもやっていい？」と聞くと、自分のほうが早く「額模倣」をする（図５-14）。そして、母親の顔を見ながら、両手で額を押さえる。もう一度、自分から「額模倣」をし、今度も両手で額を押さえて後ずさりする。母親が１回目の例示をすると、すぐに「額模倣」をし、母親の顔を見て後ずさり。母親２回目、すぐに「額模倣」をして母親の顔を見る。自分からもう２回「額模倣」を繰り返す。母親は３回目をするが、子どもはメリーゴーラウンドに関心を失う。[*28]

図５-14　18か月児の額押し模倣（対象児Ｉ）
（早稲田大学文学学術院発達心理学研究室）

＊27　大藪、2004, pp.177–178より。

＊28　大藪、2004, p.178より。

対象児J（男児：24か月2日）

実験者が1回目の例示をすると、実験者の顔を見上げる。すぐに「額模倣」をして（図5－15）、実験者の顔を見る。2回目もすぐに「額模倣」をする。3回目を例示すると、実験者の顔を見て笑いながら体を左右に揺する。渡されるとすぐに「額模倣」をする。実験者が退室すると、自分から「額模倣」を始め、続けて3回行なう。終わると母親の顔を見て、拍手をしながら笑いかける。母親による3回の例示場面では、どの回でも「額模倣」と「手で押す行動」を両方行なう。*29

押しボタンを額で押すという奇妙な行為でさえ模倣しようとする振る舞いは、子どもの心にきわめて強い共有欲求が備わることを示している。新生児模倣という原初的な行動にも反映されるように、人の子どもには強い模倣欲求が備わり、その能力をさらに高次化させていく能力があるのだろう。子どもは他者と同じ行為を模倣することによって、その行為と対象物がもつ意味を共有しようとするのである。人の子どもは、大人と同じ振る舞いをして、意味世界の集合である文化を共有する仲間になろうとする。人間の子どもの有能性の基盤は、個体レベルにあるというより、むしろ他者との関係を能動的に利用しようとすることにある。子どもの模倣能力と大人の例示行動は、子どもの「文化学習」（cultural learning）の両輪といってよいだろう（大藪、2004）。

図5-15　24か月児の額押し模倣（対象児J）
（早稲田大学文学学術院発達心理学研究室）

*29
大藪、2004, p.179より。

3　生命体と非生命体の動作の模倣

生後数か月の乳児が、人（生命体）と物（非生命体）に対して異なる反応をすることはすでに論じた。[*30] また先ほど見たように、18か月児は、人と物が完成しない動作をすると、人の動きと物の動きを区別し、人の動きにだけ意図を感じ取って意図模倣をすることが知られている（Meltzoff, 1995; Bellagamba & Tomasello, 1999）。しかし物にもいろいろな種類がある。物に、顔、両手、独立した運動といった主体を示唆するいくつかの特徴（Johnson et al., 2001）が備わっている場合はどうなのだろうか。

レゲァスティ（Legerstee, 2005/2014）は、大きな犬のぬいぐるみ（Big Dog: BD）を使い、10か月児を対象にして不完成動作の模倣実験を行った。ＢＤはベージュと茶色の大きな犬のぬいぐるみで、顔と腕と手があり、セーターを着ていた。セーターの袖は取り除かれ、その袖を実験者が身につけ、ＢＤの手のように動かした。実験者はＢＤの背後から手を動かしたので、まるでＢＤの手が動いているように見えた。

目標行為として、容器におもちゃを入れる、容器からおもちゃを取り出す、皿をブラシで磨く、の3種類があり、それぞれの行為で、完成動作と不完成動作が例示された。乳児が例示行動を見て行った行動と目標行為との類似度を判定するために、ビデオ映像を対象にマイクロアナリシスを用いて、5段階の類似度評定（まったく似ていない／少しだけ似ている／一部に似た行為がある／非常に近い／完全かつ即座に実行される）のコーディングが行われた。その結果、10か月児が人間と非生命体（ＢＤ）の目標完成動作をどちらも模倣すること、しかし人間の不完成動作を見た場

＊30　第3章の第4節2、3を参照。

合には目標行為を完成させたが、非生命体の不完成動作に対しては目標行為を完成させないことが報告されている。

このレゲァスティの研究は、10か月児が人という生命体と人と類似した形態や行動特徴をもつ非生命体を区別し、人にだけ意図を検出し、その意図を完成させる模倣（意図模倣）をしてみせることを示した点で貴重である。

おわりに

乳児は生後2か月頃から、母親との間で豊かな情動と注意が行きかう対面的な共同注意を経験し、母親の行動がもつ意図に気づき始める。そして生後半年頃になると、母親が持っている物に対する共同注意が見られだす。〈乳児－母親（物）－母親〉（P－P（O）－P）と表記される三項関係である。乳児はこの三項関係のなかで共感的に振る舞う母親との情動交流を経験しながら意図理解を育んでいく。

ほぼ生後9か月以降、乳児は母親と物を一緒に見ながら、母親の顔に向ける視線をさらに強固で活発なものにさせてくる。本章で取り上げた意図共有的共同注意である。その視線交替行動には、自律的な注意配分能力の発達を基盤に、母親が意図的な主体であることの認識や、自己と母親との心の世界に対する気づきの深まりがある。そうした心の働きの発達に応じるかのように、乳児は母親と事物や意図を共有しようとする多彩な行動を能動的に表現することが可能になる。

生後12か月頃に顕在化する「指さし」はその典型的な行動である。指さし行動の背後には、他者の視線がもつ意味理解の深まりを予測できる。視線を放つ他者の心の世界に気づき、その視線の先にある物と他者との関係を理解するだけではない。その他者と物との関係の場に自分を能動的に介在させ、物を他者と共有しようとする心の働きが発現するのである。それゆえ、自分からは見えるが他者からは見えない物があると、他者はそれを見ていないと理解し、自ら進んで指をさして教えることが可能になる。

それは乳児が他者の視点に立てることを意味し、他者の表象世界が自分とは異なると気づく心の働き（心の理論）の原型的な世界である。そして同時に、そこにはトマセロが共同注意で重視する「共有意図性」あるいは「『われわれ』意図性」が出現している。こうした心の世界が登場することで、乳児は身振りを使って、自分が興味をもち他者にも教えたいと思う対象物に他者の注意を誘導することが可能になる。それがこの時期に活発に出現する「命令の指さし」や「叙述の指さし」、さらに「情報提供の指さし」であり、これらは乳児が他者の注意を自分の関心事へ引き寄せ、共同注意を能動的に作り出そうとする行動である。その能力は、「意図模倣」として共同世界を構築しようとする模倣行動の世界にも反映されることも紹介してきた。言うまでもなく、それもまた意図共有を志向する心の働きが生み出した共同注意活動の現れである。

この時期の子どもは、他者の行動の背後にある表象世界に気づき出し、相手が必要とする情報を操作する世界に足を踏み出している。やがて子どもは、対象物と母親の両者に注意を能動的に配分させながら表象世界を探り、特定の表象対象を共同注意の対象にしようとする。それが子どもをシンボリックな活動世界へと参入させる。表象対象を共同注意の対象にするためには、それを表現するシンボルが必要になるからである。「指さし」はシンボリックな活動の原型ともいえる行動である。こうしてシンボルを使った共同注意活動の幕が開かれていくのである。

第6章　シンボル共有的共同注意（生後15か月頃～）
——他者と精神世界を共有する心の働き

はじめに

1歳半前後から、眼前にはない物を思い浮かべて遊んだり、他者の行動が意味することに気づき出したりする表象活動が子どもの心に現われ始める。それは、その場にない事物や現象を精神内に対象として登場させる能力である。この心像（mental image）は、現前しない事象が思考内に出現したシンボルであり、精神世界でシンボリックな思考（symbolic thought）を展開させる（DeHart et al., 2004）。アレンらによれば、この精神表象は想像表象と呼ばれ（imaginative representation; Allen et al., 2008/2014）、表象対象を自在に結びつけて、現実の世界とは異なる自律的な世界を生み出す働きをもつ。精神表象としてのシンボルは、事象をそれが存在する場から時間的にも空間的にも切り離し、心的な情報に置き換えられたものであり、精神内容を自在に組み合わせることを可能にさせる。

人の心には、コミュニケーションを高次化し、自他の精神世界を共有しあおうとする仕組みが生み出される。それを実現する最初の重要なステップが、乳児が母親との間で経験する情動知を基盤にした共同注意であり、その関係世界には交換しあう情報の質を高め、効率化させる創発的な働きがある。それが心のなかにひそむ精神表象を外在化させ、他者とともに対象化できるシンボルを作り出し、自他で共有しあう精神世界を育てていく。

前章で紹介した指さしは、乳児が指を使って対象物を指示しながら精神世界を共有しようとする原型的なシンボリック行動である。それは自分が知らせたいと思う事物を他者に指し示したり、他者が伝えたいと思う事物に気づくとそれを指し示して応答したりするために用いられる。指さしは、他者と精神世界を共有しようとする心の働きが生み出す行動である。しかし、このように使われる指さしには、眼前にない事物を指示する機能は皆無ではないが弱いという制約がある。

シンボル共有的共同注意期になると、現前しない事物を指し示し、他者とそれを意図的に共有する高次なシンボル機能が発達し始める。こうした心像を使ったシンボリックな機能を十分に働かせるためには、相手の精神表象を想像し、自分の心の世界と照合する精神機能を活動させなければならない。現前しない物を相手と共有し、その存在や意味を了解しあうためには、他者の心の表象世界に気づき、その世界を柔軟に表現できる言語的シンボルを必要とするのである。

シンボル共有的共同注意期に入った子どもは、他者の精神世界にどのように気づき、どのように対応しようとするのだろうか。本章では、この時期の入り口に立った子どもを対象に、他者の精神世界への気づきと、その対応を明らかにしようとした実験研究を最初に取り上げてみたい。共同注意場面で相手の心の世界に気づき、その気づきにいかに対応するかを1歳児で検討した「他者の経験知理解の研究」と「合理的模倣の研究」である。

第1節　他者の経験知理解と共同注意

共同注意研究は、乳児のさまざまな社会的認知能力の解明に貢献しうる。社会的認知能力の一つに他者の「経験知」の理解がある。他者の経験知とは、他者が経験によって得た知識をさす(大藪, 2009, 2013)。子どもは、他者が〈知っていること〉と〈知らないこと〉にいつ気づくのだろうか。他者の知識の有無を判断して、その考えや行動を推測できるのはいつからなのだろうか。[*1]こうした他者の心の世界の理解には、他者の表象活動(信念)への気づきが必要であり、3〜4歳で獲得される「心の理論」(theory of mind)が前提になると考えられてきた。しかし近年、子どもへの言語負荷を軽減し、1歳児の共同注意場面を心の理論研究課題に応用した研究が現れてきた。ここでいう経験知理解の研究である。

*1　第5章で紹介したリスコウスキら(Liszkowski et al., 2006)の情報提供の指さし実験はこの問題と密接に関わっている。

1　「実験者不在パラダイム」による誤信念課題実験

トマセロとハバール(Tomasello & Haberl, 2003)は、心の理論の獲得を検討する誤信念課題を乳児向けに平易化した「実験者不在パラダイム」を考案した。このパラダイム場面は、①子どもと実験者が2つのおもちゃを一個ずつ順番に使って一緒に遊ぶ(共同注意場面)、②実験者が部屋から出ていく(不在場面)、③子どもと実験補助者が3つ目のおもちゃで遊ぶ(不在場面)、④遊んだ3つのおもちゃを実験補助者がトレーに並べて子どもの前に置くと、退室していた実験者が部屋に戻ってきて3つのおもちゃを等しく見つめ、「わあ、それ何？　すごい。それ、ちょうだい」と言って子どもに手渡しを求める（要請場面）、という順序で進行する。コントロール条件では、実験者は3つのおもちゃすべてで子どもと一緒に遊んでから退室し、手渡しを要請する。

2　日本の乳児による「経験知理解」

筆者らは、14か月児と18か月児を対象にこの「実験者不在パラダイム」を適用し、わが国の乳児でも他者の経験知の理解が可能かどうか検討した（大藪，2015b）。わが国と欧米では育児文化に違いがあるが（Grossmann et al., 1981など）、その文化差が他者の経験知理解の発達におよぼす影響の有無を確認したかったからである。

この実験では、〈子どもに経験知の理解ができれば、実験者が見なかったおもちゃを手渡す〉という仮説が設けられている。なぜなら、人が見て驚き、手に取ってみたいと思うのは初めて見た物だろうと推測されるからである。実験は、自由遊び、プレテスト、本実験の順に行われた。自由遊びは、母子がプレイルームと実験者や実験補助者に慣れるために設けられた。子どもが慣れるには15分程度を必要とした。プレテストでは、実験者の手渡し要請に対応する子どもの能力の有無が確認された。おもちゃを選択し実験者に手渡しができると評価された子どもを本実験の対象者にした。

〈実験の概要〉

本実験では3種類の手製のおもちゃを使用した（図6-1）。おもちゃの大きさや形

図6-1　トレーに置かれた本実験用の手製おもちゃ
（大藪，2015b）

状は1歳児が容易に実験者に手渡せるもので、1歳児の選択率には差がないことを事前に確認した。

実験場面には、子ども、母親、実験者、実験補助者の4名がいた。子どもは椅子に座った母親の膝の上で抱かれ、実験者と向かい合っていた（図6-2）。実験の手順を図6-3に示した。この研究では、実験者が子どもにおもちゃを手渡すように要請するので、実験を始める前に子どもが実験者に手渡しできるかどうかを確認した。それがプレ場面である。手渡しできた子だけが実験対象とされた。

実験が始まると、実験補助者が3種類のおもちゃから1つをランダムに選び、実験者に渡した。実験者はそのおもちゃを子どもと一緒に手で触りながら遊んだ。実験者は2つ目のおもちゃでも子どもと同じように遊んだ。この2つが共同注意場面である。実験者は、2つ目のおもちゃを使った遊びが終わると、「ちょっと用事があるから」と言って部屋から出た。実験者が部屋から出ていくと、実験補助者が3つ目のおもちゃを使っ

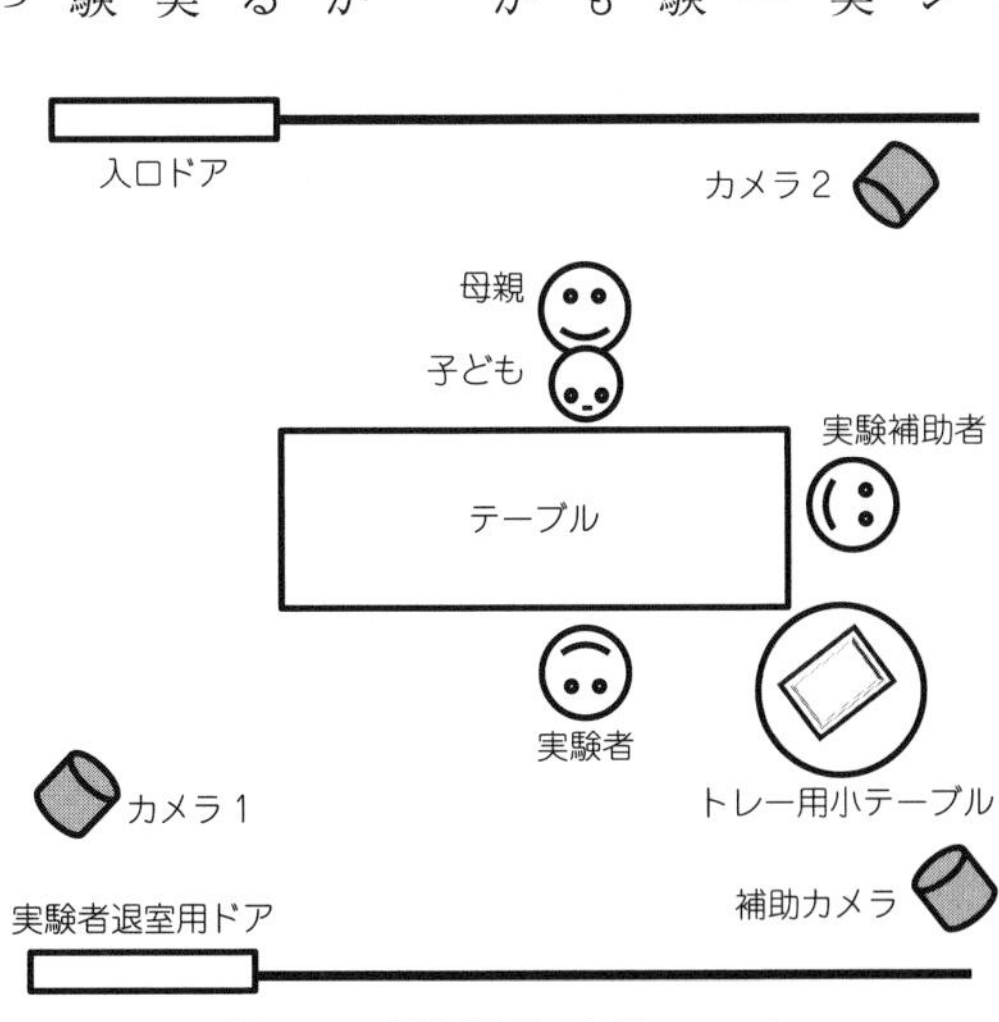

図6-2　実験場面（大藪, 2015b）

■プレ場面　玩具の選択と手渡し能力の確認

■実験場面

	〈実験条件〉	〈コントロール条件〉
共同注意場面	子ども → 玩具１ ← 実験者 子ども → 玩具２ ← 実験者 子ども → **玩具３**	子ども → 玩具１ ← 実験者 子ども → 玩具２ ← 実験者 子ども → 玩具３ ← 実験者
手渡し要請場面	子ども ［玩具１ 玩具２ **玩具３**］ 実験者	子ども ［玩具１ 玩具２ 玩具３］ 実験者

図6-3　実験手順

て子どもと一緒に遊んだ。したがって実験者は3つ目のおもちゃを見ていない。

こうしておもちゃを使った遊びが終わると、実験補助者は3つのおもちゃをトレーに載せて、子どもの前に置いた。そこへ実験者が戻ってくる（図6－4）。実験者は驚いた表情で子どもの顔やトレー全体を見て、「わあ、それ何？　すごい、それちょうだい」と言いながら、子どものほうに両手を差し出して手渡すように促した。これが手渡し要請場面である。コントロール条件では、実験者は3つのおもちゃすべてで子どもと一緒に遊んだ。その後、部屋から出て行き、戻ってきて同じように子どもに手渡しを要請した。

実験は、実験群の月齢比較を優先させ、最初に実験条件を実施した。14か月児群ではおもちゃ選択に有意な差がなかったので、コントロール条件を行わなかった。18か月児群ではおもちゃ選択に有意な差があったので、コントロール条件でも行った。その結果を図6－5に示した。

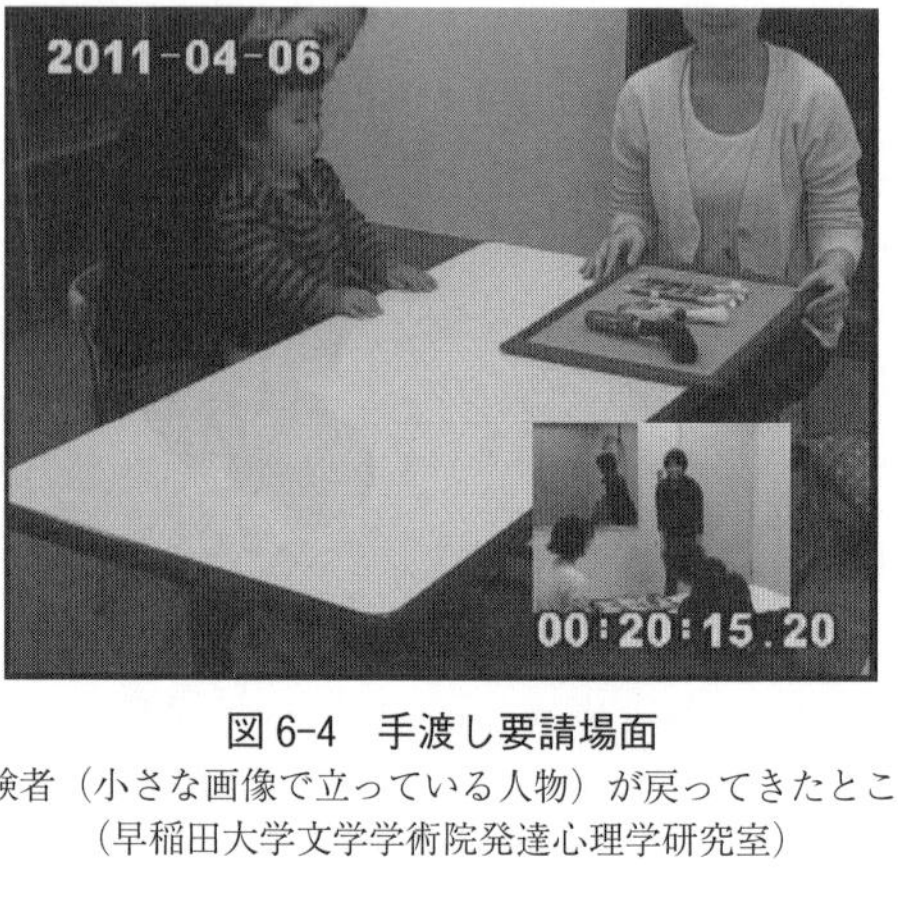

〈実験結果〉

14か月児では実験条件でも3つのおもちゃを同じような頻度でしか手渡せなかった。しかし18か月児は、コントロール条件ではどのおもちゃもほぼ同じ頻度で渡したが、実験条件では実験者が初めて見た3番目のおもちゃを手渡した。生後18か月になると、子どもは自分が経験している世界と他者が経験した世界の違いに気づき、その違いの理解を手渡し行動として適切に実行できるようになるのである。これは、心の理論の原型的な活動がすでに1歳台で始まっていることを示唆している。*2

＊2
心の理論の原型的活動の他の例として、第5章の第3節2（2）でルオとベイラージョン（2007）の実験を紹介している。

図6-4　手渡し要請場面
実験者（小さな画像で立っている人物）が戻ってきたところ
（早稲田大学文学学術院発達心理学研究室）

共同注意の場面は、自分は知っているが人は知らない物はどれかを判断させやすい場面であることが指摘されている。共同注意的関わりの場面では、他者の知識の状態を「見透かす」（transparent）働きが生じるとされる（Eilan, 2005）。それは、ウェルナーとキャプラン（Werner & Kaplan, 1963/1974）が指摘した「原初的共有状況」、つまり乳児と他者が対象物を一緒に静観する状況を構成するからだとされる。物を他者と一緒に操作する場面は、相手との情動共有の場であり、物に対する指示行為に似た多くの状況が作り出され、乳児に他者の行動がもつ意味を気づかせる静観的能力を発揮させやすくする。そこでは、共通の対象物を共同注意する相手の視点を感じ取り、それを表象する精神力動が働きやすくなる。共同注意的関わり場面では、共有されたゴールが形成され、相手の動作や経験が乳児自身の動作や経験と結びついてくる。こうしたことが、他者の経験知への接近を容易にさせるのだろう（Moll et al., 2007）。

〈ドイツの乳児との発達差〉

最後に、この結果と欧米の研究で得られている結果を比較しておきたい。本研究では、他者の経験知の理解は18か月児では可能だが、14か月児にはできなかった。しかし、この実験と同じ手続きで行われたトマセロとハバール（Tomasello & Haberl, 2003）の研究では、12か月児で可能だとされた。また、おもちゃを他者と共同注意する条件を変化させ、共同注意のどんな特徴が14か月児と18か月児の他者の経験知の理解に影響するかを検討したモウルら（Moll & Tomasello, 2007a; Moll et al., 2007）は、次のような知見を得ている。①実験者が子どもと一緒におもちゃを見ながら手も使って遊んだときも、②実験者が子どもと一緒

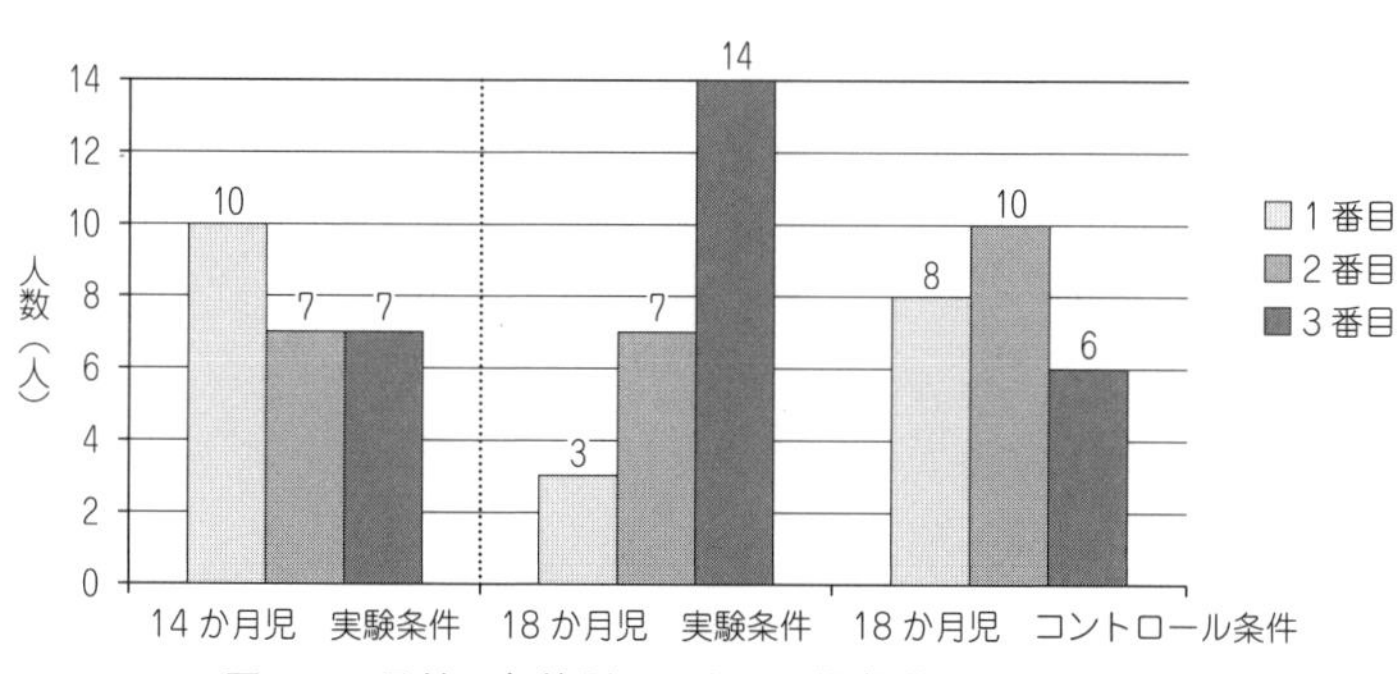

図6-5　月齢・条件別のおもちゃ選択数（大藪, 2015b）

におもちゃを見るだけのときも、14か月児と18か月児は他者の経験知の理解ができた。③実験者が一人でおもちゃを操作しているのを乳児が傍観したときは、18か月児には他者の経験知の理解はできたが、14か月児にはできなかった。④乳児が一人でおもちゃを操作しているのを実験者が傍観したときには、14か月児も18か月児も経験知の理解ができなかった（表6-1）。このように、西欧（ドイツ）の乳児は①と②にあるような共同注意を経験すれば、12か月から14か月児で他者の経験知の理解が可能である。

筆者のデータとドイツのデータに見られるほぼ半年の発達差は何に起因するのだろうか。それは対象児や実験者の違い、あるいは実験場面の違いによるのだろうか。それとも、日本と西欧の育児の文化差によるのだろうか。文化差に起因するとすれば、1歳前半の乳児の心には、文化の違いがもたらす母親との関係を反映する行動を生み出してくる鋭敏な感受性が存在することになるだろう。

第2節　合理的模倣と共同注意

前章の第6節2「抗アフォーダンス模倣」で、おもちゃを手で操作せず額で押してみせると、1歳児が額で押す行動を模倣することを紹介した。押しボタンを額で押すという奇妙な行為の模倣行動には、他者と同じ行為をする

表 6-1　経験知理解の日独比較

	実施国	12 か月	14 か月	18 か月
<u>実験者と手操作をしながら共同注意経験</u>				
Tomasello & Haberl (2003)	ドイツ	○		○
Moll & Tomasello (2007a)	ドイツ		○	○
大藪（2015b）	日本		×	○
<u>実験者と視線だけによる共同注意経験</u>				
Moll, Carpenter, & Tomasello (2007)	ドイツ		○	○
<u>実験者の単独操作を乳児が観察</u>				
Moll & Tomasello (2007a)	ドイツ		×	○
<u>実験者同士の手操作共同注意を乳児が観察</u>				
Moll, Carpenter, & Tomasello (2007)	ドイツ		×	
<u>乳児による手操作を実験者が観察</u>				
Moll & Tomasello (2007a)	ドイツ		×	×

ことによって、その行為と対象物がもつ意味を共有しようとする意図があると論じた。しかし、この模倣行動は相手の身体運動と同じ形をした行動であり、形態模倣である可能性が残されている。額押し模倣を意図模倣だと主張するためにはさらに検討が必要になる。

また、前節では、他者の経験知理解の時期に日本と西欧の子どもで違いがある可能性を指摘した。そして、この発達の違いを育児文化の違いと関連づけて論じた。しかしこれも、経験知理解の発達差が育児文化に由来すると論じるためには、その主張をサポートするデータがさらに必要とされる。

この2つの理由から、同月齢の子どもを対象にしてゲルゲイらが行った合理的模倣の実験を追試した。ゲルゲイらの研究と筆者らの研究を紹介し、結果を比較してみたい。

1　「額押し模倣」実験

ゲルゲイら（Gergely et al., 2002）は、額押し模倣を使って、乳児が他者の行動の意図を理解できるかどうか検討した。彼らは、14か月児を対象にして、接触すると明かりが点く箱に例示者が額で触れて点灯させる場面を用意し、例示の仕方を2種類設定した。一方は、寒いからと言ってブランケットで上半身をくるみ両手をその下に隠した場合。もう一方は、ブランケットで上半身をくるむが、両手を明かりが点く箱のすぐ横に置いて見せていた場合である。したがって、子どもはどちらの場合でも、例示者が額で箱に触れ明かりを点けるところを見ていた。違いは両手が自由に使える状態であったか、そうではなかったかである。

子どもはどのように行動したのだろうか。例示者が手を自由に使えない場面を見た子どもの大半は、自分の手で触れて明かりを点けたが、手を自由に使えた場面を見た子どもでは、その多くが額で押して模倣をしたのである。ゲルゲイらはこの結果を次のように解釈した。手を自由に使えない例示者は、やむを得ず額を使ったのであり、子どもは自分の手を使えるのだから額で押す必要はないと感じた。しかし、手を自由に使える場合には、例示者には額で押す理由があったはずであり、子どもはその理由を確認しようとして額押し行動を選択した。そこにはこうした合理的な行動選択があり、ゲルゲイらはこの模倣を「合理的模倣」(rational imitation) と呼んだのである。

シュヴィアルら (Schwier et al., 2006) は、12か月児を対象にしてゲルゲイとは違った場面を設定した。それは、おもちゃの犬がジャンプして、煙突からおもちゃの家に入る場面だった。一方の条件では、実験者は犬をドアから家の中に入れようとするが、ドアが閉まっていたために煙突から犬を入れてみせた (場面強制条件)。もう一方では、ドアが開いていたにもかかわらず煙突から入れてみせた (自発的選択条件)。その後、ドアが開いている状態にして、子どもが犬をどう扱うか観察した。その結果、自発的選択条件を経験した12か月児で犬を煙突から入れる行動の模倣が多く生じた。この結果は、12か月児でも他者の行動がもつ意味を合理的に理解して模倣選択を行うことを示唆している。この他にも、ゲルゲイの額押し模倣場面を修正した研究が行われており、いずれも12か月児で合理的模倣を行うことが示されている (Zmyj et al., 2009; Chen & Waxman, 2013)。

2　日本の乳児における「合理的模倣」

次に、筆者らが行った合理的模倣の実験結果を紹介してみよう（犬塚・大藪、2015）。対象児は14か月児と18か月児である。例示者は、ゲルゲイの手続きと同様に、接触すると明かりが点くライトをテーブルの上に置き、例示者が額で押して点灯させた。例示条件として、〈手を使える（Hands-free）条件〉と〈手を使えない（Hands-occupied）条件〉の2種類があった。手を使える条件では、羽織ったブランケットから例示者の両手が見えていた。手を使えない条件では両手はブランケットの下にあり見えなかった（図6-6）。

結果は図6-7と図6-8に示すように、ゲルゲイらのものと同様、子どもは手が自由に使える例示者を模倣することが多かった。しかし、手の自由度による反応の違いは14か月児で見られるが、それが明確になったのは18か月児だった（図6-9）。子どもは単純に額押し行動の形態を模倣しようとするのではない。例示者の行動の背後にある意図と目的を確認するために額押し模倣をしようとする。そうした心の動きが前章の抗アフォーダンス模倣にもあるとすれば、それも単なる形態の模倣ではないと考えられる。額押し模倣の背後にあるこのような理由がわかると、手で押すという行動でさえ単なる身体運動ではなく、そこには他者と同じ意味世界を生きようとする心の働きがあると推測できる。

図6-6　額押し行動例示場面
右：Hands-free条件，左：Hands-occupied条件
（早稲田大学文学学術院発達心理学研究室）

〈欧米との共通点・差異点〉

さて、この合理的模倣にも、欧米の研究結果と比較すると、経験知の理解と同じような共通点と差異点があった。共通点は、欧米でも日本でも、子どもは18か月までにこうした行動が可能になりやすいこと。また差異点は、欧米では14か月児で可能だが、日本の子どもの場合には生後14か月児では難しいということである。欧米と日本の1歳児で、経験知理解と合理的模倣の出現時期に共通する違いが生じた理由は正確にはわからない。筆者らの実験手順に問題がある可能性は残される。しかし、日本の子どもの語彙獲得や誤信念課題の発達が欧米の子どもより遅れること（小椋、1990; Wellman et al., 2001 など）、また母子間でのアタッチメントのタイプが欧米と日本の子どもでは異なること（Van Ijzendoorn & Kroonenberg, 1988 など）が知られている。それらを踏まえ、

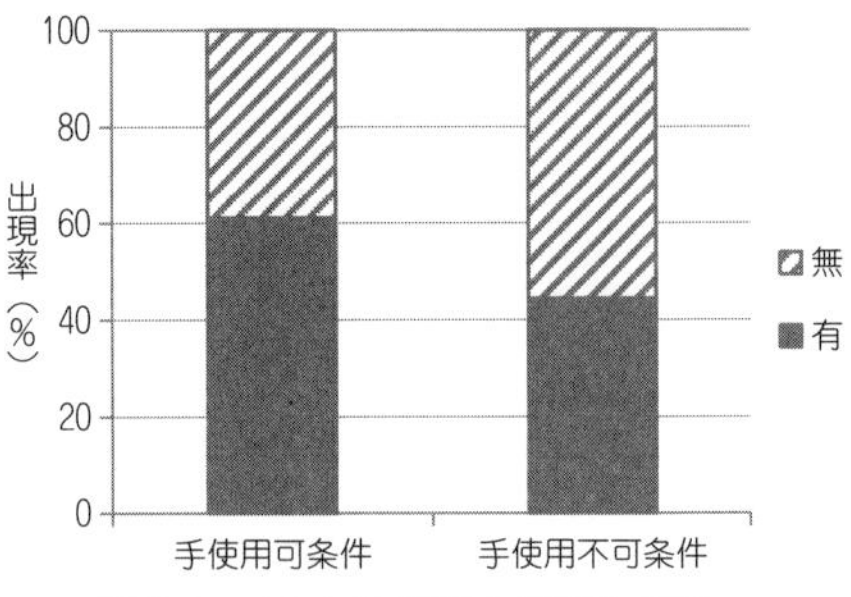

図 6-7　14 か月児群の額押し模倣
（犬塚・大藪，2015）

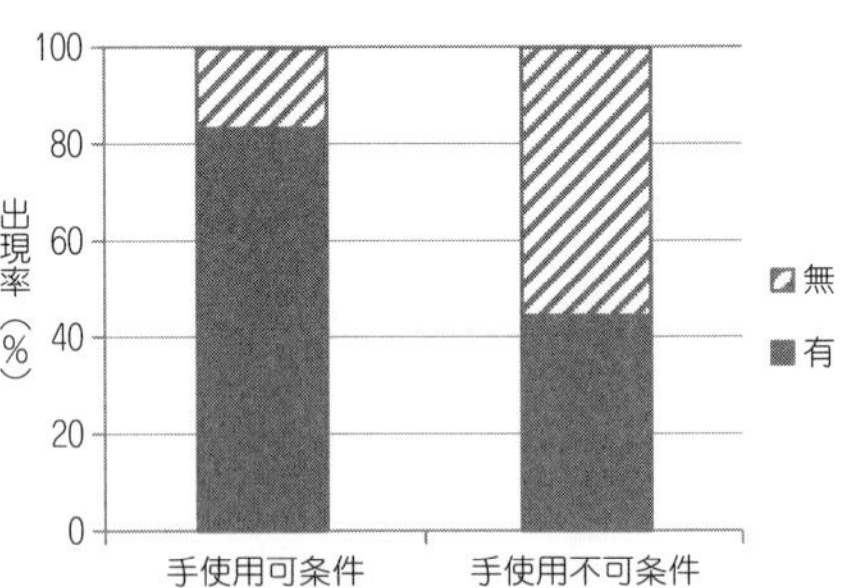

図 6-8　18 か月児群の額押し模倣
（犬塚・大藪，2015）

図 6-9　額押し模倣行動場面（18 か月児）
（早稲田大学文学学術院発達心理学研究室）

また自己感や他者感の気づきが、人に備わる豊かな情動性と静観性を備えた情動知によって乳児期早期から形成されてくることを勘案すれば、次のような可能性を指摘できる。一つは、「乳児の心は、異なった育児文化をもつ母親からの影響を鋭敏に受け、早期から異なる自他理解をもつ道筋を歩み出すという可能性」、もう一つは、「自他理解の程度は同じであるが、実験者と対面した場面でそれを表現する行動の仕方に違いが生じるという可能性」である(大藪、2019)。

3 乳児期における文化差

日本の育児は、身体的にも心理的にも密着しており、自立より甘え(相互依存)を奨励すること(Fernald & Morikawa, 1993)、日本の母親は、乳児との応答的な相互作用において、二人の間での情動的交流を重視するが、アメリカの母親は言語表現を促し、二人の外にある世界を強調しやすいこと(Bornstein et al., 1992)などが知られている。また日本では、語りかけが少なく、語りかける場合には、子どもの気持ちと一体になる特徴やオノマトペといった模倣しやすい語の使用頻度が高くなる傾向がある(小椋、1990)。こうした養育行動は、子どもに母親の経験世界と一体化した体験をさせやすくする。

文化によって異なる乳児期初期の母親の養育行動の影響を受け、1歳半前後の子どもの自己意識に文化差が生じる可能性を示唆する研究(Keller et al., 2004)なども踏まえると、そうした日本の母子の一体化した心の世界には、子どもに自他の経験に対する気づきを生じにくくさせ、母親の意図を推測して対応する努力を少なくさせる可能性が予測される。このような心理機制が働き、子どものメンタライジングの発達、あるいはその能力を他者との間で表現してみせる行動の発達に違いが生じるのかもしれない。乳児期からきわめて鋭敏で直観的な情動知が備わるなら、日本の子どもには欧米の子どもから得られた知見だけではわからない精神世界のダイナミズムが働いている可能性があるだろう。

第3節　シンボルと共同注意

人の子どもの心には、他者と情動を共有し、やがて意図を共有しようとする生得的な働きがある。上述した経験知理解と合理的模倣もこうした心の働きが生み出してくる。トマセロは、この意図共有を可能にさせる共有意図性（shared intentionality）や「われわれ」意図性（"we" intentionality）が目標の共有や行為の協調を生み出し、文化の発展に大きく貢献したとする（Tomasello et al., 2005）。対象を精神表象（心像）として登場させた子どもの心は、こうした強力な共有化の働きにより、その表象を他者に向けて表現（外在化）し、他者と共有する必要に迫られた。そしてその手段を見出したのである。それがシンボル行動である。

よちよち歩きだした子どもの主要な認知発達はシンボリックな活動にある。それは眼前にある事物や、ない事物を別のもので表現する能力である。シンボルは精神表象でも、物や動作、また語でもあり得る（DeHart et al., 2004）。たとえば、クッキーの心像、電話にされた積み木、小麦粉の代わりに粘土を使った料理の仕草、「ママお出かけ」という言葉、いずれもシンボルである。

1　身振り

指さしは、シンボルとしての機能を果たしだす最初の身振りであり、前章でも論じたように生後9〜10か月頃から出現する（田中・田中，1982など）。それは、第1に、眼前にある物を指し示し、その指示対象を他者と共有することを意図した行動として出現しやすい。第2に、情報提供の指さしで見られたように、他者の精神世界を感知し、他者が知らない物を指し示して教えるという働きがある。第3には、目の前にあった物が消え去ると、それがあった場所に指をさし、そこにはない物を指し示すことも観察される。こうした指さしは2つのタイプに分類できるだろう。一つは、指さしが示す対象物が眼前にあるタイプであり、物と共にあるシンボルである。もう一つは、眼前にない事物を表現するシンボルである。いずれにせよシンボルを共同注意の対象にするときは、〈子ども－シンボル－事物－他者〉という「四項関係」が成立する。また、バイバイと手を振る、イイとうなずく、ダメと頭を横に振る、といった慣習的な社会的身振りも出現しやすい。こうした振る舞いは意味を伝えはするが、事物を直接示すことはない。それらは、指し示す対象との間に類似点が見られない身振りである（DeHart et al., 2004）。

生後12か月を過ぎると、事物を振る舞いで表現するシンボリックな身振りを見せ始める。その身振りには、事物に付随するある側面を直接表現するようなものが多い。たとえば、フンフンと匂いを嗅ぐ動作で花を示したり、親指を口に運んでみせミルクを要求したりする。初期のシンボリックな身振りは、物をその形態より機能で示すことが多い。たとえば、ボールを指示するために、ボールの形より、それが弾んで動くところを表現する動作が使われやすい。複雑な要請をするために、シンボリックな身振りを組み合わせることもある。たとえば、母親に犬を外に出してもらおうとして、ハアハアと息をし、あたかもドアノブを回すかのような身振りを手でしてみせる子もいる（DeHart et al., 2004）。

身振りを使う能力が発達するにつれて、身振りの総頻度は増えていくが、やがて低下することが知られている。生後10か月から18か月にかけて、子どもの身振り使用は急激に増えていく。しかし生後18か月以降になると、身振りの使用頻度は低下し、24か月頃までには下げ止まって横ばいになる。つまり、身振りの初期の増加は、語の学習の始まりと並行して生じるのである。また、身振りの低下現象はおおよそ語彙獲得がスパートする時期に該当する（DeHart et al., 2004）。語彙のサイズが大きくなると、子どもがコミュニケーションの主たるチャンネルとしてきた身振りは言語に置き換わっていくが（Lock et al., 1990）、それは語のほうがコミュニケーション手段として有効であるからだろう。

身振りが語の初期学習と同時に増加していく現象は、身振りが言語のたんなる先行者ではないことを示唆している。身振りと言語は、並行して発達する2つの別個のシンボルシステムだと考えられる。シンボリックな身振りが初語獲得期の頃に現われるという事実は、この2つがよちよち歩きの子がもつシンボル能力に対応する様式であることを示唆している（Capirci et al., 2005）。

2　ふり遊び

子どもの表象能力はシンボリックな遊びとして出現する。この時期のシンボル遊びには、一定の順序があることが知られている（Striano et al., 2001 など）。最初に多く見られるのは、自分自身に向けられた表象活動である。たとえば、1歳半前後の子どもはおもちゃのコップを使って自分で飲む真似をよくする。その後、行為を他者に向け出し、人形にコップで何かを飲ませるようになる。やがて、あるテーマを中心にして、いくつかの行為を結びつけ始める。たとえば、おもちゃの車の車庫を作ろうとして、その周囲にブロックを重ねたりするようになる。

1歳台前半では、おもちゃの車や人形といった実物の形をしたおもちゃを使ったふり遊びが顕著に増えるが、実物の形をしていない物（車の代わりになる積み木、コップの代わりになるブロック）を使うことはまれである。しかし1歳台後半になると、ほとんどの子どもが実物の形をしていない物をふり遊びに使うようになる（例：赤ちゃん人形にブロックを使って食事をさせる）。

子どもが置かれた場面は、子どもたちのふり遊びに大きく影響する（Tomasello et al., 1999）。この時期の子どもたちは、一人でふり遊びをしているときより他者と一緒にふり遊びをしているときのほうが、ふり遊びの形態が高次なものになる。それは特に、相手が兄や姉、あるいは親であるときに顕著である。たとえば、24か月児は、兄や姉と遊んでいるときに、母親と赤ちゃん、先生と生徒、パイロットと乗客といった役割をとったふり遊びが可能になる。こうした複雑な遊びでは、能力の高い相手による誘導が影響するが、このような遊びに参入するためには自分自身でもふりの理解や相手の意図の理解が必要になる。また、兄や姉が幼い弟や妹から複雑な遊びの形態を引き出すもう一つの理由は、彼らが同じ遊びでなじみ深いやりとり（フォーマット）を提供するからである。ブルーナーが指摘するように、先の予測ができる遊びは発達を促す援助システムとして働くのである（Bruner, 1983/1988）。

ふり遊びは表象能力を利用して行われるが、同時に、その遊びには精神表象の世界を育成する働きがある。2歳児の電話ごっこ遊びの場面を見てみよう（図6-10）。2人の2歳児が積み木を電話替わりに使って会話している場面である。この2人が遊んでいる現実世界は、彼らが座っている部屋であり、そこには自分たちがいて、バケツやブロック、ハンドバッグ、そして積み木などがある。しかし、この子どもたちは積み木をシンボルにして電話ごっこを始めるやいなや、自分たちがいる部屋から解放され、表象世界で自由に遊ぶことができる。それはシンボル共有的共同注意の世界である。その特徴を指摘しておきたい。

第1に、この現実世界から離れた世界に行き、そこで話題を見出すことができる。それは、庭で吠えている可愛い子犬のことかもしれない。大好きなお母さんのことかもしれない。子どもは、ふり遊びをしながら、現実から次第に距離をとり、思考の世界を拡大していく。

第2に、電話での話がスムーズに運ぶためには、相手の言葉に耳を傾け、そこで話題にしていることを相手の視点からも考えることが必要になる。2歳児には困難な作業だが、そうした関係を結ぶ入り口に立たせる遊びである。ふり遊びは、自己から次第に距離をとり、他者の立場の理解に向けて足を踏み出させる働きをする。

第3に、子どもたちは積み木というシンボルで電話ごっこ遊びをしながら、過去の出来事も未来の出来事も話題にできる。この部屋という現実の空間を越えた場所にも行くことができる。動物園にも遊園地にも、愉快なアニメの世界にも飛び立つことができる。それは、遊び空間の構造が複雑化することである。

この電話ごっこで見られる共同注意の対象とは何だろうか。それはシンボルとしての積み木と積み木が指し示す電話であり、また子どもが使う言葉という言語的シンボルとそれが指し示す対

図6-10　2歳児の積み木を使った電話ごっこ（DeHart et al., 2004, p.260 より）

象である。子どもたちは、こうした複数の現実世界と表象世界にある共同注意対象を自在に使い分け、彼らが実際に見聞きする現実の世界と心内にある表象世界との間を自由に行き来して遊ぶのである。こうした遊びをとおして、子どもは表象世界を自由に組み立て、想像の世界をふくらませ、新たな視点で愉快な世界を創造し、自分の感情や思考を振り返り、他者の視点に立って相手を思いやるといった心の世界を育成していくのだろう。

3　シンボル遊びと共同注意

子どもは他者との間で共同注意の経験を重ねながら、他者の経験世界や社会的相互作用がもつ仕組みを理解していく。そのため、共同注意がとりわけ有効に働くのは、相手との注意の焦点が曖昧で、その対象が何であるのかを探る必要があるときだとされる（Moll & Tomasello, 2007b）。

ふり遊びというシンボル遊びは、こうした曖昧さをともなうコンテクストだと想定される。たとえば、子どもが母親と積み木を車に見立てて遊んでいるシンボル遊びを見てみよう。そこにはおそらく人に特有な２つの複雑なスキルが働かなければならない。第１に、その子はこのコンテクストで積み木が異なる概念（つまり車）を表象していることを理解する必要がある。つまり、物と物が指し示す概念との間でシンボリックな対応づけをしなければならない。第２に、物に加えたそうした表象上の変形を相互に理解するためには、子どもと母親は心を共有しあう出会いをすることが必要になる。

シンボル遊びにこうしたスキルが必要であるなら、その遊び場面では相互の理解に齟齬をきたさないように注意しあうことが必要になるだろう。シンボル遊びでは、個人の表象世界のなかでシンボルを自由に操作し、さまざまな展開が許されるので、それが実行されたとき相手はそのシンボルの意味世界に柔軟に対応する必要に迫られる。そうしたことが生じやすいシンボル遊びでは、共同注意をして相手の意図や注意の焦点を探る必要が高くなると考えられる。

（1）クインとキッドの「シンボル遊び」研究

一語発話の段階にある18か月児とその養育者（大多数が母親）54組を対象に、シンボル遊び場面と非シンボル遊び（機能的遊び）場面を観察し、共同注意と身振りの出現状況を比較したクインとキッド（Quinn & Kidd, 2019）の研究を見ておきたい。

シンボル遊び場面で用いられたおもちゃは、ふり遊びのテストやこれまでのシンボル遊び研究を参考に、ソースパンと蓋、木製スプーン、ティーポット、ティーカップ、ティースプーン、テディベア、携帯電話が準備され、さらに赤い布切れ、小さな黄色の円筒、小さな白い立方体という自由に扱える遊び素材も備えられていた。機能的遊びは、製作した大人の意図に沿っておもちゃを使う遊びとされ、この遊び場面では、磁気性描画ボード、磁気性スタンプ、木製ペグとハンマーのセット、木製の動物ブロックパズル、木製のマラカスとカスタネットが準備された。いずれも特定の機能や操作の仕方があたえられたおもちゃである（図６-11）。これらの２つの遊び場面での子どもと養育者の相互作用が、the Pretend Play Observation Scale（Brown et al., 2001）を使ってシンボル遊びのレベルで評価され、子どもでも養育者でもシンボル遊び場面のほうが機能的遊び場面よりシンボル遊びのレベルが有意に高いことが見出されている。

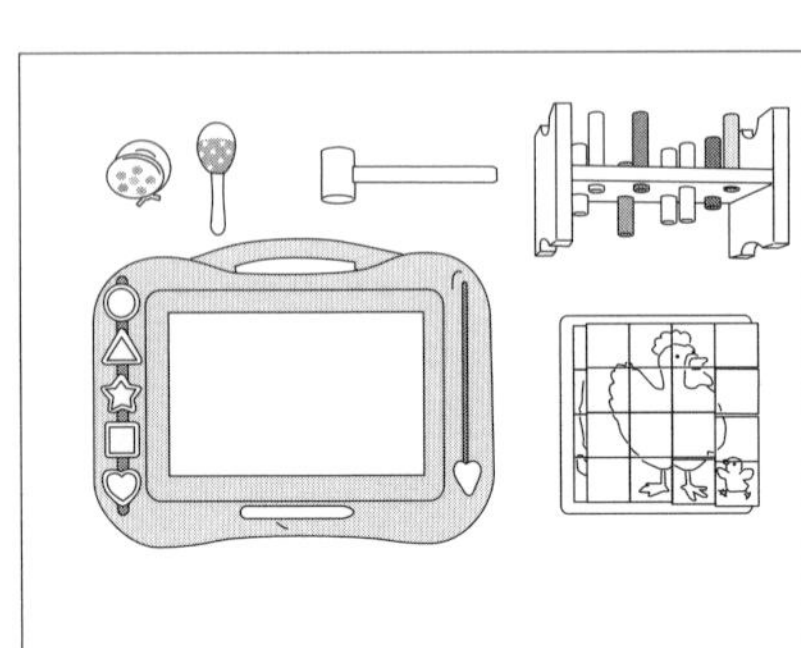
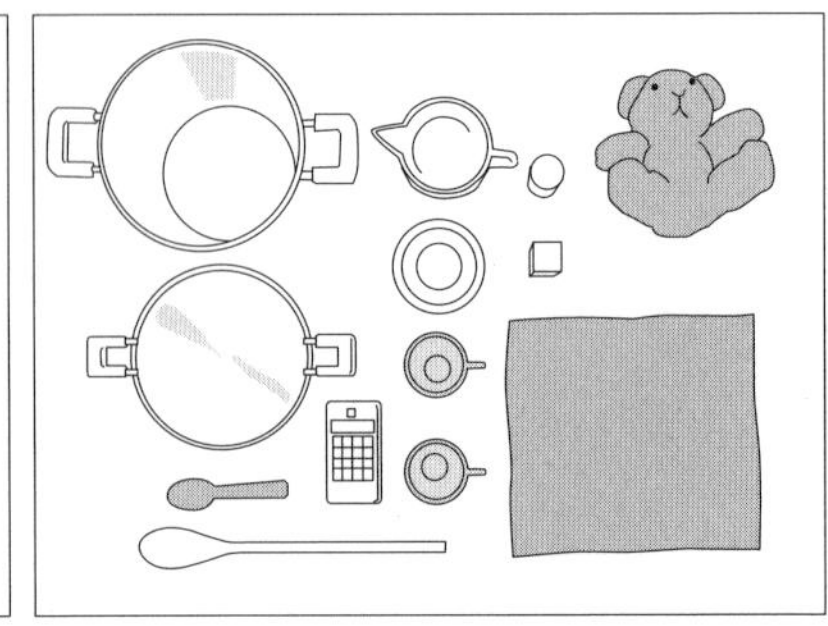

図 6-11　シンボル遊び（右側）と機能的遊び（左側）で使われたおもちゃ
（Quinn & Kidd, 2019）

この研究では、どちらの遊び場面でも、自由遊びが観察された。シンボル遊びをするようにという指示はされておらず、養育者は自発的に遊びを展開しており、生態学的妥当性の高い遊びと言えるだろう。遊び場面はほぼ20分間で、子どもと養育者はシンボル遊びと機能的遊びの両方をランダムな順番で経験した。遊び場面が移行するときは中断されず、いずれかの遊びがほぼ10分経過した時点（あるいは子どもが今あるおもちゃセットに関心を失った時点）ですぐに新たなおもちゃセットを渡し、古いセットを取り除いた。

ビデオ映像を使って共同注意と身振りがコーディングされた。全般的に見てシンボル遊びでより多くの身振りが観察されているが、ここでは、シンボル遊びと機能的遊びに見られた共同注意の出現頻度と出現時間の違いについて見ておきたい。共同注意の出現の有無を比較すると、共同注意が観察されなかったのは、シンボル遊びでは1組に過ぎないが、機能的遊びでは15組あった。また、共同注意の出現頻度は、シンボル遊びのほうが機能的遊びより有意に多かった。また、共同注意の出現時間を、シンボル遊びと機能的遊び場面の時間に占める比率で比較すると、シンボル遊びのほうが機能的遊びより比率が有意に高かった。

このように、クインとキッドの研究からも、シンボル遊びでは共同注意活動が多くなることがわかる。シンボル遊びのコンテクストは、子どもと養育者の間で共同注意を必要にさせるのである。シンボル遊びには、共同注意場面を利用して、子どもに他者がもつ意図性を理解させ、他者の身体にひそむ精神表象を見透かすように（transparent; Eilan, 2005）共有させる活動を推し進める働きがあるのだろう（Quinn & Kidd, 2019）。

第4節　言語獲得と共同注意

乳児は生後8か月頃には、2週間前に聞いた単語を記憶していることが知られている。初語を産出する前の時期に、物語を一定期間聞かされた乳児は文中に埋め込まれた単語を聞き取って記憶することができるのである（Jusczyk & Hohne, 1997）。

（1）ニニオとブルーナーの「絵本読み」研究

乳児は記憶した単語の意味をどのようなプロセスを経て理解するのだろうか。ニニオとブルーナー（Ninio & Bruner, 1978）の研究を見てみよう。彼らは、一組の母親と子どもの絵本読み場面を生後8～18か月まで追跡した。この絵本読みでは、最初からフォーマットと言われる手順の決まった非言語的なやりとりと明確な役割交替が見られた。声を出して指さしをした子どもは、母親がその絵の名前を言うと、うれしそうに振る舞った。名前を言ってみせた母親は、子どもがその絵を指さすと、そうだと言わんばかりに微笑んでみせた。こうした場面で子どもが言葉を発することはなかった。しかし乳児は、母親の発する言葉を想定した応答をしており、言葉でのやりとりと同じような役割交替が円滑に生じていた。月齢がさらに進むと、絵を指さしや発声で示すのではなく、名前を憶えて、自分からその名前を言い出すようになった。やがて、母親から尋ねられると、絵の名前を答えたり、母親に名前を言わせようとしたりするようになった。

このブルーナーらの観察報告から、子どもが言葉を獲得するために必要な出来事を推測してみよう。言葉を獲得しやすいのは、特定の人と日常的に繰り返される交流場面である。一定の手順でやりとりが進行する場面では、相手の行動や出来事の見通しがつきやすく、相手の振る舞いがもつ意図やその意味に気づきやすくなるからである。すでに指摘したように、こうした場面をブルーナー（Bruner, 1983/1988）は「フォーマット」（format）と呼び、初期の言葉の獲得に有効な働きをすると論じた。上記の絵本読み場面には、以下のようなフォーマットがもつ特徴があったのだろう。第1に、内容が単純であり、わかりやすい指示対象を特定の語によって繰り返し示していること。第2に、繰り返しにより、出来事の予測が容易で、場面がもつ課題構造が理解されやすいこと。第3に、参加者の役割構造が明確であり、頻繁に役割の逆転が生じ、あるときは受動的な役割を演じ、次には能動的な役割が演じられること。最後に、母親は言葉かけをするとき、子どもの様子にあわせて情動を調律し、子どもと共有する世界を生み出そうとすることである。子どもは自分の心に向けられたこうした母親の振る舞いに心を開き、耳を傾けながら、母親が発する言葉を対象と結びつけていくのである。語を獲得し始めようとする幼い子どもにとって必要なのは、社会的交流場面の了解可能性と、相手の意図や言語音声を共有する共同注意の成立である。

（2）母親との共同注意と子どもの語彙獲得

それでは、共同注意が幼い子どもの言葉の発達に影響することを示す研究を紹介してみよう。最初に、子どもの注意を無視しやすい親と子どもの注意を尊重しやすい親の比較である。子どもの注意を無視し、自分の関心事に注意を切り替えさせやすい母親は、指図的な母親として研究されてきた。そうした研究の多くが、指図的な発語を多用する母親の子どもは発達初期の語彙数が少ないことを見出している（Nelson, 1973; Akhtar et al., 1991）。また、非言語的な指図が多い母親の場合も、初期の発達期には子どもの語の数が少ないことが知られている（Harris et al., 1986; Tomasello & Todd, 1983）。

この現象を説明する理論として、ネルソン（Nelson, 1981）は「機能的意味学習仮説」を唱えた。母親から自分の行動が抑え込まれ、指図される言葉を多く聞く子どもは、それを模倣して自分も相手の行動を統制するのに有効な少数の適用範囲が広い語（例：あらゆる物を「ちょうだい」と言って示す）を学習しやすい。そのために名称の学習が遅れるのである。また、トマセロ（Tomasello, 1988）は共同注意の視点からこの問題を論じた。この「共同注意仮説」によれば、注意を切り替え、新しい焦点を形成することは、幼い子どもには過重な負担になり共同注意が形成されにくい。しかし、大人が子どもの注意に沿って話しかければ、子どもには負担がかからず共同注意が形成されやすい。こうした自然な共同注意のもとで子どもの語の学習は促進されるのである。

この「共同注意仮説」を支持するデータを紹介したい。6名の子どもを対象に生後12か月から18か月まで縦断的に追跡した研究がある（Tomasello & Todd, 1983）。母子の交流場面での共同注意の維持や展開の程度と、子どもの語彙獲得との関連が検討された。この研究では、6回の観察場面での母子の共同注意の合計時間と、研究終了時の子どもの語彙量との間には非常に高い相関が認められた。同様の結果は、スミスら（Smith et al., 1988）の研究でも得られている。

一人っ子と双生児の研究を見てみたい（Tomasello et al., 1986）。1～2歳児を対象にして、母親との交流場面で共同注意を検討した。一人の子どもとのやりとりより二人の子どもを相手にすると、母親には煩瑣な気遣いが増え、過大な労力が必要になる。母親が双生児の一方と共同注意関係に入り、それを維持するのは一人っ子の場合より難しい。事実、双子のどちらかが母親と共同注意をして過ごした時間は、一人っ子の場合のほぼ10分の1に過ぎず、母親と双生児が3人で共同注意をした時間でも一人っ子の3分の1だった。この研究でも、双生児の共同注意時間が少ないことと、共同注意量と語彙発達との間には関連があることが知られた。また、生後15か月で母親と過ごした共同注意時間が長い双生児ほど、15か月時と21か月時での語彙獲得量が多かった。

24組の母子を対象に生後9か月から15か月まで毎月1回縦断的に観察した研究がある（Carpenter et al., 1998）。母子の自由遊び場面を観察したこの研究では、生後11か月から13か月までの共同注意の時間が長いほど、13〜15か月時点での子どもの言葉の理解力が優れ、14か月時点での共同注意の多さは14か月以降24か月までの語の産出能力と関係することが見出された。この研究で興味深いのは、母親が子どもの注意に沿って語りかける言葉の量と子どもの語の理解や産出能力との関係は次第に弱まることである。こうした母親からの働きかけは、子どもが成長し、大人の伝達意図の識別がよくなるにつれて必要なくなると推測される（Tomasello, 1999/2006）。子どもの注意に気づいて言葉かけをしやすい母親は、言語獲得の初期には語彙獲得に有効な足場（scaffolds）となるのだろう。母親からの能動的な関係作りが、母親の意図を明確にさせ、語の学習に有利に働く時期だからである。しかし、数か月が経過すると、子どもは注意の振り分け能力を向上させ、相手の意図を読み取るためにこうした足場を必要としなくなる。子どもが注意を自在に振り分け、コミュニケーションがたくみになり、交流場面で相手がもつ意図を見分けるスキルが発達しているなら、複雑な相互交流のコンテクストで発語する相手の意図を読み取り、自分の注意を相手の視線が向かう方向にシフトさせ対象物と語との結びつきを学習するようになっても不思議ではないのである（大藪、2004）。

1　視線検出と語の獲得

子どもが語を獲得しやすいのは、その子がある物を見ているときに、その物の名前を言われるときである（Dunham & Dunham, 1995/1999など）。それを図示してみよう。図6－12は、子どもがボールを見ているときに、「ボール」という音声を聞いた場面である。この図に示したような経験から、子どもは「ボール」という音声とその指示対象との結びつきを理解し、語を使ってコミュニケーションするようになるのである。本当にそうであろうか。

（1）ボールドウィンの「語の獲得」研究

ボールドウィン（Baldwin, 1995/1999など）の研究を見てみよう。父親が見ている対象物と子どもが見ている対象物が違う場面で、父親が名称を言う場面である（図6－13）。18か月を過ぎたばかりの子どもはヤモリを見ているが、父親は子どもが少し前まで見ていたニワトリに向かって、「なんて生意気なニワトリ（雄鶏）だ！」と言っている。図6－12が正しければ、子どもはニワトリとはヤモリのことだろうと理解するはずである。しかし、そうはならなかった。子どもは、新奇な名前が聞こえると、父親を振り返り、その目の焦点をチェックするように視線を追い、名前を父親が見ている物と結びつけて理解するのである。17か月以下の子どもの場合には、父親のほうを振り返るが、名前を正しく対象物と結びつけることはできなかった。

子どもは1歳半を過ぎると、話し手が視線を向けている対象物を探し出し、語られた語と結びつけて理解する。発語する相手の視線が向かう方向と自分の視線が向かう方向にズレがあると、

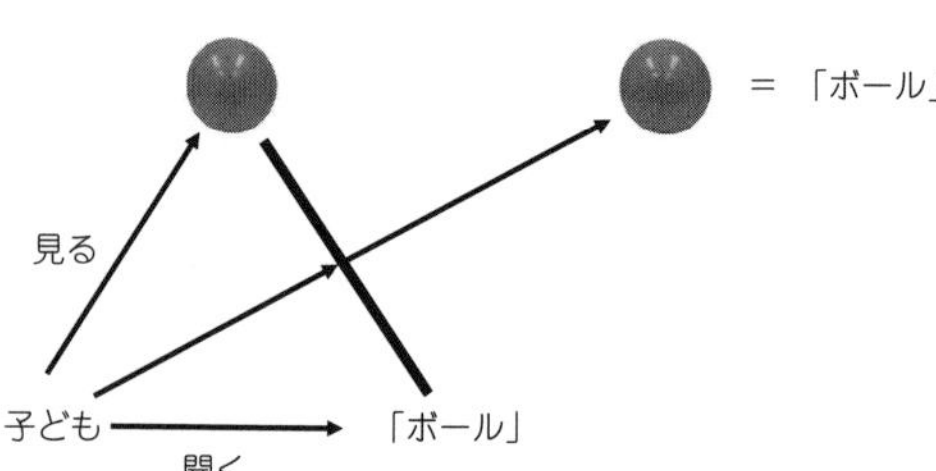

図6-12　ボールを見ている子どもが「ボール」という音声を聞いた場面

子どもは自らの焦点を相手の焦点に移し、相手の視線のなかに命名の意図を見出すのである。共有世界に生きようとする人間の子どもは、語を発する相手の視線に鋭敏に気づき、その視線を投げだす人の心に命名の意図を見出し、シンボルを共有する共同注意を形成させて語と指示対象を結びつけようとするのである。そうであるがゆえに、その語を他者との間で共有するコミュニケーションに使えるようになるのである。図6－12の形態でしか語を獲得できない子どもは、その語を他者との間で使ってコミュニケーションすることは困難になるだろう。獲得された語の基盤には他者との共有世界が欠落しており、それは孤立した語でしかないからである。

18か月過ぎの子どもの語の獲得には、話し手の視線が重要なことを示す別の研究を簡単に紹介しておきたい。最初は、子どもが物を見ているときに、話し手が新奇な名前を言う場面を検討したものである（Baldwin & Moses, 1994）。2つの条件があり、一方は、話し手がスクリーンの後ろにおり子どもから見えなかった。他方は、子どもの見えるところにいて、子どもと同じ物を見ていた。この実験では、子どもは後者の条件だけで語と対象物とを結びつけることができた。

次は、子どもに新奇なおもちゃで遊ばせた後、そのおもちゃを容器に隠し、新奇な名前を言いながらそれを取り出してみせる場面である（Baldwin, 1995/1999）。おもちゃの取り出し方に2つの条件があった。一方は、命名者が容器のふたを開け、中を覗き込んで命名した。もう一方は、容器のふたを開けながら命名したが、容器を見ないで子どものほうを見ていた。どちらの条件でも子どもは容器をしっかり見ていた。しかし、子どもは後者の条件では名前とおもちゃを結びつけることができなかった。つまり、子どもはふた

図6-13　視線の焦点がズレたラベルづけ場面（Baldwin, 1995/1999, p.133 より）

を開ける動作をして対象物を明確に示そうとする話し手の動作は無視をし、語と対象物を結びつけるために話し手の視線を利用したのである。

(2)「視線」の利用は不可欠なのか?

すでに紹介したカーペンターら(Carpenter et al., 1998)は、生後11~14か月にかけて母親との共同注意経験が多いほど語の理解や産出が多いが、子どもが成長するにつれて母親が子どもの視線を追いながら言葉がけをすることと言語学習との関係が弱くなることを指摘していた。ボールドウィンの研究はその理由を明らかにしている。コミュニケーション場面で子どもは相手の視線を見分けるスキルを発達させたのである。子どもは相手の視線がもつ意味への気づきを深め、自分の注意を相手の注意の焦点にシフトしてシンボルを共有する共同注意を能動的に構築する実行能力を備えるのである。この時期は、子どもの語彙数が爆発的に増加するが、それは相手の視線の方向に意図を読み取る能力が発達する時期でもある(大藪、2004)。

しかし新たな疑問が生じる。確かに子どもは話し手の視線を鋭敏に検出し、その視線に備わる話し手の意図を共有するスキルを獲得した。それは意図共有的共同注意の発展形であり、話し手の言葉とそれが指し示す対象物とを有効に結びつける。けれども、子どもが言語的シンボルと指示対象を結びつけるために、話し手は対象物に視線を向けていなければならないのだろうか。そうだとすれば、語の獲得に利用される意図共有的共同注意は、きわめて不自由なものだと言わざるを得ない。生後1年半を過ぎた子どもが語の意味を理解するとき、対象物を見つめる話し手の視線の利用が不可欠だというのはいかにも不自然である。それは語の学習効率をきわめて悪いものにするからである(大藪、2004)。

2　意図検出と語の獲得

（1）意図共有のための「情動知」

ここで共同注意の基盤にあると論じてきた情動と認知の働きについてもう一度取り上げておきたい。乳児は、自他の心の世界を重ねあわせる情動の働きと、その世界を切り分ける認知の働きを使って人の心を理解しようとする。人の心がもつ高度な有能性は、この「情動性」と「静観性」を一体のものとして獲得したことにある。情動性は、自分の境界をなくすかのように他者と共鳴しあい、相手と重なりあうような現象であり、静観性は、他者との距離を取り、相手を透徹した目で観察しようとする現象である。これらの心の働きは一見すると別々のものに見える。しかしそうではない。それは他者と意図を共有しようとする人の心に備わる両輪である。情動は相手と共鳴しあうことで、静観は相手の本質を見つめることで、相手との距離を無限に縮め、世界を共有しようとする心の働きなのである。この心の働きを筆者は「情動知」と呼んできた（大藪、2013, 2015a）。

トマセロもまた、人間に文化という高次な意味世界が発展した原因を、人が生得的にもつ共有意図性（shared intentionality）とか「われわれ」意図性（“we” intentionality）にあると論じてきた（Tomasello et al., 2005 など）。心のなかで機能する言葉というシンボリックな意味世界の理解もまた、情動知を基盤にした意図共有の働きがもたらすものだろう。

かつてマクナマラ（Macnamara, 1972）は、「幼児は意味を言語の手がかりとして用いるのであり、言語を意味の手がかりとして用いるのではない」と述べ、子どもが言語を他者と共有する基盤として意味理解を重視した。子どもは話し手が意図しようとする意味世界を言語から独立したものとして見出し、その後に意味と言語との関係を推論すると言うのである（村田、1981）。子どもの生活世界に登場する意味は、人間が構築してきた意味世界を使いこなす他者との関係世界から生じる。その関係世界が意図共有的共同注意にほかならない。

（2）トマセロによる実験

共同注意の研究で有名なトマセロもまた、18～24か月児の語の獲得の仕方について創意に満ちた一連の研究を行ってきている（Tomasello, 1999/2006）。いずれも子どもと一緒に遊びながら、実験者が遊びの邪魔をしないように新奇な語を子どもに話す場面である。実験場面には、子どもが名前を知らない物がたくさん置かれ、実験者はそのなかのどれかを目標にして新奇な名前を言ったり、操作してみせる動作を表す動詞を言ったりした。その際、実験者は子どもにさまざまな「社会－実用論的手がかり」（social-pragmatic cues）を与えており、子どもが大人の意図を理解するためにその手がかりをどの程度活用し、新奇な語の獲得に役立てるかを検討したのである。

これらの実験の詳細は大藪（2004）に記載されているが、ここでは「物の命名」「動作の命名」「物と動作の命名」に関わる実験について、その結果のポイントを紹介しておきたい。

〈物の命名〉

〔1〕複数のバケツの中にある新奇な物のどれが「toma」か学習する実験。実験者が「toma を見つけよう」と言い、toma を見つけたときには〈うれしそうに微笑〉し、〈探索を中止〉した。toma ではない物を見つけたときには〈顔しかめ〉をした。子どもは、実験者が〈うれしそ

うに微笑〉し〈探索を中止〉した物を toma だと学習した。（Tomasello & Barton, 1994; Tomasello et al., 1996）

〔2〕4つの隠し場所のなかにある物のどれが「toma」か学習する実験。はじめに、隠されていた物をすべて子どもに見せた。それから、実験者が「toma を見つけよう」と言った。隠し場所の一つだった納屋を探そうとしたが、鍵がかかっていて開かなかった。その後、toma という語を使わないで、「ほかに何があるかな」などと言いながら別の隠し場所にある物を取り出してみせた。子どもは納屋にある物を toma だと学習した。（Akhtar & Tomasello, 1996; Tomasello et al., 1996）

〔3〕子どもと母親、実験者が3つのおもちゃを使って遊んだ。その後、母親が退室し、新しいおもちゃが出された。子どもと実験者がそのおもちゃで一緒に遊んだ。母親が部屋へ戻ってくると、4つあるおもちゃに等しく視線を向けて、「マァ見て！　gazzer よ。見て gazzzer よ！」と叫んだ。子どもは母親がいないときに出されたおもちゃを gazzer だと学習した。（Akhtar et al., 1996）

いずれの実験でも子どもは物に注意を集中させ、大人との間で意図共有的共同注意をしている。3つの実験結果は、この共同注意状態にある子どもは、相手の視線の方向を使って語の指示対象を特定しているのではないことを示している。子どもは、対象物を見つけたときや見つけられなかったときの相手の振る舞いや、対象物との関わり方（ここでは「見ていない」こと）を「手がかり」にして、語が指し示す物を能動的に探し出すのである。

〈動作の命名〉

〔1〕実験者は子どもと一緒に、キャラクターおもちゃを使って新しい動作をしてみせた（例：ビッグバードにはいつもブランコに乗せて揺らした）。その後、実験者は「ビッグバードに meek しよう」と言ったが、ビッグバードは消えており、何もできなかった。そこで、初めて見るクッキーモンスターを使って「meek」するように言って聞かせた。すると、子どもはクッキーモンスターをブランコに乗せて揺らした。（Akhtar & Tomasello, 1996）

〔2〕実験者が「ビッグバードを meek しよう」と自分の意図を知らせた。その直後に、ある動作を "Woops!" とか "Uh-oh!" と言いながら偶然であるかのようにやってみせ、別の動作には "There!" と言いながら意図したようにやってみせた。子どもは、2つ目の動作が meek であると理解した。（Tomasello & Barton, 1994）

動作を利用したこの2つの実験でも、子どもは相手の視線を利用して語の意味を理解しているわけではないことは明白である。どちらにも意図共有的共同注意が基盤にあるが、その関係が構築されると、子どもはその場面で起こったことを「手がかり」にして、語が指示する動作を理解した。相手の視線が無意味であるわけではない。しかし、視線だけが重要なのではない。相手の振る舞いが重要な働きをしているのである。

〈物と動作の命名〉

〔1〕実験者は曲がったパイプの中に物を何度も落とし、子どもの注意を繰り返し引きつけた。その後、一方の条件では、実験者は新しい物を落とし、続けて別の物を落とした。次に、

“modi!”と言いながら、また別の物を投げ落としてみせた。もう一方の条件では、実験者は新しい物を使ってあることをし、続けて同じ物を使って別のことをした。そして“modi!”と言いながらそれをパイプに落としてみせた。前者の条件では、子どもはmodiを最後に落とされた物の名前だと理解した。後者の条件では、子どもはmodiをパイプに物を落とす動作だと理解した。(Tomasello & Akhtar, 1995)

〔2〕実験者は子どもとメリーゴーランドで何回か遊んだ。その後、彼らは別のことをするために移動した。そしてもう一度メリーゴーランドに戻った。一方の条件では、実験者はメリーゴーランドで遊ぶ準備をし、子どもとメリーゴーランドを交互に見ながら“widgit,〈子どもの名前〉, widgit”と言って、子どもに新しい物を差し出した。もう一方の条件では、実験者はメリーゴーランドで遊ぶ準備も、それに視線を向けることもしなかった。そして実験者は、新しい物を子どもに差し出して、それと子どもを交互に見ながら“widgit,〈子どもの名前〉, widgit”と言った。前者の条件では、子どもはwidgitという語を、新しいおもちゃを使ってメリーゴーランドで遊びなさいという要請だと理解した。後者の条件では、子どもはwidgitを物の名前だと理解した。(Tomasello & Akhtar, 1995)

これら2つの実験でも、語が発せられた場面で示される「手がかり」を利用して、同じ語を物の名前にも動作を示す語にもしてみせている。「手がかり」を利用して、語を使う実験者の意図を選びとるのである。最初の実験では、出来事の新しさが「手がかり」として使われ、2番目の実験では、視線が役割を演じているが、その視線が動くコンテクストのほうが意図の理解に重要な意味をもつ「手がかり」になっている。

（3）子どもが利用する「手がかり」の拡大

以上、「物の命名」「動作の命名」「物と動作の命名」に関わるトマセロの実験を紹介した。こうした実験結果や、これまで論じてきた知見を用いて、この時期の子どもの語の理解について整理しておきたい。

トマセロの実験を個別に見ると、実験者の意図の理解によらなくても説明可能なものがある。たとえば、〈物と動作の命名〉の最初の実験では、実験場面で新たに現れた出来事に子どもの注意が引きつけられ、そのとき耳にした語と結びつけて学習したと説明できる。しかし、〈物の命名〉の3番目の実験では、子どもはいずれも見て知っているが、母親は見ておらず知らない物がある場合、子どもは母親が口にした新しい語を母親が知らない物と結びつけて理解している。つまり、子どもは、母親の視点に立ち、その意図を理解して、母親が語る語が指し示す物を理解したのである。それゆえ、これらの実験を全体として見渡し、また前章で記したさまざま実験や本章の最初で紹介した「他者の経験知理解の研究」と「合理的模倣の研究」の知見を見るとき、トマセロが指摘するように、生後18か月～24か月の子どもは他者の意図を感じ取って、新たな語が指し示す事物を理解するとの主張は有力である。

またいずれの実験でも、自分が置かれている場、その場で実験者としていること、つまり物理的／社会的コンテクストを他者と共有できるとき、子どもは他者が発する新しい語のもつ意味、それが指し示す対象を了解しやすいことがわかるだろう。ブルーナー（Bruner, 1983/1988）の言う「フォーマット」が形成されるとき、つまり相手と場を共有し、相手がしようとしていることが理解できるとき、子どもは語を獲得しやすくなるのである。

こうした語の獲得場面で子どもが利用するもの、それはトマセロが指摘するように、新しい語と一緒に提供される「社会 - 実用論的手がかり」なのであろう。その「手がかり」としてもっとも早くから利用されるのが他者の視線である。子どもは話し手が見る対象物と、そのときに話される語を結びつけて理解しやすい。しかし、1歳半を過ぎる頃から、子どもは「手がかり」を視線以外のものに拡大していく。話し手が見せる微笑やしかめ顔といった情動表現、新奇な語に付随させる動作の意図性や偶発性、語が発せられるときのコンテクストなどが子どもの語の理解に有効性を発揮する。しかし重要なことは、そうした「手がかり」だけでは語の獲得には不十分だということである。「手がかり」を利用して語を獲得するためには、子どもに多彩な「手がかり」がもつ意図を理解する能力がなければならない。子どもには十分な意図共有的共同注意ができ、そしておそらくこの時期の心に発達する想像力豊かな表象能力（表象知）を使いこなせることが必要なのである。

第5節　視覚対象と聴覚対象への誘導的共同注意（2）

第5章の第5節で、視覚対象（鯨のぬいぐるみ）と聴覚対象（鳥の鳴き声）への誘導的共同注意を記述した。いずれも言語的シンボルが活発に出現する前の誘導的共同注意であった。ここでは、言葉による誘導的共同注意行動が顕在化した時期の行動特徴を示したい。

1 「鯨のぬいぐるみ」実験

すでに第5章で紹介したが、子どもと母親が遊んでいるプレイルームにあるバスケットから鯨のぬいぐるみが出現した場面が用いられた。子どもが鯨に気づいても、母親は30秒間気づかないふりをして遊びを続けた。30秒間経過したら、母親が持つバイブレーターを振動させ、母親には鯨に気づいたふりをしてもらった。

子どもが見せた誘導的共同注意行動の出現率（第5章の図5－7）に示したように、言葉を使ったシンボリックな誘導的共同注意は21～24か月児群で急増し、27～30か月児群でさらに増えた。ここでは、大藪（2004）から各月齢児群の事例を再録し、順次行動の説明をしていきたい。

21～24か月児群

対象児E（女児：21か月13日）

バスで遊んでいる。母親はラケットで羽根をついている。母親のほうに視線を向けたとき、鯨に気がつく。「ワッ」と言いながら背伸びをし、鯨を見つめる。鯨に手伸ばしをし、「アッカニャ」というように発声する。母親の顔と鯨を見比べながら指さしを持続させ、ジャーゴン様の発声[*3]が続く。その中に「サカナ、アニャナ」というように語が出現する。母親の行動を見ている時間をはさんで、最後まで「サカナ、アーナ」などと言い、指さししながら、母親に大きな声で教えようとする。

母親が「あ、鯨さんだ」と気がつくと、母親の顔を見て、はじめて指さしをやめる。そし

＊3 種々の無意味な音声を話しかけるように繰り返す現象。

て、「ピョン」と言いながら両手を上げ、鯨の動きを真似ながら母親の顔を見る。[*4]

対象児F（女児：24か月1日）

玩具をもって鯨がいる方向に歩いて行く途中で見つける。「コレ」と言いながら鯨に指さしする。そして「サカナ?」と聞きながら母親の顔を見る。指さしは鯨に向かって持続している。「サカナ?」と言いながら鯨と母親の顔を見比べる。母親が鯨から遠ざかると指さしをやめ、「サカナ」と言いながらピョンピョンはねて、鯨に接近して眺めている。「コレ」と言って鯨に指さしをして、また母親の顔を振り返って見る。母親がラケットで羽根つきをしているのを見つけると、鯨から離れて母親のほうに駆け寄っていく。

母親が下を向いて「あれ」と言うと、途端に鯨を見上げる。すぐに指さしをしながら鯨に接近して「コレ、サカナ?」と言う。[*5]

どちらの事例でも、鯨に指さしをして母親の顔と見比べ、「コレ」とか「サカナ」といった語を使って母親の注意を誘導する行動が見られた。言語的シンボルを注意誘導のスキルとして利用できる段階にある。とりわけ24か月児は、言語的シンボルと表象世界を利用した高次な共同注意を実行している。第1に、「サカナ?」と語尾を上げて母親に問うており、鯨を共有するだけではなく、それが本当に「さかな」という名前をもった物かどうか確認している。母親も「さかな」として見ているかどうかを意識した問いかけである。この問いかけは、自分を母親の視点や表象世界に置いて発したものである。第2に、鯨を自らの表象世界に保持しながら、母親のほうに駆け寄り、母親との関係にも注意を向ける行動である。そこには、注意の焦点を「鯨を対象に

＊4　大藪、2004, p.208より。

＊5　大藪、2004, p.208より。

した表象世界」と「母親を対象にした現実世界」に同時に作り出す能力が発揮されている。それゆえ、母親が「あれ?」と〈下を向いて〉言ったにもかかわらず、子どもは即座に〈上を向き〉、表象世界で焦点化されていた鯨を見上げて再び問いかけたのである。

27~30か月児群

対象児L(男児:27か月14日)

母親とバスで遊んでいるときに鯨に気がつく。鯨を見て、「アレ」と言って指さしする。母親の顔を振り向き、「コレ」と言って鯨を指さしながら見る。「コレ、コレ」と言いながら指さしを続ける。母親がバスを指さしして、「あれ、1人ねんねしているよ」と言うとバスを見るが、すぐに「ママ」と言いながら体を母親に寄せて、母親の注意を自分に引きつけるようにする。そして鯨に向かって「コレ」と言って指さしする。それでも母親が気づかないと、立ち上がって指さししながら「コレ、コレ」と言い続ける。さらに、指さししたまま「コレハ?」と言って母親の顔を見る。そして「ママ、ママ」と言い、母親の肩を叩きながら指さしを使って鯨を教えようとする。

母親が「あ、鯨さんだ」と言うと、黙って鯨を見つめる。取ってもらいたそうに「フン、フン」と言いながら、母親の顔を見て鯨に手を伸ばす。[*6]

対象児M(男児:30か月10日)

母親とラケットを使って遊んでいて、羽根を拾い母親のところにもってくる途中で鯨に気がついた。鯨を見ながら羽根を母親のほうに投げ落とし、鯨を指さしして「デテキタ」と言

*6
大藪、2004, pp.209–210より。

う。母親に羽根を「取ってきて」と言われ、「デテキタ」と言いながら取りにいく。拾いながら鯨を見て、「ヒヨコチャン、デテキタ」と言う。「デテキタ」と言いながら母親に羽根を渡そうとするが、途中で羽根を床に落として鯨に接近する。「トル、トル、トル、（自分の名前）ガ」と言いながら、母親のほうを振り返る。さらに「（自分の名前）ガトル」と言い、鯨を見たまま母親に手で触る。最後には、「コレデテキタ」と指さししながら、ラケットで遊んでいる母親の顔を振り向いてしっかりと見つめ、さらに「ホラ、ホラ」と言って、背後にある鯨に指さししたまま母親の注意を鯨に向けようとする。「デテキタヨ。ホラ」と母親に鯨が出てきたことを教える。

　母親が「何？　どこにあるの？」と言うと、「ココニアルノ」と母親の顔を見て指さしして教える。母親が「ヒヨコちゃん、あーかわいい」と言いながら見ると、「トル」と言って鯨のほうを向いたまま母親に抱かれようとする。*7

27か月児には、微妙に変形していく誘導的共同注意行動が観察された。そこには表象世界の働きが関与しているように思われる。もっとも興味深いのは、「アレ」から「コレ」への変化である。突然気づいた鯨は「アレ」であるが、母親を振り向いて教えるときには「コレ」に変わった。母親と共有しようとした鯨は「コレ」になったのである。子どもは、鯨を母親にも気づかせようとして、「コレ」と表現する身近な表象距離に移動させたのだろう。「アレ」「コレ」「コレ、コレ」「コレハ？」という表現の一連の変化も、鯨と自分や母親との関係に生じた表象世界での心的距離の変化が言語的シンボルに反映したものかもしれない。また、指さし、母親への接近や接触も加わり、共同注意の世界で鯨を共有しようとするきわめて強い意識が認められた。*8

*7
大藪、2004, pp.210–211より。

*8
共同注意を形成し鯨を共有しようとする持続的な意志とその活動は15か月児から観察されている。

30か月児に見られる誘導的共同注意活動はさらに高次化している。「ヒヨコチャン、デテキタ」、「トル、トル」、「デテキタヨ。ホラ」というような表現の豊かさはもちろん、自分の名前を言ってその場で自己を位置づけたり、鯨を母親に教えるという自分の意志を貫きながら、母親の要求に対応した振る舞いをしたりすることにも表象世界の支えを感じさせる。子どもは、〈鯨〉〈羽根〉〈母親〉〈自己〉、そしてシンボルである〈言葉〉に注意を配分し、母親との関係で注意の焦点を切り替え、瞬間的に異なる共同注意の場を構築している。そこには、複雑に情報が交錯する場で自分の注意を対象のどれかに振り分け、同時に残りの対象を表象世界に保持できる子どもの表象能力の働きがある。

こうした共同注意対象の複数化に、言語的シンボルが果たす働きは明確ではない。しかし、言語的シンボルの獲得は、子どもに対象物の表象を容易にさせ、他の対象物にも注意を配分させながら、言語的シンボルが指し示す対象物にも注意を向けさせ続ける能力を飛躍的に向上させると考えられる。言語的シンボルは現前する世界と表象世界にまたがる重層的な共同注意世界を創発させる働きをしているのだろう。

2 「鳥の鳴き声」実験

鳥の鳴き声実験も手順は鯨のぬいぐるみ実験と同じである。第5章で21〜24か月児群まで記したので、ここでは27〜30か月児群について取り上げることにする。なお、対象児は、鯨のぬいぐるみ実験で記述した事例と同一児である。

27～30か月児群

対象児L(男児:27か月14日)

母親とドルハウスで遊んでいる。鳥の鳴き声が聞こえても、まったく様子が変化せず、遊び続ける。

母親が「アレ」と言って子どもの顔を見ると、子どもも母親の顔を振り返ってみて、「ココココ」、さらに続けて、「チュンチュン、チュンチュン」と鳥の鳴き声のまねをする。そして、自分から立ち上がって探し始める。[*9]

対象児M(男児:30か月10日)

母親と床にある形態板で遊んでいる。鳴き声がすると、すぐに周囲を見まわして探そうとする。母親は形態板を操作し続けている。形態板に触ったり、音源のほうを見たり、母親の顔を瞬間的に見たりしながら、「ナンノオト?」と何回も母親に向かって問いかける調子で語りかける。約20秒が経過し、あきらめたように形態板をいじりだし、話題も形態板のことになる。

母親が、「ね、小鳥鳴いてる?」と聞くと、母親の顔をしっかり見て「コトリナイテル」と答える。母親が「どこで鳴いてる?」と聞くと、「アソコデ」と形態板で使う動物をもちながら手を伸ばして教える。[*10]

27か月児は、鯨の場面では表象世界を反映させるような多彩な誘導行動があったが、鳥の鳴き声に対しては反応がなかった。視覚刺激と聴覚刺激は、共同注意の対象としては異質なものであ

*9 大藪、2004, p.210より。

*10 大藪、2004, p.211より。

ることを示唆している。

30か月児でも、鳥場面では鯨場面より注意の誘導スキルは低下した。「ナンノオト?」と母親に繰り返し聞いているが、聞き方に自信がなく、母親に無視されると落ち着きが悪そうにあきらめている。聞き慣れない音は、子どもが気づいても、鯨場面で見せたような有効な誘導行為をすることが難しいのである。

第5章で指摘したように、言語的シンボルで他者の注意を聴覚対象に誘導する共同注意スキルは、視覚対象よりほぼ半年遅れ、24~27か月児で発達した。しかしその行動は、この2事例でもわかるように、いまだ弱いと言わざるを得ない。目が見える子どもにとって、視覚は他の感覚より物の発見と理解、また他者との共有世界の構築に優れた働きをする。それは共同注意が一般にjoint visual attentionと表現され、わが国でも「共同注視」と称されるゆえんである。それゆえ、母親にも聞こえるはずの音に対して、母親が反応しないとき、子どもが体験する音世界はきわめて曖昧なものになる可能性がある。

しかし、視覚を使えないまま生活してきた盲児の場合はどうなのだろうか。晴眼児とは非常に異なる聴覚世界で生きてきた盲児は異なった反応を見せることだろう。人の心の活動はマルチモーダルである。それは共同注意にも該当する。私たちは、聴覚的共同注意(joint auditory attention)の世界も、マルチモーダルな共同注意の世界もまだほとんど知らないと言ってよい。

第6節　不在対象の共同注意

人間はシンボルを獲得したことによって、眼前にない事物を表象し、その表象対象を共同注意の対象にすることができる。それは直接知覚できない不在対象（absent object）に対する共同注意である。筆者は、子どもと一緒に遊んでいる母親に、「過去」と「未来」に関するお話をして遊んでもらい、話題にされた不在対象を子どもがどのように共同注意するか検討した（大藪、2004）。

(1) 実験の概要

パイロットスタディから、不在対象を共有した母子の遊びは生後21か月以降に出現することを確認した。そのため、研究対象となった母子は、21〜24か月児群22組、27〜30か月児群18組であった。観察された場面は、母親が「過去」あるいは「未来」の出来事を話題にして子どもに話しかける場面である。どちらの場面でも、ドールハウス、スクールバス、レゴブロックを共通のおもちゃとし、過去と未来場面で種類の違うおもちゃの電話と家族人形が用意された。いずれの場面も約5分間だった。対象児はどちらの場面も経験したが、両場面の前後関係はランダムで、場面の間隔は15分以上あった。ビデオ記録し、行動の分析はビデオテープから行われた。

分析に用いられた場面は、母親が「過去」か「未来」の事物に言及した箇所であり、その箇所で子どもが見せた言語反応を以下の4種類のカテゴリーに分類した。このカテゴリーは低次なものから高次なものへと配列されている。

〈言語反応のカテゴリー〉

無反応／相槌：母親が「過去」や「未来」の事物に言及や問いかけをしても、子どもは言語反応をしない。あるいは「ウン」などの意味が曖昧な相槌しかしない。

繰り返し反応：母親が「過去」や「未来」の事物に言及や問いかけをすると、子どもは母親の語りの全部あるいは一部を繰り返す。

回答反応：母親が言及や問いかけをした「過去」や「未来」での事物に注意を向け、共有した事物を自らの言語表現で回答する。

展開反応：母親が言及した「過去」や「未来」での事物を言語的に共有し、さらに発話がその事物に関係する新たな側面へと自発的に展開する。

母親が過去か未来に言及した場面での子どもの言語反応のなかでもっとも高次な反応を当該児の反応とし、場面別に各月齢群でその反応を示した子どもの割合を算出した（図６－14、６－15）。これらの図から、21～24か月児群では、過去場面と未来場面のいずれでも、不在対象に注意を向けて展開反応や回答反応をすることは困難であることがわかる。この時期にもっとも多い反応は、過去場面では繰り返し反応、未来場面では

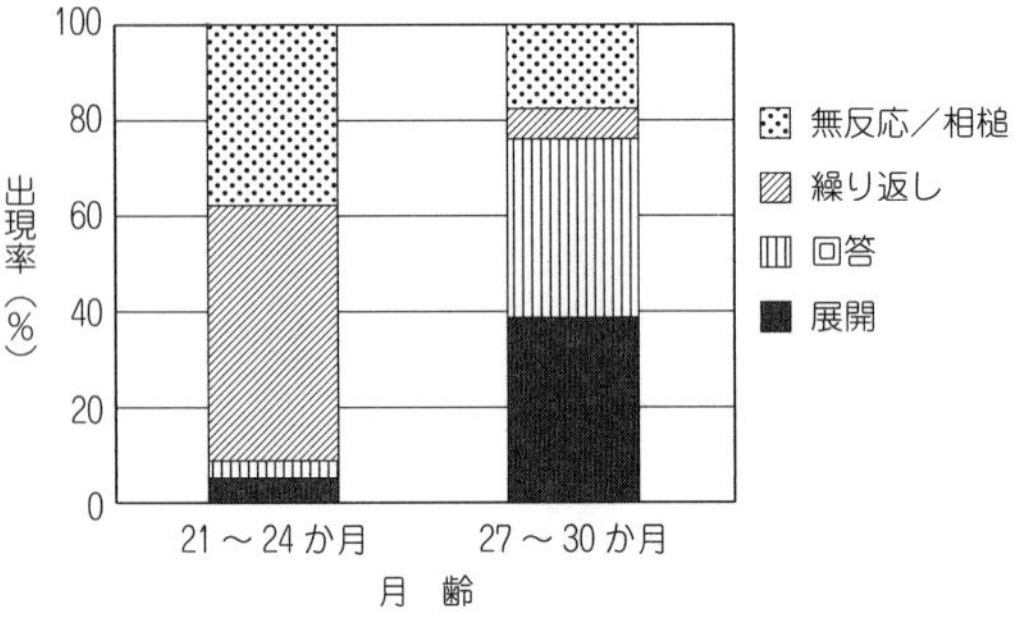

図 6-14　過去場面での最高次なカテゴリー（大藪，2004）

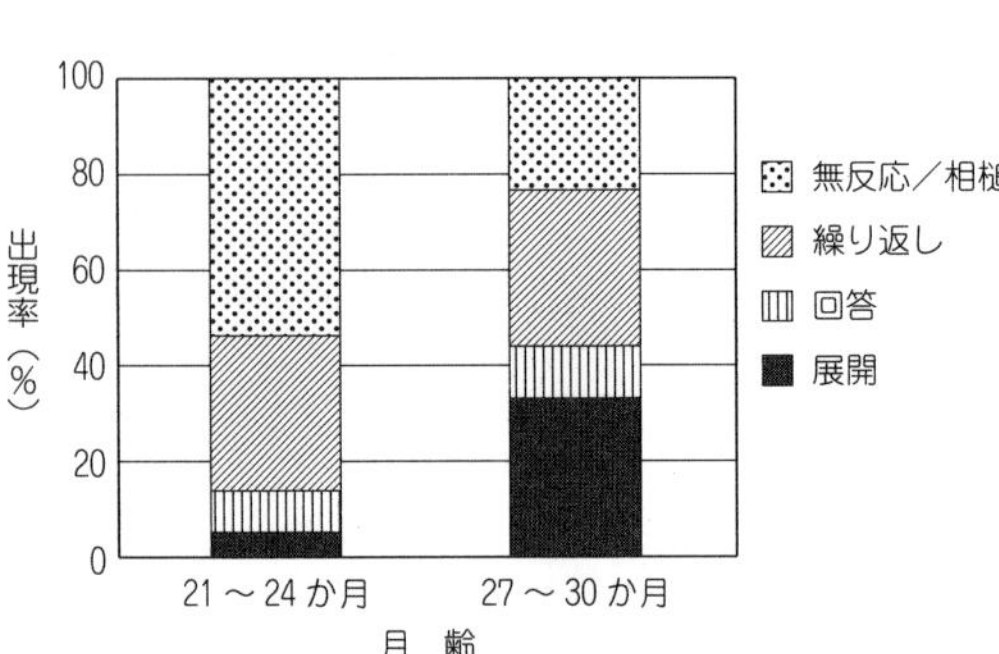

図 6-15　未来場面での最高次なカテゴリー（大藪，2004）

無反応／相槌であり、会話による言語反応を指標とする限り、子どもの不在対象に対する共同注意能力はまだ弱い。ただし、繰り返し反応が出現する場面をよく見ると、子どもは母親に注意をはらい、その話に耳をしっかり傾けながら話をしており、「いま・ここ」にはない話題を共有しようとする構えがあるように感じられる。語が表現する表象世界へ入り込み、それを共有しようとしているのだろう。

27〜30か月児群になると、反応が異なってくる。21〜24か月児群と比べると、共有した不在対象を自らの言葉で表現する能力が急激に発達した。過去場面と未来場面では、もっとも高次な反応である展開反応を示す子どもがほぼ同率で出現している。未来場面で無反応／相槌と繰り返し反応がやや多い傾向があり、未経験の世界を題材にした共同注意は過去場面より難しいのかもしれない。しかし、27〜30か月になると過去や未来の出来事にまで心を広げ、他者と言葉を使って表象対象を共同注意する能力を発揮し始めるのである。

(2)「シンボル共有的共同注意」が完成するまで

次に、過去場面と未来場面で、繰り返し反応や回答反応とともに展開反応を見せた事例（大藪、2004）を紹介したい。

〈過去場面〉

対象児N（男児：27か月4日）

昨日、友だちと一緒に遊びに行ったときのことを話題にする。母親は家族人形をもち、子どもは受話器を耳に当て、お互いにしっかり見つめ合っている。

母　親：どこに行ったたっけ？
子ども：ワカンナイ。（回答反応）
母　親：どんな公園？……公園でどんなことして遊んだっけ？
子ども：オウマサン。（回答反応）
母　親：うん……お馬さん……お馬さんの公園行ったの？
子ども：オウマサン、イナカッタ。（展開反応）
母　親：お馬さんいなかったの？
子ども：ザンネン。（展開反応）
母　親：残念……それから？　どこへ行ったの？……あんよして、どこへ行ったたっけ？
子ども：コウエン。（回答反応）
母　親：公園で何して遊んだの？
子ども：ワカンナイ。（回答反応）

この会話の間、母と子はずっと顔を見合わせていたが、子どもから視線をそらし、電話をいじり出した。*11

〈未来場面〉

対象児M（男児：30か月10日）

父親と公園へ行く話をしている。

母　親：パパ、明日は会社ですよ。パパと会社行くの？　明日。
子ども：アシタネー、アルイテイクンダヨ。（展開反応）

＊11　大藪、2004, p.219より。

母　親：歩いて行くの？
子ども：アルイテイクノ。（繰り返し反応）
母　親：電車のって行くの？
子ども：デンシャノッテクノ。サンリンシャノッテクノ。（展開反応）
母　親：三輪車乗って、会社いくの？　そうなのー。

子どもは三輪車を探し始めるが、スクールバスを見つけて母親のところにもってくる。*12

回答反応と展開反応は、繰り返し反応と違って、いずれも母親が使った言葉とは異なる言語表現を用いて会話を維持している。回答反応と展開反応を見せる子どもの心では、共通の不在対象を表現する言葉を自らの視点から選び出す柔軟で自立した表象機能が働くのである。

しかし、回答反応と展開反応とでは質が異なる。回答反応は、母親の注意が向かう不在対象に子どもが注意を向ける「表象水準での追跡的共同注意」である。一方、展開反応は、母親が示した不在対象に注意を向けて共有するだけでなく、その対象がもつ新たな側面を示そうとする反応である。それは、母親の注意を自分の視点にある不在対象に誘導し新たな共有世界を創出しようとする「表象水準での誘導的共同注意」である。

対象児の展開反応を見てみよう。対象児Nには、表象対象（オウマサン）の不在事態を表現した言語的シンボル（「イナカッタ」）や、その場面で感じた情動体験を思い浮かべながら表現した言語的シンボル（「ザンネン」）が見られている。子どもの心が創出するこうした表現は、母親との表象的な共同注意場面をさらに豊かなものにさせている。

*12　大藪、2004, p.220より。

対象児Mになると、そうした創出作用がさらに力動的になる。この子は、パパが会社に行くときに保育園まで一緒に行く子なのだろう。母親から、明日「パパと会社行くの？」と問われると、その問いの意図とは表象空間で距離を置くかのように「アルイテイクンダヨ」と応答している。そしてその距離を隔てる心の働きはさらに続いていく。母親が「電車のって行くの？」と問うと、「デンシャノッテクノ」と応じるが、しかし即座に「サンリンシャノッテクノ」と対象を切り替え、起こるはずがない想像上の出来事を語るのである。一方、母親は「三輪車乗って、会社いくの？　そうなの ー」と、子どもが想像した表象対象に注意を向けている。そこには、子どもが創出した表象対象を自らの心の世界に映し出し、シンボル共有的共同注意を完成させた母親がいる。こうして子どもの表象世界は母子間で意味づけられ、さらに豊かな展開が保証される。それが、子どもに三輪車を探しに行かせ、スクールバスをもって母親のもとに戻ってこさせたのである。

表象世界は、現実の制約から離れ、自在に心像を操作できる自由な精神空間である。その空間では、いつでも視点を切り替え、実際には見たこともない想像上の現象を自由に操って言語化する働きも生じている。他者との心をつなぐ情動知に由来するそうした心の働きは、情動を再帰的に対象化することができる。また、その空間では、強く豊かで、かつ微妙なニュアンスを備えた情動を再帰的に対象化させてくる。他者との共有世界を生きようとする人の心は、表象世界のなかで新たに見出す現象に面白さを感じるとき、それを他者にも共有させたいと思う。それは他者にも面白いはずであり、他者が面白く感じれば自分もまた楽しいからである。そうした心の働きが、対象児Mに「サンリンシャノッテクノ」という言語的シンボルを生み出したのだろう。こうして2歳半の子どもにも、同じ出来事を別の視点から見て新しい世界を創りだす自由な心の営みが表象的な共同注意の世界で生み出されてくるのである。

人の心に特有な創造的な精神活動の起源は、安心で自由な心の活動を支える母親との表象レベルでの共同注意にあるのかもしれない。

おわりに

乳児が誕生してから2年半ほどの間に生じる共同注意の発達階層を論じてきた。共同注意は、子どもの誕生時から母子の間で生じる関係性をとおして発達する。その最終地点は、シンボルを共有する共同注意である。

共同注意の対象は目の前にある事物だと思いやすい。しかし、人の共同注意の特徴は、現前する事物を他者と一緒に見つめあう現象にあるのではない。それは、シンボルとして表現される精神内の事象を共同注意の対象にできることにある。人の子どもの共同注意とは、情動知を備えた乳児とその乳児に寄り添う母親との対面的なやりとり場面から始まり、シンボルを共有する段階にまで達する現象なのである。

人の乳児には共同注意を出現させるプログラムが生得的に備えられている。しかし、その生物学的プログラムは、環境から独立して発現するわけではない。そのプログラムが発現するためには適切な環境との出会いが必要とされる。子どもが出会った環境が不適切であれば、共同注意の発達はゆがみ、他者とのコミュニケーション活動と言語的シンボルの獲得や活用に深刻な支障をきたすのである。

それでは、共同注意を育む環境とは何だろうか。その検討素材として、一枚の母子の写真（図

6-16）を紹介してみたい。すでに紹介したことがある写真だが，そこには共同注意を育む環境を考えるための大切な情報がひそんでいるからである。

ベッドに横たわる子どもは，交通事故にあい，意識が戻らず，目も見えなければ耳も聞こえない10歳の女の子である。母親はわが娘が大好きだった人形を見せて話しかけている。しかし，母親は誰にこの人形を見せ，共同注意しようとしているのだろうか。それは間違いなく母親自身の表象世界のなかで今なお生き続ける娘に対してである。母親は，娘の目になり，耳になり，その心になって人形を差し出し語りかけている。母親の目と耳と心は，子どもの目になり，耳になり，そして心になる。母親は鏡のようになって，子どもの姿を子どもに映し返す存在である。

母親が作り出すこうした鏡映的で情動調律的な共同注意行動は，乳児が生得的にもつ情動性と静観性に由来する情動知を育て，人との関係に心を開かせ，その関係活動を育む肥沃な土壌として働く。この他者との関係活動が，乳児の心に物の世界や表象の世界を他者と共有する能力を生み出し，共同注意の世界を発展させていく（大藪，2018, 2019）。そして，その共同注意体験が乳児の心に信頼できる自己感と他者感を生み出してくるのだろう。

最後に，この写真を見て感じる別の共同注意の世界に触れておきたい。この母親を支えている人々との共同注意である。この母親の周囲や心のなかには，母親の気持ちに寄り添い，娘を一緒に見守ってくれる人がいるのではないか。母親は，そうした人々のまなざしを心のなかにいだき，その人々とともに娘を見ているのではないか。こうした人々との共同注意に支えられて，母親は表象世界に生きる娘との共同注意関係を作り出しているように思われるのである。

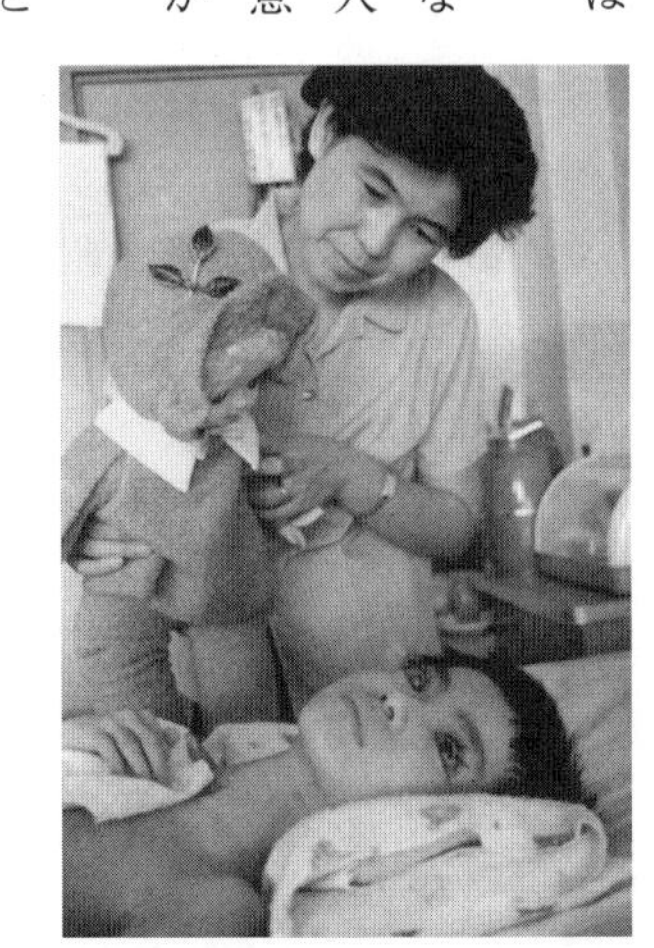

図 6-16　母親と意識のない娘との共同注意
撮影者：高山清隆（2005）

補遺　1・2歳児を対象にした実験実施手順

早稲田大学文学学術院発達心理学研究室では、共同注意の発達を研究テーマにして、「聴覚的共同注意」、「社会的参照」、「合理的模倣」、「他者の経験知理解」など一連の実験的研究を9か月児から30か月児を対象にして行ってきた。対象児にした1・2歳児は、実験室という見知らぬ場所で見知らぬ実験者と出会うことには不安が強く、その不安を自らなだめることが難しい時期である。それは第一反抗期にあたり、実験者は言うに及ばず母親の指示にも素直に応じず、不安が強い場合には大声で泣き叫び、ときには歩いて実験室から出て行こうとすることもある。実験者と実験室ではじめて面した1・2歳児が、実験者の指示に安心して注意をはらい、その場で落ち着いて振る舞う心理状態になることは難しいのである。

しかし、子どもの能力を評価しようとする実験では、その子が通常もっている能力が反映された信頼できる行動データを得ることが求められる。そのためには、実験室にいる子どもが安心し落ち着いた心理状態にあり、できるだけ普段どおりの能力を発揮できる条件にすることが必要とされる。筆者はそのためにさまざまな配慮をして実験に臨んできた。

この補遺では、筆者が行ってきた実験実施に向けての手順の要点について、実験協力を希望した母子との連絡段階から紹介してみたい。なお、子どもと実際に接した実験者は個々の実験を担当した大学院生であった。[*1]

1　実験前の連絡

研究協力希望者から実験者に電話やメールで連絡があった場合は、速やかに応答し、研究内容を説明して研究協力の意思を確認した。その後、実験者はあらためて母親に連絡し、実験実施日時を確定した。実験者の連絡先も知らせた。また、実験実施手順の概要を電話で事前に説明した。母親は、大学の実験室（プレイルーム）という見知らぬ場所で、実験者という見知らぬ人と出会うと緊張する。こうした状態の母親に、実験の手続きを説明しても、理解することが困難でとまどう場合がある。そのため、事前に、電話で実験手続きのポイントを平易に説明した。電話で実験者の声を聞くことは、実験者に対する馴染みをもたらし、安心感を与えるのに有効であった。実験開始前の母親の安心感は子どもの緊張感を軽減するので重視した。

実験者は、研究実施の前日までに、母親に対して参加の確認をもう一度行った。子どもや母親の体調が悪いときは、無理をして実験に参加しないように伝えた。参加できなくなった場合には、遠慮なく実験者に連絡するよう依頼した。近年、父親が実験に同行する要望が増えた。父親には同行していただき、観察室から実験場面を見てもらうようにした。

また、自宅から出て帰宅するまでをカバーする傷害保険をかけた。今まで保険を利用した事例はない。

＊1　筆者は、実験の管理責任者として、実験の前後の時間帯で実験者（大学院生）と一緒に母子に対応した。文学学術院正門で母子を迎え、実験者と一緒に実験室まで案内した。実験室で合意書の内容確認をして受け取り、実験室や実験手順を簡単に説明した後、実験者に実験の進行を任せて退室した。実験中は観察室から実験場面を見ていた。家族が来ていた場合は、彼らにも観察室で実験を見てもらった。実験が終わると、観察室にいた家族と一緒に実験室に入り、全員で遊んだ。その後、実験者と一緒に母子に付き添い正門まで見送った。

2　実験実施日の実験室（プレイルーム）への誘導

実験者は、大学構内での事故防止のため、文学学術院正門で待ち合わせて実験室まで案内した。正門から実験室まで子どもを連れてゆっくり歩くと10分ほど必要になるが、子どもが物にぶつかったり、転んだり、学生とぶつかったりして怪我をしないように注意した。母親と適宜会話し、リラックスできるようにした。母親と実験者の落ち着いた会話を耳にすると、子どもの心理状態は安定しやすいからである。

子どもに対しては、見知らぬ場所や人への緊張が高まっているので、簡単なあいさつ程度にとどめ、むやみに話しかけたり、顔を凝視したりすることは避けた。子どもに慣れさせようとしてはいけない。子どもが自分のペースで慣れていく状況を作りだすことが大切である。

繰り返すが、母親とのよい関係づくりに専念する配慮が必要である。母親とのリラックスした関係が、子どもの緊張感を和らげ、実験者とのよい関係づくりに役立つからである。したがって、母親と会った時点から実験は開始されているのである。

3　実験実施までの手順

母子が安心できるように穏やかに入室した。荷物などを棚に置いてもらい、子どもをベビーカーから降ろして、椅子やカーペットに座ってもらった。記入してきてもらった「研究参加への同意書」などの書類を受け取り、研究参加への意思を再確認した。ビデオ撮影をするので、動画データの取り扱いについて説明し同意を得た。

その後、実験に入る前に、母子が実験室に慣れ、緊張を和らげるために、実験者はレゴブロックなどのおもちゃを子どもに紹介しながら、母親に実験手順を説明した（図補－1）。また、実験では子どものありのままの行動を見ればよく、求められている行動が子どもにできなくても気にかけることはないこと、子どもに備わっている能力も、状況によって発揮できたりできなかったりすることがあることを丁寧にお伝えした。母親は実験で求められていることを子どもがしないと気にして、子どもの行動を促しやすい。それは子どもの反応に影響するので注意が必要である。

実験室に入室した子どもは慣れているように見えても緊張している。実験者は、最初は、子どもと距離をとって母親に説明したり、子どもと遊んだりした。子どもとの距離は原則として1メートルより近くなることを回避した。子どもと早く親しくなろうとはしなかった。そのため、子どもにむやみに話しかけたり、見つめたりすることはなかった。また子どもの正面に位置しないようにした。実験者と一緒にいても、子どもが自由に動けリードする実験室になるよう心がけた。子どもが自然に実験室に馴染んでいくことを重視した。実験者が子どもと親しくなろうと焦るのは禁物である。ただし、実験者が子どもの振る舞いをしっかり感受し、応答することは必要である。子どもが実験者に微笑みかけたり、話しかけたり、ブロックを手渡そうとしたりするときは、その働きかけに穏やかに応答することが求められる。

実験者は何よりも母親と仲良くなることが大切である。安全基地である母親が実験者とくつろ

図補－1　子どもと実験者の自由遊び場面
左に見えるテーブルが実験用のテーブル

いで談笑している場面を見ることが、子どもの心を落ち着かせる早道である。

4　実験への移行手順

子どもが実験室に慣れ、リラックスしてきた頃を見計らい、母子を実験用テーブルへ誘導した。子どもが実験者にブロックなどを手渡す行動は、実験室が子どもに自発的行動を可能にさせる場面になったことを示しており、実験へ誘導をする時期を見計らう目安になる。自由遊び時間は、おおよそ15分程度であった（正門で会ったときから起算すると30分程度になる）。

実験への移行に際し、今までの遊びを終え、実験へ向かう心構えをさせるために、レゴブロックなどを実験者と一緒に片づける時間を設けた。実験者は、「このおもちゃでたくさん遊んだね。そろそろお片づけをして、別のおもちゃで遊んでみよう」などと言って実験に誘い、子どもと一緒にレゴブロックなどを箱に片づけた。子どもと遊ぶようにして、子どもが率先して片づけることが大切である。子どもにブロックを渡し、子どもがブロックを箱に入れる体験を大切にした。ブロックなどのおもちゃが全部箱に入ったら、「また後で持ってきてあげるから、お部屋の外に出しておくね」と言い、子どもと母親が入室したドアから実験室の外に持ち出した。自由遊びが終わったこと、しかし今まで遊んでいたブロックなどとはまた遊べること、そしてこの実験室では実験者が指示する人であることを明確にすることが重要だからである。

ブロックなどの片づけが難しい場合は、「もう少しだけそれで遊んだら、こっちで別のおもちゃで遊ぼうね」と言って、子どもの気持ちをいったん受容し、少し時間をおいて様子を見ながら片づけに誘導し、一緒に片づけた。その後、母子を実験用テーブルに誘導した。

5　実験終了後の手順

実験が終了したら、実験前に遊んでいたブロックなどのおもちゃを実験室に戻した。5～10分ほどおもちゃを使って子どもと遊び、お別れの時間が来たことを伝えて、一緒におもちゃを箱に片づけた。その後、正門まで実験者が付き添ってお別れした。

あとがき

「はしがき」で述べたように、本書は２００４年に上梓した『共同注意――新生児から２歳６か月までの発達過程』を書き改めたものである。この15年の間に、乳幼児の共同注意に関わる研究は地道だが着実に進められてきている。筆者も細々とではあるが早稲田大学文学学術院の発達心理学研究室で自らのデータを集めてきた。本書は、そうした自他の研究知見を新たに取り込み、乳幼児の共同注意という行動にひそむ人の心の原型的な働きをあらためて検討しようとしたものである。その検討が十分かどうか心もとないが、一応の区切りとして公刊し、諸賢のご批判を仰ぎたいと思う。

筆者が共同注意の研究をこころざした機縁は、乳幼児を対象にした発達臨床の経験にある。それは、１９７０年代の後半、新宿駅の近くにあった民間企業が設置した「こどもの相談室」での研修経験に始まる。その心理臨床の場には、言葉の遅滞、多動性障害、習癖行動など多彩な症状を呈する子どもの相談があり、自閉症児も少なからず来談していた。発達臨床を学ぶ最初の場面は、プレイルームで子どもと一緒に遊ぶことであった。もっとも困惑したのは自閉症児との遊びだった。一緒に遊んだ感じがしないからである。目が合わないし、おもちゃを一緒に使って遊ぶ気配が希薄であり、心がつながった感じがしないのである。「赤ちゃんのときはまるで〈丸太棒〉を抱っこしていたようだった」と聞かされたのも、自閉症児をもつ母親からだった。そのとき、そのお母さんから、人の赤ちゃんとは母親の抱きにさえ自らの姿勢を調整しながら世界を共有しようとする存在なのだと教えられたのだと思う。

そんな経験をしていたころ、産科病棟と乳児院が併設された医療施設に研究に行く機会に恵まれた。新生児の観察も施設児の観察もできた。それは稀有な経験だった。ケアがよかったその乳児院にも、母性剥奪（maternal deprivation）に起因する施設症（hospitalism）の症状を抱えた乳幼児がいた。その子たちのなかには、自己刺激を自閉的に繰り返す常同行動を見せ、人と関わったり、物を人と共有したりすることが苦手で、社会的行動や言葉の発達に遅れを見せる子どもがいた。こうして乳児院でも、〈丸太棒〉を思い出させるような不活発で、情動表現や共有能力に乏しい子どもに出会ったのである。

この二つの臨床の場で、筆者の心に刻まれたこと、それは人の赤ちゃんの心には他者と共有世界を構築しようとする生得的なプログラムが備えられていること、そして同時に、その生物学的なプログラムは、環境と無関係に発現するのではなく、他者との適切な出会いが予定されていること、であった。それは、人の身体に遺伝的にプログラムされた有能な生得的能力は、環境との出会いの重要性を低めるものではないことを教えていた。おそらく赤ちゃんにとって重要な環境とは、母親からの世話の量だけではない。その質が問われるのである。そんなことを考えていた筆者の心に、子育て環境で重要な役割を演じる現象の一つとして浮かび上がったもの、それが共同注意だった。

筆者にはもう一つ臨床の場があった。1歳6か月児健診、3歳児健診での心理相談活動、そしてその後の長期にわたるフォローアップ臨床である。その臨床経験のなかで印象に残るものに、「子どもとどうやって遊んだらいいのかわからない」という母親の言葉がある。人と心をつないで遊ぶのが苦手な子のお母さんの多くがそう感じていたと思う。そんなお母さんには、お子さんを遊ばせようとはしないこと、お子さんと気持ちを合わせ、見ている物を一緒に見て関心を共有してあげること、していることを真似するようにすることなどをお話しし、筆者自身がプレイルームで子どもとそのように遊ぶところを見てもらったりした。子どもが自分で自由にできる世界で安心してお母さんと関わる場が、母親との間で愛着（attachment）関係を結び、遊びが芽生える基盤になるからである。そして、それは子どもとの間で共同注意の関係を築くことでもあったのである。

筆者の定型発達児を対象にした共同注意の研究は、こうした臨床経験に由来する。その後ほぼ四半世紀にわたるプレイルームでの観察研究には、多くの子どもとお母さん、時にはお父さんやお祖母さんにもご参加いただいた。そのご協力により共同注意という現象についてほんとうに多くのことを学んだと感じている。未熟なものであるが、本書を公刊することでそのお礼とさせていただきたい。また、本書であつかった筆者の実験には多くの院生諸君が参加している。彼らの参加がなければ得られなかったデータであることを記し、お礼を申し上げる。

最後に、本書を編集していただいた田中由美子さんに感謝しておきたい。公私の多忙に加え体調を大きく崩し、執筆が滞った時期が長く続いてしまった。そんな筆者を温かく見守ってお待ちいただいたうえに、原稿を丹念にお読みくださり、編集者の眼から見た多くの改善すべき事項を率直にお伝えいただいた。それはたいへん有り難いことであった。

共同注意とは水や空気のようにありふれた出来事である。しかしそれは、人間の心を生み出し、同時に、その心の働きを支えるのに不可欠な営みだと感じる。筆者にはまだ検討すべき課題が残されている。共同注意という意味ゆたかな世界の理解をさらに深めていきたいと思う。

いつも筆者を支えてくれる妻・素枝にありがとうと記し、本書の擱筆とする。

暖かな陽ざしの大晦日　多摩湖畔にて

大　藪　　泰

2019年12月31日

Watson, J. 1985 Contingency perception in early social development. In T. Field & N. Fox (Eds.), *Social perception in infants*. Norwood, NJ: Ablex, pp. 157–176.

Wellman, H. M., Cross, D., & Watson, J. 2001 Meta-analysis of theory-of-mind development: The truth about false belief. *Child Development*, **72**, 655–684.

Werner, H., & Kaplan, B. 1963 *Symbol formation: An organismic-developmental approach to language and the expression of thought*. New York: Wiley.〔柿崎祐一（監訳）1974『シンボルの形成：言葉と表現への有機－発達論的アプローチ』京都：ミネルヴァ書房〕

Wertsch, J. 1991 *Voices of the mind: A sociocultural approach to mediated action*. Cambridge, MA: Harvard University Press.〔田島信元ほか（訳）1995『心の声：媒介された行為への社会文化的アプローチ』東京：福村出版〕

White, B. L., Castle, P., & Held, R. 1964 Observations on the development of visually-directed reaching. *Child Development*, **35**, 349–364.

Winnicott, D. W. 1965 *The maturational processes and the facilitating environment*. New York: International Universities Press.

Wolff, P. H. 1959 Observations on newborn infants. *Psychosomatic Medicine*, **21**, 110–118.

Wolff, P. H. 1987 *The development of behavioral states and the expression of emotions in early infancy*. Chicago: University of Chicago Press.

Woodward, A. L. 1998 Infants selectively encode the goal object of an actor's reach. *Cognition*, **69**, 1–34.

やまだようこ 1987『ことばの前のことば：ことばが生まれるすじみち』東京：新曜社

矢藤優子 2009 乳幼児と養育者のおもちゃ遊び場面における共同注意　乳幼児医学・心理学研究, **18**, 17–27.

Zmyj, N., Daum, M. M., & Aschersleben, G. 2009 The development of rational imitation in 9- and 12-month-old infants. *Infancy*, **14**, 131–141.

objects and actions. *Cognitive Development*, **10**, 201-224.

Tomasello, M., & Barton, M. 1994 Learning words in non-ostensive contexts. *Developmental Psychology*, **30**, 639-650.

Tomasello, M., & Call, J. 1997 *Primate cognition*. London: Oxford University Press.

Tomasello, M., Carpenter, M., Call, J., Behne, T., & Moll, H. 2005 Understanding and sharing intentions: The origins of cultural cognition. *Behavioral and Brain Sciences*, **28**, 675-735.

Tomasello, M., & Haberl, K. 2003 Understanding attention: 12- and 18-month-olds know what is new for other persons. *Developmental Psychology*, **39**, 906-912.

Tomasello, M., Mannle, S., & Kruger, A. C. 1986 Linguistic environment of 1- to 2-year-old twins. *Developmental Psychology*, **22**, 169-176.

Tomasello, M., Striano, T., & Rochat, P. 1999 Do young children use objects as symbols? *British Journal of Developmental Psychology*, **17**, 563-584.

Tomasello, M., Strosberg, R., & Akhtar, N. 1996 Eighteen-month-old children learn words in non-ostensive contexts. *Journal of Child Language*, **23**, 157-176.

Tomasello, M., & Todd, J. 1983 Joint attention and lexical acquisition style. *First Language*, **4**, 197-211.

友永雅己・田中正之・松沢哲郎（編著）2003『チンパンジーの認知と行動の発達』京都：京都大学学術出版会

Trevarthen, C. 1979 Communication and cooperation in early infancy: A description of primary intersubjectivity. In M. Bullowa (Ed.), *Before speech*. Cambridge, UK: Cambridge University Press, pp. 321-347.〔鯨岡　峻（編訳著）鯨岡和子（訳）1989『母と子のあいだ：初期コミュニケーションの発達』京都：ミネルヴァ書房　pp. 69-101.〕

Trevarthen, C., & Delafield-Butt, J. 2013 Biology of shared experience and language development: Regulations for the intersubjective life of narratives. In M. Legerstee, D. W. Haley, & M. H. Bornstein (Eds.), *The infant mind: Origins of the social brain*. New York: Guilford Press, pp. 167-199.

Trevarthen, C., & Hubley, P. 1978 Secondary intersubjectivity: Confidence, confiding and acts of meaning in the first year. In A. Lock (Ed.), *Action, gesture, and symbol*. London: Academic Press, pp. 183-229.〔鯨岡　峻（編訳著）鯨岡和子（訳）1989『母と子のあいだ：初期コミュニケーションの発達』京都：ミネルヴァ書房　pp. 102-162.〕

Tronick, E. 1972 Stimulus control and the growth to the infant's effective visual field. *Perception and Psychophysics*, **11**, 373-376.

Tronick, E. Z. 2003 Things still to be done on the still-face effect. *Infancy*, **4**, 475-482.

常田美穂 2007 乳児期の共同注意の発達における母親の支持的行動の役割　発達心理学研究，**18**, 97-108.

Van IJzendoorn, M. H., & Kroonenberg, P. M. 1988 Cross-cultural patterns of attachment: A meta-analysis of the strange situation. *Child Development*, **59**, 147-156.

Vauclair, J. 2004 *Développement du jeune enfant: Motricité, perception, cognition*. Paris: Belin.〔明和政子（監訳）鈴木光太郎（訳）2012『乳幼児の発達：運動・知覚・認知』東京：新曜社〕

Vouloumanos, A., & Werker, J. F. 2007 Listening to language at birth: Evidence for a bias for speech in neonates. *Developmental Science*, **10**, 159-164.

ヴィゴツキー，L. S.（著）柴田義松（監訳）2005『文化的－歴史的精神発達の理論』東京：学文社

Wallon, H.（著）浜田寿美男（訳編）1983『ワロン／身体・自我・社会』京都：ミネルヴァ書房

Watson, J. S. 1972 Smiling, cooing, and "the game." *Merrill-Palmer Quarterly of Behavior and Development*, **18**, 323-339.

and the development of language. New York: Wiley, pp. 133–156.

Scaife, M., & Bruner, J. 1975 The capacity for joint visual attention in the infant. *Nature*, **253**, 265–266.

Schaffer, H. R. 1984 *The child's entry into a social world*. London: Academic Press.

Schwier, C., Van Maanen, C., Carpenter, M., & Tomasello, M. 2006 Rational imitation in 12-month-old infants. *Infancy*, **10**, 303–311.

Seemann, A. 2011 Introduction. In A. Seemann (Ed.), *Joint attention: New developments in psychology, philosophy of mind, and social neuroscience*. Cambridge, MA: MIT Press, pp. 1–17.

Slater, A. 1989 Visual memory and perception in early infancy. In A. Slater & G. Bremner (Eds.), *Infant development*, Hillsdale, NJ: Lawrence Erlbaum Associates, pp. 43–71.

Slater, A., Riddell, P., Quinn, P. C., Pascalis, O., Lee, K., & Kelly, D. 2010 Visual perception. In J. G. Bremner & T. D. Wachs (Eds.), *The Wiley-Blackwell handbook of infant development* (2nd ed.). Malden, MA: Wiley-Blackwell, pp. 40–80.

Smith, C. B., Adamson, L. B., & Bakeman, R. 1988 Interactional predictors of early language. *First Language*, **8**, 143–156.

Stern, D. N. 1985 *The interpersonal world of the infant: A view from psychoanalysis and developmental psychology*. New York: Basic Books.〔小此木啓吾・丸田俊彦（監訳）1989『乳児の対人世界：理論編』東京：岩崎学術出版社〕

Streri, A., & Gentaz, E. 2004 Cross-modal recognition of shape from hand to eyes and handedness in human newborns. *Neuropsychologia*, **42**, 1365–1369.

Striano, T., Tomasello, M., & Rochat, P. 2001 Social and object support for early symbolic play. *Developmental Science*, **4**, 442–455.

Sugarman, S. 1978 Some organizational aspects of pre-verbal communication. In I. Marková (Ed.), *The social context of language*. London: Wiley, pp. 49–66.

高橋哲郎 1988『子どもの心と精神病理』東京：岩崎学術出版社

高山清隆（1967 年写真撮影）2005 日本写真家協会（編）『日本の子ども 60 年』東京：新潮社　p. 79.

竹下秀子 1999『心とことばの初期発達：霊長類の比較行動発達学』東京：東京大学出版会

田中昌人・田中杉恵 1982『子どもの発達と診断 2：乳児期後半』東京：大月書店

Thompson, R. A. 1998 Early sociopersonality development. In W. Damon & N. Eisenberg (Eds.), *Handbook of child psychology, Vol. 3: Social, emotional, and personality development* (5th ed.). New York: Wiley, pp. 25–104.

Tomasello, M. 1988 The role of joint attentional processes in early language development. *Language Sciences*, **10**, 69–88.

Tomasello, M. 1995 Joint attention as social cognition. In C. Moore & P. J. Dunham (Eds.), *Joint attention: Its origins and role in development*. Hillsdale, NJ: Lawrence Erlbaum Associates, pp. 103–130.〔大神英裕（監訳）1999『ジョイント・アテンション：心の起源とその発達を探る』京都：ナカニシヤ出版　pp. 93–117.〕

Tomasello, M. 1999 *The cultural origins of human cognition*. Cambridge, MA: Harvard University Press.〔大堀壽夫ほか（訳）2006『心とことばの起源を探る：文化と認知』東京：勁草書房〕

Tomasello, M. 2007 Cooperation and communication in the 2nd year of life. *Child Development Perspectives*, **1**, 8–12.

Tomasello, M. 2008 *Origins of human communication*. Cambridge, MA: MIT Press.〔松井智子・岩田彩志（訳）2013『コミュニケーションの起源を探る』東京：勁草書房〕

Tomasello, M., & Akhtar, N. 1995 Two-year-olds use pragmatic cues to differentiate reference to

ント・アテンション行動　日本心理学会第65回大会発表論文集，283.

大藪　泰・川井　尚・金子　保・白川園子・二木　武 1981 乳児の行動状態に関する研究Ⅰ：早期産児を対象にして 小児保健研究，**40**, 163–168.

大藪　泰・前田忠彦 1994　乳児をもつ母親の育児満足感の形成要因Ⅰ：4か月児と10か月児の母親の比較　小児保健研究，**53**, 826–834.

大藪　泰・大藪素枝・田口良雄 1982 乳児の行動状態に関する研究Ⅱ：満期産新生児を対象にして　小児保健研究，**41**, 345–350.

大藪　泰・田口良雄 1985 乳児の行動状態に関する研究Ⅲ：出産直後の行動状態の検討 日本新生児学会雑誌，**21**, 321–327.

Panksepp, J. 2010 The evolutionary sources of jealousy: Cross-species approaches to fundamental issues. In S. L. Hart & M. Legerstee (Eds.), *Handbook of jealousy: Theory, research and multidisciplinary approaches*. Malden, MA: Wiley-Blackwell, pp. 101–120.

Papoušek, H., & Papoušek, M. 1987 Intuitive parenting: A dialectic counterpart to the infant's integrative competence. In J. D. Osofsky (Ed.), *Handbook of infant development* (2nd ed.). New York: Wiley, pp. 669–720.

Phillips, W., Baron-Cohen, S., & Rutter, M. 1992 The role of eye contact in goal detection: Evidence from normal infants and children with autism or mental handicap. *Development and Psychopathology*, **4**, 375–383.

Piaget, J. 1948 *La naissance de l'intelligence chez l'enfant* (2e éd). Neuchâtel, Paris, Delachaux et Niestlé. 〔谷村　覚・浜田寿美男（訳）1978『知能の誕生』京都：ミネルヴァ書房〕

Povinelli, D. J. 1995 The unduplicated self. In P. Rochat (Ed.), *The self in infancy: Theory and research*. New York: Elsevier, pp. 161–192.

Prechtl, H. F. R., & O'Brien, M. J. 1982 Behavioral states of the full-term newborn: The emergence of a concept. In P. Stratton (Ed.), *Psychobiology of the human newborn*. New York: Wiley, pp. 53–73.

Preisler, G. 2006 Development of communication in deafblind children. *Scandinavian Journal of Disability Research*, **7**, 41–62.

Quinn, S., & Kidd, E. 2019 Symbolic play promotes non-verbal communicative exchange in infant-caregiver dyads. *British Journal of Developmental Psychology*, **37**, 33–50.

Reddy, V. 2003 On being the object of attention: Implications for self-other consciousness. *Trends in Cognitive Sciences*, **7**, 397–402.

Reddy, V. 2008 *How infants know minds*. Cambridge, MA: Harvard University Press. 〔佐伯　胖（訳）2015『驚くべき乳幼児の心の世界：「二人称的アプローチ」から見えてくること』京都：ミネルヴァ書房〕

Rizzolatti, G., Fadiga, L., Fagassi, L., & Gallese, V. 2002 From mirror neurons to imitation: Facts and speculations. In A. N. Meltzoff & W. Prinz (Eds.), *The imitative mind: Development, evolution, and brain bases*. Cambridge, UK: Cambridge University Press, pp. 247–266.

Rochat, P. 2001 *The Infant's world*. Cambridge, MA: Harvard University Press. 〔板倉昭二・開　一夫（監訳）2004『乳児の世界』京都：ミネルヴァ書房〕

Rochat, P., & Hespos, S. J. 1997 Differential rooting response by neonates: Evidence for an early sense of self. *Early Development and Parenting*, **6**, 105–112.

Rochat, P., & Morgan, R. 1995 The function and determinants of early self-exploration. In P. Rochat (Ed.), *The self in infancy: Theory and research*. Amsterdam: Elsevier, pp. 395–415.

Rochat, P., Querido, J. G., & Striano, T., 1999 Emerging sensitivity to the timing and structure of protoconversation in early infancy. *Developmental Psychology*, **35**, 950–957.

Sander, L. W. 1977 The regulation of exchange in the infant-caretaker system and some aspects of the context-content relationship. In M. Lewis & L. A. Rosenblum (Eds.), *Interaction, conversation,*

Development, **10**, 3–18.

Nelson, K. 1973 Structure and strategy in learning to talk. *Monographs of the Society for Research in Child Development*, **38**, 1–135.

Nelson, K. 1981 Individual differences in language development: Implications for development and language. *Developmental Psychology*, **17**, 170–187.

Newson, J. 1978 Dialogue and development. In A. Lock (Ed.), *Action, gesture, and symbol: The emergence of language*. New York: Academic Press, pp. 31–42.

Ninio, A., & Bruner, J. 1978 The achievement and antecedents of labelling. *Journal of Child Language*, **5**, 1–15.

小椋たみ子 1999 語彙獲得の日米比較　桐谷　滋（編）『ことばの獲得』京都：ミネルヴァ書房　pp. 143–194.

Overton, W. F. 2010 Life-span development: Concepts and issues. In W. F. Overton & R. M. Lerner (Eds.), *The handbook of life-span development Vol. 1.: Cognition, biology, and methods*. Hoboken, NJ: John Wiley & Sons, pp. 1–29.

大藪　泰 1978 胎児・乳児の Motor Activity と母子関係　早稲田心理学年報, **10**, 1–18.

大藪　泰 1985 新生児期のクライング　小林　登ほか（編著）『新しい子ども学 第 1 巻 育つ』東京：海鳴社　pp. 158–178.

大藪　泰 1992『新生児心理学：生後 4 週間の人間発達』東京：川島書店

大藪　泰 1997 乳幼児の心の問題への対応：ジョイント・アテンションの観点から　小児科臨床, **50**, 1439–1445.

大藪　泰 2000　乳幼児の視覚的ジョイント・アテンションの 4 発達段階　乳幼児医学・心理学研究, **9**, 27–40.

大藪　泰 2004『共同注意：新生児から 2 歳 6 か月までの発達過程』東京：川島書店

Oyabu, Y. 2006 The emergence of joint auditory attention: A comparison with joint visual attention. Symposium presented at 15th Biennial International Conference on Infant Studies (ICIS), Kyoto, Japan.

大藪　泰 2008　発生期の共同注意と自己感・他者感　乳幼児医学・心理学研究, **17**, 1–11.

大藪　泰 2009　共同注意研究の現状と課題　乳幼児医学・心理学研究, **18**, 1–16.

大藪　泰 2012　マルチモダリティと他者理解　日本発達心理学会（編）根ヶ山光一・仲真紀子（責任編集）『発達科学ハンドブック 4：発達の基盤：身体、認知、情動』東京：新曜社　pp. 192–204.

大藪　泰 2013『赤ちゃんの心理学』東京：日本評論社

大藪　泰 2014　乳児の共同注意の研究パラダイム：人間の心の基本形を探る　早稲田大学大学院文学研究科紀要, **59**, 5–20.

大藪　泰 2015a　赤ちゃんに心の理解の起源を探る：「情動共有」と「知的静観」という視点から　発達, **144**, 2–7.　京都：ミネルヴァ書房

大藪　泰 2015b　乳児が共同注意場面で他者の経験知を理解するとき　乳幼児医学・心理学研究, **24**, 53–60.

大藪　泰 2018　対人関係の基礎としての認知発達　本郷一夫・田爪宏二（編著）『講座・臨床発達心理学 3：認知発達とその支援』京都：ミネルヴァ書房　pp. 85–105.

大藪　泰 2019　共同注意という子育て環境　*WASEDA RILAS JOURNAL*, **7**, 85–103.

大藪　泰・Adamson, L. B. 2000　1・2 歳児の聴覚的ジョイント・アテンション測定の試み　日本発達心理学会第 11 回大会発表論文集, 163.

大藪　泰・福田真一・東谷知佐子・横井梨紗・越川房子 2001b　鳥の鳴き声に対するジョイント・アテンション行動について：1・2 歳児の事例研究　ヒューマンサイエンス, **13** (2), 14–22.

大藪　泰・東谷知佐子・福田真一・横川梨紗・越川房子 2001a　1・2 歳児の聴覚的ジョイ

134.

Meltzoff, A. N., & Borton, R. 1979 Intermodal matching by human neonates. *Nature*, **282**, 403-404.

Meltzoff, A. N., & Moore, M. K. 1977 Imitation of facial and manual gestures by human neonates. *Science*, **198**, 75-78.

Meltzoff, A. N., & Moore, M. K. 1994 Imitation, memory, and the representation of persons. *Infant Behavior and Development*, **17**, 83-99.

Meltzoff, A. N., & Moore, M. K. 1997 Explaining facial imitation: A theoretical model. *Early Development and Parenting*, **6**, 179-192.

Meltzoff, A. N., & Williamson, R. A. 2010 The importance of imitation for theories of social-cognitive development. In J. G. Bremner & T. D. Wachs (Eds.), *The Wiley-Blackwell handbook of infant development* (2nd ed.). Malden, MA: Wiley-Blackwell, pp. 345-364.

Moll, H., Carpenter, M., & Tomasello, M. 2007 Fourteen-month-olds know what others experience only in joint engagement. *Developmental Science*, **10**, 826-835.

Moll, H., & Tomasello, M. 2004 12- and 18-month-old infants follow gaze to spaces behind barriers. *Developmental Science*, **7**, F1-F9.

Moll, H., & Tomasello, M. 2007a How 14- and 18-month-olds know what others have experienced. *Developmental Psychology*, **43**, 309-317.

Moll, H., & Tomasello, M. 2007b Cooperation and human cognition: The Vygotskian intelligence hypothesis. *Philosophical Transactions of the Royal Society B: Biological Sciences*, **362**, 639-648.

Moore, C., & Dunham, P. J. (Eds.) 1995 *Joint attention: Its origins and role in development*. Hillsdale, NJ: Lawrence Erlbaum Associates.〔大神英裕（監訳）1999『ジョイント・アテンション：心の起源とその発達を探る』京都：ナカニシヤ出版〕

Morton, J., & Johnson, M. 1991 CONSPEC and CONLERN: A two-process theory of infant face recognition. *Psychological Review*, **98**, 164-181.

Mundy, P. 2013 Neural connectivity, joint attention, and the social-cognitive deficits of autism. In M. Legerstee, D. Haley, & M. H. Bornstein (Eds.), *The infant mind: Origins of the social brain*. New York: Guilford Press, pp. 324-352.

Mundy, P., & Newell, L. 2007 Attention, joint attention, and social cognition. *Current Directions in Psychological Science*, **16**, 269-274.

村田孝次 1981『言語発達研究：その歴史と現代の動向』東京：培風館

明和政子 2014　真似る・真似られる：模倣の発達的・進化的変遷　開　一夫ほか（共著）『岩波講座コミュニケーションの認知科学 3：母性と社会性の起源』東京：岩波書店 pp. 51-82.

Nadel, J., & Tremblay-Leveau, H. 1999 Early perception of social contingencies and interpersonal intentionality: Dyadic and triadic paradigms. In P. Rochat (Ed.), *Early social cognition: Understanding others in the first months of life*. London: Lawrence Erlbaum Associates, pp. 189-212.

Needham, A., & Baillargeon, R. 1993 Intuitions about support in 4.5-month-old infants. *Cognition*, **47**, 121-148.

根ヶ山光一 2012　対人関係の基盤としての身体接触　日本発達心理学会（編）根ヶ山光一・仲真紀子（責任編集）『発達科学ハンドブック 4：発達の基盤：身体、認知、情動』東京：新曜社　pp. 119-130.

Neisser, U. 1991 Two perceptually given aspects of the self and their development. *Developmental Review*, **11**, 197-209.

Neisser, U. 1995 Criteria for an ecological self. In P. Rochat (Ed.), *The self in infancy: Theory and research*. Amsterdam: Elsevier, pp. 17-34.

Nelson, C. A. 2001 The development and neural bases of face recognition. *Infant and Child* intentional stance implied? *Cognitive Development*, **18**, 91–110.

Legerstee, M., Markova, G., & Fisher, T. 2007 The role of maternal affect attunement in dyadic and triadic communication. *Infant Behavior and Development*, **30**, 296–306.

Legerstee, M., Pomerleau, A., Malcuit, G., & Feider, H. 1987 The development of infants' responses to people and a doll: Implications for research in communication. *Infant Behavior and Development*, **10**, 81–95.

Lempers, J. D. 1979 Young children's production and comprehension of nonverbal deictic behaviors. *The Journal of Genetic Psychology*, **135**, 93–102.

Lempert, H., & Kinsbourne, M. 1985 Possible origin of speech in selective orienting. *Psychological Bulletin*, **97**, 62–73.

Lewkowicz, D. J., & Kraebel, K. S. 2004 The value of multisensory redundancy in the development of intersensory perception. In G. Calvert, C. Spence, & B. E. Stein (Eds.), *The handbook of multisensory processes*. Cambridge, MA: MIT Press, pp. 643–654.

Liszkowski, U., Carpenter, M., Henning, A., Striano, T., & Tomasello, M. 2004 Twelve-month-olds point to share attention and interest. *Developmental Science*, **7**, 297–307.

Liszkowski, U., Carpenter, M., Striano, T., & Tomasello, M. 2006 12- and 18-month-olds point to provide information for others. *Journal of Cognition and Development*, **7**, 173–187.

Liszkowski, U., Carpenter, M., & Tomasello, M. 2007a Reference and attitude in infant pointing. *Journal of Child Language*, **34**, 1–20.

Liszkowski, U., Carpenter, M., & Tomasello, M. 2007b Pointing out new news, old news, and absent referents at 12 months of age. *Developmental Science*, **10**, F1–F7.

Liszkowski, U., Carpenter, M., & Tomasello, M. 2008 Twelve-month-olds communicate helpfully and appropriately for knowledgeable and ignorant partners. *Cognition*, **108**, 732–739.

Lock, A., Young, A., Service, V., & Chandler, P. 1990 Some observations on the origins of the pointing gesture. In V. Volterra & C. J. Erting (Eds.), *From gesture to language in hearing and deaf children*. New York: Springer, pp. 42–55.

Luo, Y., & Baillargeon, R. 2007 Do 12.5-month-old-infants consider what objects others can see when interpreting their actions? *Cognition*, **105**, 489–512.

Macfarlane, A. 1977 *The psychology of childbirth*. Cambridge, MA: Harvard University Press. 〔鹿取廣人・高橋　晃（訳）1982『赤ちゃん誕生：出産期の母と子の心理学』東京：サイエンス社〕

Macnamara, J. 1972 Cognitive basis of language learning in infants. *Psychological Review*, **79**, 1–13.

Mahler, M. S., Pine, F., & Bergman, A. 1975 *The psychological birth of the human infant*. New York: Basic Books. 〔高橋雅士ほか（訳）1981『乳幼児の心理的誕生：母子共生と個体化』名古屋：黎明書房〕

牧　敦・山本由香里 2003 発達科学におけるニューロイメージングの役割：光によるニューロイメージング法を中心に　ベビーサイエンス, **3**, 28–34.

増山真緒子 1991　表情からことばへ　無藤　隆（編）『ことばが誕生するとき：言語・情動・関係』東京：新曜社　pp. 129–168.

松沢哲郎 2000『チンパンジーの心』東京：岩波書店

松沢哲郎 2005　まなざしと微笑みの進化　科学, **75**（11）, 1278–1283.

McGurk, H., & MacDonald, J. 1976 Hearing lips and seeing voices. *Nature*, **264**, 746–748.

Meltzoff, A. N. 1988 Infant imitation after a 1-week delay: Long-term memory for novel acts and multiple stimuli. *Developmental Psychology*, **24**, 470–476.

Meltzoff, A. N. 1995 Understanding the intentions of others: Re-enactment of intended acts by 18-month-old children. *Developmental Psychology*, **31**, 838–850.

Meltzoff, A. N. 2007 'Like me' : A foundation for social cognition. *Developmental Science*, **10**, 126–

James, D. M., & Stojanovik, V. 2006 Communication skills in blind children: A preliminary investigation. *Child: Care, Health and Development*, **33**, 4–10.

Johnson, S. C., Booth, A., & O'Hearn, K. 2001 Inferring the goals of a nonhuman agent. *Cognitive Development*, **16**, 637–656.

Jusczyk, P. W., & Hohne, E. A. 1997 Infants' memory for spoken words. *Science*, **277**, 1984–1986.

川上清文・高井清子・川上文人 2012『ヒトはなぜほほえむのか：進化と発達にさぐる微笑の起源』東京：新曜社

川田　学 2014『乳児期における自己発達の原基的機制：客体的自己の起源と三項関係の蝶番効果』京都：ナカニシヤ出版

Kaye, K. 1982 *The mental and social life of babies*. Chicago: University of Chicago Press.

Keller, H., Yovsi, R., Borke, J., Kärtner, J., Jensen, H., & Papaligoura, Z. 2004 Developmental consequences of early parenting experiences: Self-recognition and self-regulation in three cultural communities. *Child Development*, **75**, 1745–1760

岸本　健 2012　指さしの芽生えと言葉の発達　清水由紀・林　創（編著）『他者とかかわる心の発達心理学：子どもの社会性はどのように育つか』東京：金子書房　pp. 3–18.

Klaus, M. H., & Kennell, J. H. 1976 *Maternal-infant bonding*. Saint Louis, MO: Mosby.〔竹内徹・柏木哲夫（共訳）1979『母と子のきずな』東京：医学書院〕

Korner, A. F., & Thoman, E. B. 1970 Visual alertness in neonates as evoked by maternal care. *Journal of Experimental Child Psychology*, **10**, 67–78.

小杉大輔 2012　乳児における人やモノの動きの因果性と意図の認識　清水由紀・林　創（編著）『他者とかかわる心の発達心理学』東京：金子書房　pp. 21–36.

久保田正人 1982 言語・認識の共有　藤永　保ほか『講座現代の心理学 第5巻：認識の形成』東京：小学館　pp. 177–256.

久保田正人 1993『二歳半という年齢：認知・社会性・ことばの発達』東京：新曜社

Kuhl, P. K. 1979 Speech perception in early infancy: Perceptual constancy for spectrally dissimilar vowel categories. *Journal of the Acoustical Society of America*, **66**, 1668–1679.

鯨岡　峻 1997『原初的コミュニケーションの諸相』京都：ミネルヴァ書房

鯨岡　峻 1999『関係発達論の構築：間主観的アプローチによる』京都：ミネルヴァ書房

熊谷高幸 2004「心の理論」成立までの三項関係の発達に関する理論的考察：自閉症の諸症状と関連して　発達心理学研究, **15**, 77–88.

熊谷高幸 2006『自閉症：私とあなたが成り立つまで』京都：ミネルヴァ書房

Lamb, M. E., Morrison, D. C., & Malkin, C. M. 1987 The developmental of infant social expectations in face-to-face interaction: A longitudinal study. *Merrill-Palmer Quarterly*, **33**, 241–254.

Legerstee, M. 1990 Infants use multimodal information to imitate speech sounds. *Infant Behavior and Development*, **13**, 343–354.

Legerstee, M. 1991 The role of person and object in eliciting early imitation. *Journal of Experimental Child Psychology*, **51**, 423–433.

Legerstee, M. 1994 Patterns of 4-month-old infant responses to hidden silent and sounding people and objects. *Early Development and Parenting*, **3**, 71–80.

Legerstee, M. 2005 *Infants' sense of people: Precursors to a theory of mind*. Cambridge, UK: Cambridge University Press.〔大藪　泰（訳）2014『乳児の対人感覚の発達：心の理論を導くもの』東京：新曜社〕

Legerstee, M. 2013 The developing social brain: Social connections and social bonds, social loss, and jealousy in infancy. In M. Legerstee, D. W. Haley, & M. H. Bornstein (Eds.), *The infant mind: Origins of social brain*. New York: Guilford Press, pp. 223–247.

Legerstee, M., & Barillas, Y. 2003 Sharing attention and pointing to objects at 12 months: Is the

Dunham, P. J., & Dunham, F. 1995 Optimal social structures and adaptive infant development. In C. Moore & P. J. Dunham (Eds.), *Joint attention: Its origins and role in development*. Hillsdale, NJ: Lawrence Erlbaum Associates, pp. 159–188.〔大神英裕（監訳）1999『ジョイント・アテンション：心の起源とその発達を探る』京都：ナカニシヤ出版　pp. 145–178.〕

Eilan, N. 2005 Joint attention, communication, and mind. In N. Eilan, C. Hoerl, T. McCormack, & Roessler, J. (Eds.), *Joint attention: Communication and other minds*. New York: Oxford University Press, pp. 1–33.

Eimas, P. D., Siqueland, E. R., Jusczyk, P. W., & Vigorito, J. 1971 Speech perception in infants. *Science*, **171**, 303–306.

Eisenberg, R. B. 1976 *Auditory competence in early life: The roots of communicative behavior*. Baltimore, MD: University Park Press.

Emde, R. N., & Robinson, J. 1979 The first two months: Recent research in developmental psychology and the changing view of the newborn. In J. Noshpitz (Ed.), *Basic handbook of child psychiatry. Vol. 1: Development*. New York: Basic Books. pp. 72–105.

Fernald, A. 1991 Prosody in speech to children: Prelinguistic and linguistic functions. In R. Vasta (Ed.), *Annals of child development, Vol. 8*. London: Kingsley, pp. 43–80.

Fernald, A., & Morikawa, H. 1993 Common themes and cultural variations in Japanese and American mothers' speech to infants. *Child Development*, **64**, 637–656.

Fivaz-Depeursinge, E., & Corboz-Warnery, A. 1999 *The primary triangle*. New York: Basic Books.

Fogel, A., & Hannan, T. E. 1985 Manual actions of nine- to fifteen-week-old human infants during face-to-face interaction with their mothers. *Child Development*, **56**, 1271–1279.

Gallese, V. 2009 Mirror neurons, embodied simulation, and the neural basis of social identification. *Psychoanalytic Dialogues*, **19**, 519–536.

Gergely, G., Bekkering, H., & Király. 2002 Rational imitation in preverbal infants. *Nature*, **415**, 755.

Gergely, G., & Watson, J. 1999 Early socio-emotional development: Contingency perception and the social-biofeedback model. In P. Rochat (Ed.), *Early social cognition: Understanding others in the first months of life*. Hillsdale, NJ: Lawrence Erlbaum Associates, pp. 101–137.

Gibson, E. J. 1993 Ontogenesis of the perceived self. In U. Neisser (Ed.), *The perceived self: Ecological and interpersonal sources of self-knowledge*. Cambridge, MA: Cambridge University Press.

Grossmann, K. E., Grossmann, K., Huber, F., & Wartner, U. 1981 German children's behavior towards their mothers at 12 months and their fathers at 18 months in Ainsworth's strange situation. *International Journal of Behavior Development*, **4**, 157–181.

浜田寿美男 1995『意味から言葉へ』京都：ミネルヴァ書房

Harris, M., Jones, D., Brookes, S., & Grant, J. 1986 Relations between the non-verbal context of maternal speech and rate of language development. *British Journal of Developmental Psychology*, **4**, 261–268.

服部祥子・原田正文 1991 乳幼児の心身発達と環境：大阪レポートと精神医学的視点 名古屋：名古屋大学出版会

犬塚朋子・大藪　泰 2015　1歳児の模倣行動における合理性理解の研究　日本心理学会第79回大会発表論文集, p. 1083.

石島このみ・根ヶ山光一 2013　乳児と母親のくすぐり遊びにおける相互作用：文脈の共有を通じた意図の読みとり　発達心理学研究, **24**, 326–336.

板倉昭二 1998　身体の動きから読み取る心：共同注意の比較認知心理学　丸野俊一・子安増生（編）『子どもが「こころ」に気づくとき』京都：ミネルヴァ書房　pp. 111–141.

Jakobson, R. 1980 *The framework of language*. Michigan Studies in the Humanities. Ann Arbor: University of Michigan.〔池上嘉彦・山中桂一（訳）1984『言語とメタ言語』東京：勁草書房〕

(Eds.), *Developing theories of intention: Social understanding and self-control.* Mahwah, NJ: Lawrence Erlbaum Associates, pp. 329–339.

Butterworth, G. E. 1995 Origins of mind in perception and action. In C. Moore & P. J. Dunham (Eds.), *Joint attention: Its origins and role in development.* Hillsdale, NJ: Lawrence Erlbaum Associates, pp. 29–40.〔大神英裕（監訳）1999『ジョイント・アテンション：心の起源とその発達を探る』京都：ナカニシヤ出版　pp. 29–39.〕

Butterworth, G. E., & Cochran, E. 1980 Towards a mechanism of joint visual attention in human infancy. *International Journal of Behavioral Development,* **3**, 253–272.

Butterworth, G. E., & Grover, L. 1990 Joint visual attention, manual pointing and preverbal communication in human infancy. In M. Jeannerod (Ed.), *Attention and performance XIII.* Hillsdale, NJ: Erlbaum, pp. 605–624.

Butterworth, G. E., & Jarrett, N. L. M. 1991 What minds have in common is space: Spatial mechanisms serving joint visual attention in infancy. *British Journal of Developmental Psychology,* **9**, 55–72.

Callaghan, T. 2013 Symbols and symbolic thought. In P. D. Zelazo (Ed.), *The Oxford handbook of developmental psychology, Vol. 1: Body and mind.* New York: Oxford University Press, pp. 974–1005.

Capirci, O., Contaldo, A., Caselli, M. C., & Volterra, V. 2005 From action to language through gesture: A longitudinal perspective. *Gesture,* **5**, 155–177.

Carpenter, M., Akhtar, N., & Tomasello, M. 1998 Fourteen- through 18-month-old infants differentially imitate intentional and accidental actions. *Infant Behavior and Development,* **21**, 315–330.

Carpenter, M., & Call, J. 2013 How joint is the joint attention of apes and human infants? In J. Metcalfe, & H. S. Terrace (Eds.), *Agency and joint attention.* New York: Oxford University Press, pp. 49–61.

Carpenter, M., Nagell, K., Tomasello, M., Butterworth, G., & Moore, C. 1998 Social cognition, joint attention, and communicative competence from 9 to 15 months of age. *Monographs of the Society for Research in Child Development,* **63**, i–174.

Chen, M. L., & Waxman, S. R. 2013 "Shall we blick?": Novel words highlight actors' underlying intentions for 14-month-old infants. *Developmental Psychology,* **49**, 426–431.

Chow, V., Poulin-Dubois, D., & Lewis, J. 2008 To see or not to see: Infants prefer to follow the gaze of a reliable looker. *Developmental Science,* **11**, 761–770.

Cooper, R. P., & Aslin, R. N. 1990 Preference for infant-directed speech in the first month after birth. *Child Development,* **61**, 1584–1595.

Corkum, V., & Moore, C. 1995 Development of joint visual attention in infants. In C. Moore & P. J. Dunham (Eds.), *Joint attention: Its origins and role in development.* Hillsdale, NJ: Lawrence Erlbaum Associates, pp. 61–83.〔大神英裕（監訳）1999『ジョイント・アテンション：心の起源とその発達を探る』京都：ナカニシヤ出版　pp. 57–76.〕

DeCasper, A. J., & Fifer, W. 1980 Of human bonding: Newborns prefer their mothers' voices. *Science,* **208**, 1174–1176.

DeCasper, A. J., & Spence, M. J. 1986 Prenatal maternal speech influences newborns' perception of speech sounds. *Infant Behavior and Development,* **9**, 133–150.

DeHart, G. B., Sroufe, L. A., & Cooper, R. G. 2004 *Child development: Its nature and course* (5th ed.). New York: McGraw-Hill.

Desrochers, S., Morissette, P., & Ricard, M. 1995 Two perspectives on pointing in infancy. In C. Moore & P. J. Dunham (Eds.), *Joint attention: Its origins and role in development.* Hillsdale, NJ: Lawrence Erlbaum Associates, pp. 85–101.〔大神英裕（監訳）1999『ジョイント・アテンション：心の起源とその発達を探る』京都：ナカニシヤ出版　pp. 77–91.〕

Baldwin, D. A., & Moses, L. J. 1994 Early understanding of referential intent and attentional focus: Evidence from language and emotion. In C. Lewis & P. Mitchell (Eds.), *Children's early understanding of mind : Origins and development*. Hillsdale, NJ: Lawrence Erlbaum Associates, pp. 133–156.

Baron-Cohen, S. 1995 *Mindblindness: An essay on autism and theory of mind*. Cambridge, MA: MIT Press.〔長野　敬ほか（訳）1997『自閉症とマインド・ブラインドネス』東京：青土社〕

Baron-Cohen, S. 2005 The empathizing system: A revision of the 1994 model of the mindreading system. In B. J. Ellis & D. F. Bjorklund (Eds.), *Origins of the social mind: Evolutionary psychology and child development*. New York: Guilford Press, pp. 468–492.

Barr, R. G. 1990 The normal crying curve: What do we really know? *Developmental Medicine and Child Neurology*, **32**, 356–362.

Bates, E. 1979 *The emergence of symbols*. New York: Academic Press.

Bates, E., Benigni, L., Bretherton, I., Camaioni, L., & Volterra, V. 1979 Cognition and communication from nine to thirteen months: Correlational findings. In E. Bates (Ed.), *The emergence of symbols: Cognition and communication in infancy*. New York: Academic Press, pp. 69–140.

Bates, E., Camaioni, L., & Volterra, V. 1975 The acquisition of performatives prior to speech. *Merrill-Palmer Quarterly of Behavior and Development*, **21**, 205–226.

Bellagamba, F., & Tomasello, M. 1999 Re-enacting intended acts: Comparing 12– and 18–month-olds. *Infant Behavior and Development*, **22**, 277–282.

Bergman, A. 2000 Parent-infant psychotherapy. Collection of presentation papers of the third international Margaret S. Mahler symposium, 27–39, Tokyo.

Bigelow, A. E. 2003 The development of joint attention in blind infants. *Development and Psychopathology*, **15**, 259–275.

Bornstein, M. H., Tamis-LeMonda, C. S., Tal, J., Ludemann, P., Toda, S., Rahn, C. W., Pêcheux, M.-G., Azuma, H., & Vardi, D. 1992 Maternal responsiveness to infants in three societies: The United States, France, and Japan. *Child Development*, **63**, 808–821.

Bower, T. G. R. 1979 *Human development*. San Francisco: W. H. Freeman.〔鯨岡　峻（訳）1982『ヒューマン・ディベロプメント』京都：ミネルヴァ書房〕

Brazelton, T. B. 1973 *Neonatal behavioral assessment scale*. London: Spastics International Medical Publications.〔鈴木良平（監訳）1979『ブラゼルトン新生児行動評価』東京：医歯薬出版〕

Brazelton, T. B. 1985 Application of cry research to clinical perspectives. In B. Lester & C. F. Z. Boukydis (Eds.), *Infant crying: Theoretical and research perspectives*. New York: Plenum Press, pp. 325–340.

Brown, P. M., Rickards, F. W., & Bortoli, A. 2001 Structures underpinning pretend play and word production in young hearing children and children with hearing loss. *Journal of Deaf Studies and Deaf Education*, **6**, 15–31.

Bruner, J. S. 1983 *Child's talk: Learning to use language*. New York: Oxford University Press.〔寺田晃・本郷一夫（共訳）1988『乳幼児の話しことば：コミュニケーションの学習』東京：新曜社〕

Bruner, J. 1995 From joint attention to the meeting of minds: An introduction. In C. Moore & P. J. Dunham (Eds.), *Joint attention: Its origins and role in development*. Hillsdale, NJ: Lawrence Erlbaum Associates, pp. 1–14.〔大神英裕（監訳）1999『ジョイント・アテンション：心の起源とその発達を探る』京都：ナカニシヤ出版　pp. 1–14.〕

Bruner, J. S. 1996 *The culture of education*. Cambridge, MA: Harvard University Press.

Bruner, J. 1999 The intentionality of referring. In P. D. Zelazo, J. W. Astington, & D. R. Olson

引用文献

Adamson, L. B. 1996 *Communication development during infancy*. Boulder, CO: Westview.〔大藪泰・田中みどり（共訳）1999『乳児のコミュニケーション発達：ことばが獲得されるまで』東京：川島書店〕

Adamson, L. B., & Bakeman, R. 1985 Affect and attention: Infants observed with mothers and peers. *Child Development*, **56**, 582–593.

Adamson, L. B., & Bakeman, R. 1991 The development of shared attention during infancy. In R. Vasta (Ed.), *Annals of child development, Vol. 8*. London: Kingsley, pp. 1–41.

Adamson, L. B., Bakeman, R., & Deckner, D. F. 2004 布施晶子（訳）・大藪　泰（監訳）始歩期の子どもの共同注意の発達パターン〔大藪　泰・田中みどり・伊藤英夫（共編著）『共同注意の発達と臨床：人間化の原点の究明』東京：川島書店　pp. 187–222.〕

Adamson, L. B., Bakeman, R., Deckner, D. F., & Nelson, P. B. 2012 Rating parent-child interactions: Joint engagement, communication dynamics, and shared topics in autism, down syndrome, and typical development. *Journal of Autism and Developmental Disorders*, **42**, 2622–2635.

Adamson, L. B., Bakeman, R., Russell, C. L., & Deckner, D. F. (1998). *Coding symbol-infused engagement states*. Technical Report 9. Atlanta, GA: Developmental Laboratory at Georgia State University.

Adamson, L. B., Bakeman, R., Smith, C. B., & Waters, A. S. 1987 Adults' interpretation of infants' acts. *Developmental Psychology*, **23**, 383–387.

Akhtar, N., Carpenter, M., & Tomasello, M. 1996 The role of discourse novelty in early word learning. *Child Development*, **67**, 635–645.

Akhtar, N., Dunham, F., & Dunham, P. J. 1991 Directive interactions and early vocabulary development: The role of joint attentional focus. *Journal of Child Language*, **18**, 41–49.

Akhtar, N., & Tomasello, M. 1996 Two-year-olds learn words for absent objects and actions. *British Journal of Developmental Psychology*, **14**, 79–93.

Allen, J. G., Fonagy, P., & Bateman, A. W. 2008 *Mentalizing in clinical practice*. Washington D.C.: American Psychiatric Association.〔狩野力八郎（監修）上地雄一郎ほか（訳）2014『メンタライジングの理論と臨床：精神分析・愛着理論・発達精神病理学の統合』京都：北大路書房〕

Amano, S., Kezuka, E., & Yamamoto, A. 2004 Infant shifting attention from an adult's face to an adult's hand: A precursor of joint attention. *Infant Behavior and Development*, **27**, 64–80.

麻生　武 1992『身ぶりからことばへ：赤ちゃんにみる私たちの起源』東京：新曜社

Aslin, R. N. 1977 Development of binocular fixation in human infants. *Journal of Experimental Child Psychology*, **23**, 133–150.

Bahrick, L. E., & Watson, J. S. 1985 Detection of intermodal proprioceptive-visual contingency as a potential basis of self-perception in infancy. *Developmental Psychology*, **21**, 963–973.

Baillargeon, R. 1987 Object permanence in 3½- and 4½-month-old infants. *Developmental Psychology*, **25**, 655–664.

Bakeman, R., & Adamson, L. B. 1984 Coordinating attention to people and objects in mother-infant and peer-infant interaction. *Child Development*, **55**, 1278–1289.

Bakeman, R., & Adamson, L. B. 1986 Infants' conventionalized acts: Gestures and words with mothers and peers. *Infant Behavior and Development*, **9**, 215–230.

Baldwin, D. A. 1995 Understanding the link between joint attention and language. In C. Moore & P. J. Dunham (Eds.), *Joint attention: Its origins and role in development*. Hillsdale, NJ: Lawrence Erlbaum Associates, pp. 131–158.〔大神英裕（監訳）1999『ジョイント・アテンション：心の起源とその発達を探る』京都：ナカニシヤ出版　pp. 119–143.〕

【や行】

【ら行】

【わ行】

【は行】

【ま行】

【た行】

【な行】

【さ行】

事項索引

人名索引

著者紹介

大藪　泰（おおやぶ　やすし）

1951年、神戸市生まれ。早稲田大学第一文学部心理学専修卒業、同大大学院文学研究科博士課程（心理学専攻）満期退学。長野大学産業社会学部専任講師、早稲田大学文学部助教授、教授を経て、早稲田大学文学学術院文化構想学部教授、博士（文学）。早稲田大学第一文学部長、第二文学部長、文化構想学部長、文学学術院長を歴任。

［主要著訳書］『新生児心理学』（川島書店）、『共同注意』（川島書店）、『赤ちゃんの心理学』（日本評論社）、『共同注意の発達と臨床』（共編著・川島書店）、『テキスト現代心理学入門』（共編著・川島書店）、『人間関係の生涯発達心理学』（共著・丸善出版）、『乳児の対人感覚の発達』（訳書・新曜社）、『虐待・トラウマを受けた乳幼児の心理療法』（監訳書・日本評論社）、『乳児のコミュニケーション発達』（共訳書・川島書店）、など。

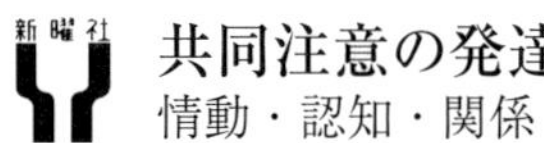

初版第1刷発行　2020年3月31日

著　者　大藪　泰
発行者　塩浦　暲
発行所　株式会社　新曜社
〒101-0051　東京都千代田区神田神保町3-9
電話(03)3264-4973(代)・FAX(03)3239-2958
E-mail：info@shin-yo-sha.co.jp
URL：https://www.shin-yo-sha.co.jp/

印　刷　長野印刷商工
製　本　積信堂

ISBN978-4-7885-1676-2　C1011